Souvenir

de M

à M

le   185

Comme gage d'amitié sincère et de cordiale sympathie.

LE

LIVRE DE BEAUTÉ

KEEPSAKE POUR 1854

LE

LIVRE DE BEAUTÉ

KEEPSAKE POUR 1854

PAR

LÉO LESPÈS

Auteur des *Contes du Jour de l'An*.

ILLUSTRÉ

DE TREIZE GRAVURES SUR ACIER.

PARIS

ADOLPHE BLONDEAU, ÉDITEUR,

34, rue Richer.

1853

RÊVERIES EN GUISE DE PRÉFACE.

Les Diables-Bleus.

(Bleu-Devils.)

RÊVERIES EN GUISE DE PRÉFACE.

Qui donc a inventé ce triste mot — *solitude* ? — quel est l'académicien à perruque dont le zèle maladroit a ainsi doté le dictionnaire d'une expression vide de sens? La solitude n'existe pas.

Je sais que les linguistes, les penseurs, les faiseurs de statistiques, grands génies qui enfantent chaque année quelques traités *sur la culture du mûrier*, quelque examen sur l'*homme au point de vue moral*, vont crier au paradoxe. — C'est dans l'ordre. — L'esprit a ses habitudes qu'il est téméraire de contrarier.

Tant est-il que je soutiens l'impossibilité de la solitude absolue.

Quand, au milieu de l'Eden embaumé de roses, Dieu fit,

avec un sourire, éclore la femme comme une rose de plus, il rendit à jamais la solitude impossible.

L'homme s'ennuyait au milieu des merveilles de la création, dont il était le dernier né, et auxquelles il devait le respect obligatoire aux êtres qui nous ont précédé dans la vie, Ève survint avec son naïf visage et ses grands yeux étonnés, Ève donna à son époux deux trésors qui chassent à jamais la solitude : l'amitié et le souvenir.

Depuis ce temps, les descendants d'Adam ne sont jamais seuls, l'âme ne connaît pas de système cellulaire.... Silvio Pellico voyait Françoise de Rimini jeter ses voiles de soie sur les barreaux du *carcere duro*.

L'autre soir, prenant au sérieux la solitude, je rentrai chez moi. L'air était lourd, les nuages grisâtres enveloppaient la face rubiconde de la lune comme d'une fanchon de crêpe... J'avais perdu en flaneries ma dernière soirée d'automne ; dans les airs mon dernier refrain, dans le bureau d'un petit journal ma dernière pensée joyeuse.

— Je veux être seul, dis-je à ma portière, bien seul, entendez-vous ?

— Alors, s'il arrive des visites, des amis de monsieur, des peintres, des musiciens, tous ces gens qui font tapage ?

— Je n'y suis pas.

Et montant lestement je rentrai chez moi, et fermant la porte à clé, je me jetai dans mon vieux fauteuil.

Seul, seul enfin, sans préoccupation d'esprit, — sans

réponse à faire, — sans questions à adresser, — sans cravate et sans faux-col...

La nuit est venue, la pluie est tombée sur mes vitres, et la nature en tourmente gémit aux quatre pôles.

Un rayon de la lune traverse mes rideaux, il fait étinceler la rue et donne à chaque goutte d'eau l'éclat de la marcassite ; c'est un sourire au milieu des pleurs.

Je suis seul et pourtant autour de moi se pressent, par un prodige inouï, vingt divinités aux formes éthérées, leurs corps sont impalpables, leurs visages retracent le plus souvent les traits enchanteurs des personnes aimées... Jamais écolières n'eurent plus d'entrain, jamais abbesses de cour aux blanches guimpes, aux chapelets noirs sur des camails d'albâtre, ne commandèrent plus d'autorité.

Eh ! tenez, les voilà qui sautillent, et grimpent de toutes parts, elles se répandent nombreuses, elles folâtrent comme les grains de poussière dansant dans un regard du soleil, elles escaladent les meubles, les armoires, les cheminées.

Qui êtes-vous donc? filles inconnues d'un monde invisible, et pourquoi faites-vous ainsi invasion parmi nous, les cœurs blessés, les têtes moroses, les esprits misanthropiques? quel est votre nombre et votre mission? êtes-vous des âmes des générations passées? êtes-vous des gnomes dont parlent les chroniques et qui guettent à leur coucher les belles dames du soir? êtes-vous les lutins de l'été, démons cachés au fond des fleurs du blé, ou les sylphes mystérieux qui font pendant toute l'éternité une cour platonique aux roses?...

Nous sommes, me dit à l'oreille l'une d'elles, plus nombreuses que les heures et que les minutes. Dans un esprit fantasque et passionné comme le tien, nous changeons dix fois de forme par seconde, nous portons tour à tour, comédiennes infatigables, les costumes les plus divers, depuis la pourpre jusqu'à la bure, depuis le saphir jusqu'au caillou. — Notre physionomie est tantôt tragique comme un poète à jeun, tantôt comique comme un auteur sifflé. — Regarde les couleurs du caméléon, l'azur nacré du ciel, l'aile diaprée du papillon, l'esprit d'une femme, nous sommes plus variables encore que tout cela...

— Est-ce la première fois aujourd'hui que vous m'approchez?

— Non, mais c'est la première fois que nous t'apparaissons. Enfant orgueilleux qui veux la solitude, sais-tu bien que nul n'est seul sur la terre? Caïn, fuyant, les mains sanglantes, n'est pas seul après le meurtre de son frère. Le dernier homme qui survivra au genre humain pour dire la dernière prière sur le dernier cercueil, ne sera pas seul sur ce globe en ruines. Innocent ou coupable, victime ou tyran, l'homme a toujours devant lui un compagnon terrible de puissance, sublime de bonté, son Dieu!

Je réfléchis un moment, puis poussé par l'ennui dont mon esprit était rongé :

— Dieu, dis-je, aurait fort à faire s'il lui fallait nous tenir, à nous tous, compagnie en personne....

— Aussi sommes-nous ses délégués, reprit mon interlocutrice.

— Ah! vous êtes spécialement chargées de mon individu?
— Sans doute!

— Et chaque homme a autour de lui des esprits de votre sorte.

— Infailliblement.

— En même quantité?

— Oh! non, nous sommes, selon les organisations, nombreuses ou rares, bonnes ou mauvaises.

— Et je ne saurais vous expulser?

— Jamais, regarde, tu es notre instrument.

Je jetai un coup-d'œil à ma gauche et je vis que, pendant tout ce colloque, c'étaient les divinités mystérieuses qui me dictaient mes réponses.

En ce moment, je mis un foulard sur ma tête, mes pieds sur les chenêts, mes bras dans mon fauteuil.

— Puisque vous avez mission de ne me laisser jamais seul, dis-je, beaux esprits follets, amusez-moi!

Alors sembla commencer un bizarre spectacle.....

L'une des fées, au corps de vapeur, parut grimper sur le coq de mon coucou allemand et lui fit sonner neuf heures.....

Une seconde sembla se glisser dans ma chaussure; son

visage sortant d'une botte était grimé, et ses yeux étincelaient comme ceux d'un huissier à travers des lunettes.

— Ton tailleur, dit-elle, va demain venir, un long mémoire à la main; tu lui dois 1,500 fr. depuis l'invention des habits-vestes.

Une troisième ouvrant un volume, écrin de poésie, semblait chanter doucement en suivant du doigt ces vers d'Alfred de Musset :

>   Ah ! maintenant plus d'une
>   Attend au clair de lune
>   Quelque jeune muguet
>   L'oreille au guet.
>
>   Plus d'une qui se pare
>   Pour le bal qu'on prépare
>   Met devant son miroir
>   Le masque noir.

Une quatrième sauta sur le manteau de la cheminée et se mira dans la porcelaine d'une petite tasse, au fond de laquelle je buvais enfant. Je regardai avec elle le dessin qui l'ornait. C'était toujours l'invariable sujet chinois, un mandarin aux yeux ronds dans une chaloupe dix fois plus grande que la mer, et une femme aux cheveux relevés, tenant en main une gigantesque fleur de thé. C'est dans cette tasse que j'ai bu le premier café, et dans cette soucoupe que j'ai joué à la *dinette* avec un ange aux yeux noirs, aujourd'hui grave mère de famille, ma cousine Gertrude...

Au même instant on frappa à la porte; je tressaillis,

livide comme Leporello devant la statue du commandeur.

C'était mon éditeur et ami, l'homme le plus tenace dans ses idées et dans ses affections qui soit au monde.

— Qu'avez-vous donc? me dit-il; il est à peine nuit et vous êtes barricadé comme un factieux. Je vous vois et je vous retrouve tout encharibotté, les cheveux épars, le regard inquiet; avez-vous quelque chagrin subit? Voyons, parlez, et dites-moi ce qui vous occupe... quelque velléité, quelque folie.

— Non, ma foi.

— Et quoi donc?

— Ce qui m'occupe, c'est qu'enfermé ici, j'ai cru voir des esprits surnaturels me parler, me fasciner, évoquer tour-à-tour les souvenirs tristes et gais de ma vie, moi qui voulais être seul, j'ai eu nombreuse et bruyante compagnie.

— Mon cher, me dit-il, l'homme n'est pas seul quand il est enfermé.

— Avec qui donc est-il?

— Avec ses pensées. Vous avez eu vos *diables bleus*.

Mes pensées! Ce mot fut une révélation.

C'étaient mes pensées que j'avais vues, mes pensées, inspirations de Dieu envoyées à l'homme pour lui tenir compagnie; mes pensées, divinités tantôt folles, tantôt lugubres, réalités, souvenirs, pressentiments.....

— Eh bien! reprit mon visiteur, ce sont ces pensées, ces *bleu-devils*, comme disent les Anglais, que je vous demande.

— Maintenant !

— A la minute.

— Pourquoi faire ?

— Belle question ! Ce qu'en peut faire un éditeur, un volume ! J'ai besoin pour une clientèle élégante et délicate, d'un keepsake de nouvelles contenant l'énumération de toutes les perfections physiques et morales. Je veux intituler mon livre à l'instar des ouvrages anglais : le *Livre de Beauté* ; il me faut le manuscrit dans un mois.

— Y songez-vous, en fait de beautés, je parlerai comme un aveugle des couleurs.

— Erreur, vous êtes impressionnable, je viens de m'en convaincre ; donc vous serez clairvoyant. On ne s'émeut que de ce que l'on comprend. Évoquez-moi ces divinités dont vous parliez tout-à-l'heure, ces filles fantasques de votre rêverie, folles ou gaies, plaisantes ou tragiques, faites-leur place à votre foyer, écrivez sous leur dictée, reproduisez ces souvenirs, ces impressions, ces émotions diverses, laissez courir la plume au gré de l'inspiration, et dans un mois le livre sera fait.

— Pour une semblable improvisation, répondis-je, vous plaiderez auprès de vos lecteurs les circonstances atténuantes, vous réclamerez pour moi la bienveillance du public.

— C'est entendu, faites une préface ! vous vous excuserez vous-même.

— Cela sera bien ennuyeux.

— Il ne tient qu'à vous de la rendre utile.

— De quelle façon ?

— En indiquant à quoi ce livre est bon.

— Il faudrait que je le susse moi-même.

— Eh parbleu ! c'est un objet d'étrennes, un cadeau de jour de l'an, de fête patronymique ; développez ce précieux privilége de faire des heureux dont jouira son possesseur.

— De quelle manière ?

— Mais ! comme pour toutes les choses de ce monde, en indiquant la *manière de s'en servir*.

Mon éditeur me quitta après ces mots, et je cherchai alors à fixer sur le papier ces gracieuses figures éphémères individualisant la beauté dans toutes les phases : *Mignon, Marguerite, Leli, Contrite, Basiline et Basilette, Agnesia, Demoiselle Jeanne, la Châtelaine aux trois enfants, la belle Dorothée* et sa *Citerne miraculeuse*, la folâtre *Fantasia* et ses *Rêves* d'émancipation, *Chaste Colombe* babillant dans le pays des mille et une nuits, *Nizza* bâillant par excès de bonheur, *Ophélia*, éprise d'une poupée, la *Deuxième Ombre de la Mendiante* de la voie sacrée ; que sais-je encore, toutes les héroïnes que ce tome contient et que j'ai fait passer du vaporeux du diable bleu au positivisme de la réalité. Ces pauvres enfants de ma muse, je vous les présente aujourd'hui, et vous demande grâce pour leurs défauts ; les voilà confuses, timides, honteuses comme leur père, tremblantes de n'être point à votre goût. Absolvez-moi. Je les ai cru belles, jeunes, avenantes ; excusez-les aussi, si je me suis déçu... On aime toujours ses enfants.

Le volume achevé j'ai promis d'indiquer le moment propice pour le bien placer, en lieu sûr, dans la main d'un ami.

Pour cela je conseillerai la huit mille sept cent soixantième heure.

Vous le savez, bien-aimées lectrices, les heures, ces filles du temps, ont le pied leste : elles marchent plus vite que les amazones guerrières, elles suivent de leurs pas rapides chaque grain du plus infatigable sablier. Chacune d'elles se présente à nous, apportant son contingent d'espérances, et nous pousse vers l'éternité, immense pendule, disait un poète romantique en 1830, dont on a arrêté les aiguilles.

Parmi ses sœurs, la huit mille sept cent soixantième heure est la plus remarquable. Elle arrive toujours sur ce globe quand les ténèbres ont couvert la terre, à l'heure du sommeil aux chimères vermeilles; elle arrive quand l'année, presque écoulée, a rempli l'espace qu'elle devait occuper, alors que le vase est plein et qu'il semble ne pouvoir plus même contenir, sans le faire déborder, la feuille de rose qu'y place le barde persan.

La huit mille sept cent soixantième heure a ce rare privilège de trouver à minuit les deux tiers du globe éveillé, bien que le moment du sommeil soit venu. Morphée a beau jeter sur notre planète le laudanum et les couronnes de pavots enivrants, l'heure les réveille et dissipe comme par enchantement les songes assemblés à la porte d'ivoire du poète Virgile, en disant : me voilà!

Et en annonçant sa venue, les horloges prennent leur timbre le plus doux; les pendules leur vibration la plus suave; les aiguilles des montres, fatiguées de leur course circulaire, autour d'un monde de chiffres romains, ont l'air d'arpenter l'émail avec une joie plus grande. Les étoiles percent le sombre manteau du ciel pour la regarder venir, et Phœbé, cette blonde lymphatique de l'Empyrée, daigne laisser errer un sourire étincelant sur sa face lumineuse.

C'est que la huit mille sept cent soixantième heure est la dernière de l'année.

Vous la verrez bientôt, cette fille cadette de 1853, comme elle se presse tardivement; on dirait une danseuse obstinée qui veut quitter le bal après ce jour; elle est d'une lenteur insupportable, et ferait croire qu'elle a emprunté des minutes avec usure à l'année qui vient.

Il n'en est rien toutefois, les années ressemblent aux dynasties, elles restent indépendantes les unes des autres.

Vous aurez à modérer votre impatience, car la huit mille sept cent soixantième heure semble s'installer comme si elle devait durer une éternité; et pourtant il y aura dans l'armoire, en prévision du lendemain, consacré aux étrennes, des pantoufles brodées pour l'époux ; il y aura dans le tiroir de la commode la robe de soie de la belle demoiselle que le pensionnat vous aura récemment rendue; et sous votre oreiller, sous ces charmants coussins de mousseline et de dentelle que chacun aime, excepté Desdémona, on verra passer signor Polichinelle, qui n'attend que la nouvelle année pour faire le bonheur d'un petit démon dont vous êtes l'orgueilleuse esclave!

Allez-vous-en donc, dernière heure, direz-vous, allez vite où ont été vos devancières; qui vous arrête? Le bon Dieu, ce grand calculateur, vous attend pour compléter un chiffre ; vous manquez pour faire le total d'une addition de siècles.

Mais l'heure, tandis que vous parlerez, semblera prendre une forme humaine, celle d'une gracieuse jeune fille; toutefois, son visage sera naïf, à l'imitation de celui des anges; vous remarquerez aussi que les pleurs n'ont pas altéré le saphir de ses yeux; que la colère n'a pas plissé l'albâtre de sa peau; elle prendra dans l'oratoire votre montre, chef-d'œuvre de Breguet, et vous montrant le cadran :

— Je suis jeune encore, dira-t-elle, j'ai encore vingt minutes à vivre, et puis causer avec vous.

— Causer, direz-vous, et de quoi donc?

— De l'emploi du temps; je serai parfaitement dans ma spécialité.

— Ma belle, répliquerez-vous, faites diligence en ce cas, car vous n'aurez pas le loisir de la péroraison.

— Qui sait? Vingt minutes bien employées comptent à l'homme sur cette terre. Sais-tu que je suis le prologue de l'année prochaine, et que je puis indiquer, comme Mathieu Laensberg, les prophéties?

— Eh bien! qu'aurons-nous l'an prochain? demanderez-vous?

— D'abord, une année de plus, ce qui, pour toute femme au-dessus de la majorité est presque un malheur.

— Est-ce à cela que se borne ton talent de prédire?

— Non! vous aurez les bals où on prend froid, les soirées où on médit du prochain et de la prochaine; les sermons du carême pour lesquels on se met en toilette comme pour une noce, faisant ainsi d'un devoir de religion un acte de vanité.

— Tu es caustique, dernière heure?

— C'est que je suis la moralité de la comédie.

— Ne peux-tu m'être utile à autre chose?

— Si fait.

— A quoi donc?

— Il reste quinze minutes; je vais t'enseigner à recevoir ma postérité, les heures de l'année nouvelle. Aborde-les avec des présents. Tout calendrier débute par des étrennes. On t'a dit qu'elles datent des anciens...

— Passe, ne remonte pas au déluge.

— Le choix du cadeau d'étrennes est utile à savoir faire. Donne à ceux que tu aimes, des objets qui leur soient profitables. A l'époux, le canevas orné par ta main patiente, où les fleurs en laine se déroulent fraîches comme une guirlande ; à l'aïeule qui rêve éveillée à son printemps passé, la chaude douillette qui brave l'humidité et réchauffe le corps en réjouissant la vue. Aux enfants, le livre instructif, amusant, dans lequel la morale surnage comme ces fleurs marines qui apparaissent, dans les grands fleuves, à la surface de l'eau.

Donne surtout aux esprits studieux, aux natures délicates, aux caractères sérieux un *livre* ; c'est un cadeau charmant qui dure plus qu'un bonbon, qui ne se fane pas comme une parure, qui ne se brise pas comme un jouet, mais qui après avoir été lu, peut se confier à des mains amies pour revenir ensuite à la bibliothèque de la famille, afin d'être consulté, mentor discret et dévoué, en toutes occasions.

Et l'heure vous désignera alors ce volume tout illustré d'images, doux au toucher, grâce au velouté du satinage ; facile à porter et à renfermer dans les splendeurs de la reliure, grâce à son format portatif.

Puis la huit mille sept cent soixantième heure vous contera encore quelque belle rêverie, car le temps présent est ainsi fait. Il se voit immortel ; il est présomptueux comme nous et croit à une incessante durée. Hélas ! un son de timbre se fera entendre. Une horloge sonnera et l'heure d'arrière-garde de 1853 fuira pour toujours dans ce gouffre immense de l'éternité.

Il ne restera de ce qu'elle aura dit que ce Livre, chères lectrices, qui s'ouvrira sur votre guéridon, à la chaleur du foyer, comme pour inviter les yeux curieux à le parcourir. Il porte un titre anglais, *Keepsake*, qui veut dire, *gardez pour l'amour de moi*, douce dénomination, aussi cordiale que le *Vergeiss mein Nicht* des Allemands, que le *Souvenir* des français. Celui ou celle à qui vous le donnerez au lever de l'aurore, le gardera pour l'amour de vous, bien plus que pour sa valeur réelle, votre caractère et l'amitié qu'on vous porte serviront de rempart à son insuffisance...

Qu'il parte donc vers vous, ce pauvre enfant de mes pensées, pour devenir en toutes mains un gage d'amitié, un témoignage d'attachement, une marque de sympathie ; qu'il parte ainsi, couvert par les plus vertueux sentiments; que sous l'invocation de l'affection désintéressée, de la joie enfantine, de l'amour maternel, des fêtes de famille, il soit reçu avec plaisir dans chaque foyer, et puissé-je avoir le bonheur de le rencontrer souvent sur les rayons de ces nobles et vieilles bibliothèques de province, où l'œil chercherait en vain un mauvais livre, un inutile enseignement.

Adieu, cher et dernier produit de ma veillée, fais ton chemin dans le monde, toi que j'ai écrit pour être lu de tous. Si tu portes le titre ambitieux et fier de Livre de Beauté, n'en sois pas confus, malgré ton humilité. Tu es destiné aux mains des dames, qui personnifient les beautés véritables, les beautés sincères, les beautés impérissables.

— Elles te couvriront de leur égide, elles feront passer ton étiquette ambitieuse. Pour qu'elle soit légitime, il suffira qu'elles veulent bien t'adopter!...

Et c'est ainsi que j'ai fait mes adieux à ce volume, que j'ai porté les dernières lignes, encore humides de l'encre de la veille, à mon éditeur amical.

Et j'ai donné l'histoire de sa naissance et de notre séparation pour tenir lieu de la PRÉFACE qu'il m'avait demandée.

Voilà comment il se trouve, que les *Diables-Bleus* sont devenus *Keepsake*; que j'ai à réclamer votre indulgence pour cet ouvrage improvisé.

Or, quand le mois écoulé je remis à l'imprimerie ce manuscrit, pour être imprimé tout vif, avant que l'encre n'en fut complètement séchée, je dis à mon ami l'éditeur, qui souriait de mon inquiétude :

— A propos, vous qui avez vécu dans le monde positif, et qui avez appris, par l'expérience, ce grand art de juger en connaissance de cause, les hommes et les choses, maintenant que le labeur est terminé, maintenant que vous me laisserez, pour quelque temps, dans mon isolement, répondez à la question que je vais vous faire.

— Parlez, répondit-il plaisamment, je remplacerai, puisque vous le voulez, l'oracle antique.

— Niez-vous la solitude ?

— Non, certes.

— Pourtant, puisque l'homme n'est pas seul quand il n'est avec personne, quand l'est-il donc ?

Mon interlocuteur sourit malicieusement.

— L'homme d'intelligence est souvent seul, répondit-il, quand il est avec quelqu'un....

C'est-à-dire que la compagnie des fâcheux, des obséquieux, des bavards, détourne l'esprit sans l'occuper. La rêverie fuit le bruit des phrases oiseuses qui ne laissent aucune matière à la méditation ; le fracas des paroles inutiles, des conversations banales, des confidences niaises, absorbe sans éclairer, paralyse et annihile l'imagination, c'est la solitude positive, la solitude infructueuse et stérile.

Mais on n'est pas seul dans l'intimité d'un ami, d'une compagne fidèle, d'une organisation d'élite ; on n'est pas seul avec des parents aimés, des enfants chéris, des esprits éclairés, des cœurs dévoués, l'amitié sincère peuple la solitude.

On n'est pas seul non plus avec un livre attachant, honnête, moral, écrit avec le désir de plaire aux bonnes et sincères intelligences ; on vit alors avec un ami inconnu dont on partage avec bonheur les fugitives impressions ; car un livre c'est un compagnon, c'est un conseil, c'est un consolateur, c'est un confident facile à prendre, facile à quitter, qui n'a ni exigences, ni caprices, ni vanité, ni ostentation.

Il n'exagère pas le service qu'il rend, il ne demande pas de reconnaissance pour prix des lumières qu'il répand, des heures aimables qu'il procure, et s'il est ennuyeux, il suffit de le fermer pour en faire justice....

Le Livre est du genre neutre, comme certaines divinités antiques, il n'a ni les changements d'humeur des femmes, ni la distraction brusque du côté masculin de la société, et pourtant il sait souvent fondre harmonieusement les attraits les plus opposés, la grâce et la virilité, la persuasion et la logique, le charme et l'autorité ; l'esprit humain verse avec plaisir et orgueil sur ses pages, daguerréotypes de la fantaisie toujours prêts à les reproduire; les pensées qui deviennent des sentences, les opinions qui préparent l'histoire, les controverses qui amènent le jugement définitif et solennel de la postérité.

Son lieu d'asile, c'est cette bibliothèque dont j'ai parlé; écrin littéraire de la famille, dont les ouvrages sont placés par rayons progressifs; les plus hauts, garnis d'ouvrages pour lesquels il faut la plénitude du jugement et le développement de la raison, et où toutes les philosophies se coudoient avec leurs doutes et leurs erreurs, pour faire triompher la philosophie religieuse, seule éternelle et immuable; les plus bas, garnis de ces volumes aimables à la portée de tous les bras comme de tous les âges, que l'enfant peut atteindre et parcourir comme la mère et l'aïeule, et qui, musées par l'image, encyclopédies par la variété, classiques par l'enseignement, ont leur libre droit de circulation au foyer domestique.

Puissiez-vous, chères lectrices, placer l'enfant de mes pensées sur ce rayon bien-aimé ; puissiez-vous n'être pas seules quand vous tiendrez dans vos mains blanches ce livre né de la presse parisienne, le Livre de Beauté.

LA SŒUR DE MIGNON.

LE LIVRE DE B[...]
Keepsake pour 1854.

Les Beautés de l'âme.

(Le Respect de son nom.)

LA SŒUR DE MIGNON.

Je ne sais si mes lecteurs ont parfois observé la physionomie des habitués de cabinets de lecture — c'est un singulier kaléidoscope humain — ces visages curieux qui viennent demander à l'art une récréation, ces têtes qui cherchent au milieu des rayons poudreux un aliment, sont un sujet d'étude pour le philosophe. C'est là que se dessinent nettement les contrastes. Une jeune femme, délicate et blonde, convoitera des romans bien noirs; un vieillard aux cheveux d'argent, à la taille courbée par les années, emportera quelque folle fantaisie d'écrivain mondain comme pour y chercher un rayon de ses printemps éteints, tandis qu'un militaire aux longues moustaches, à la figure balafrée, demandera à la muse sentimentale de l'abbé Prevost ou de Bernardin de Saint-Pierre une oasis pour sa belliqueuse et prosaïque imagination.

Il y a quelques années, on montrait discrètement aux badauds une vieille dame qui fréquentait le cabinet de lecture de la veuve Cardinat, dans le faubourg Saint-Germain. C'était une femme de cinquante ans à peine, mais flétrie par le chagrin. Ses cheveux étaient d'un blanc d'albâtre; ses yeux, jadis splendides de lumière et d'expression, semblaient s'être éteints d'eux-mêmes, par leurs propres larmes : elle était grande et majestueuse d'attitude. Sa mise était, comme elle, une ruine élégante ; elle portait une robe coupée sur un patron du temps de l'empire et dont l'étoffe opulente avait été souvent *reprisée;* son chapeau, d'une forme insaisissable tant les années en avaient modifié l'harmonie, était orné de fleurs étiolées, symbole de la marche du temps, et son châle, décoloré et veuf de ses franges, attestait encore, par la finesse de son tissu indien, qu'il était, comme celle qui le portait, d'illustre origine.

On la nommait la *Dame aux Phénomènes.*

Elle venait, là, lire pendant une heure chaque jour, le regard sombre, le maintien froid. Quand elle avait commencé sa lecture, rien ne pouvait la distraire ; elle s'identifiait tellement avec son auteur favori que ni le bruit des élèves en droit, furetant dans les rayons pour y chercher l'ouvrage à la mode, ni les clameurs de la rue où se heurtaient les piétons sur le trottoir étroit, ne pouvaient la tirer de sa méditation.

Elle lisait toujours le même livre....

Son heure écoulée, elle fermait tristement l'ouvrage, jetait quelques sous sur le comptoir et disparaissait sans mot dire.

— Bon ! disait la veuve Cardinat, voilà la Dame aux Phénomènes qui court ; elle est en retard pour le Géant écossais.

— Qu'est-ce que cela? demandai-je.

— C'est un homme de sept pieds qu'on montre aux badauds de la capitale, dans une baraque, pour la simple bagatelle de deux sous par personne, après avoir vu.

En achevant ces derniers mots, la caustique propriétaire du salon littéraire imitait le ton des saltimbanques commençant leur parade.

— Et où se tient ce géant ?

— A l'entrée du Château-d'Eau, ma pratique n'en bouge pas;

elle adore les excentricités de la foire ; elle dépense tout son argent à voir la baleine de Jonas et la femme qui avale des sabres. Parlez-lui des lutteurs, de la petite fille qui a le nom de Napoléon dans les yeux, du boa constructor qu'on nourrit avec des gigots et qui joue aux dominos, du phoque intelligent qui danse la cachucha, de l'homme qui pirouette sur la tête et du chat de Guignole, elle vous répondra à tout. Ce n'est pas sans raison qu'on l'a nommée dans le quartier latin la Dame aux Phénomènes. Elle sait le nombre de dents du crocodile, l'âge de l'ours des montagnes et le répertoire plaisant de chaque paillasse ; c'est une femme étonnante ! allez ! une véritable curiosité elle-même.

Je sortis tout rêveur ; cette singularité cachait peut-être quelque douleur sérieuse. L'âme qui souffre s'abrite souvent sous l'enveloppe d'une apparente bizarrerie. C'est sa pudeur à elle, son voile contre les indiscrets.

Le soir, c'était fête dans Paris, je ne sais plus pourquoi ni comment, tant est-il qu'on célébrait quelqu'un ou quelque chose, toujours de la même façon, avec des lampions graisseux, des ifs aux verres de couleur d'une architecture douteuse, des exhibitions de statues improvisées et des feux d'artifice allégoriques. La joie était recommandée au *Moniteur* par ordonnance ministérielle.

Je me laissai entraîner par la foule vers le Château-d'Eau et machinalement ; me rappelant le fait qui venait de m'être raconté, je m'arrêtai au milieu de cette foire perpétuelle.

Joyeux endroit que celui-là : le fifre fredonnait, le cor chantait, le piston ronflait, la grosse caisse tonnait à qui mieux mieux ; il y avait là des acrobates suédois qui marchaient sans pieds ni mains, le corps courbé comme un cerceau ; puis des escamoteurs, Cagliostros populaires, qui montraient aux jeunes filles leurs maris futurs dans un miroir ; puis encore des jongleurs indiens qui faisaient tourbillonner autour de leur front une pluie de yatagans magnétisés par leurs regards, puis des écuyers, des tireurs de cartes, des directeurs de marionnettes dont les sujets dociles jouaient tour à tour le répertoire profane et le répertoire sacré, la Passion de Notre

Seigneur et la Tour de Nesle, puis mille excentricités encore auxquelles on attirait la foule par le son des instruments.

La vieille dame était là, absorbée dans la masse, regardant de ses deux yeux, écoutant de ses deux oreilles.

Mais, spectacle bizarre, les lazzi, au lieu de la faire rire, la faisaient éclater en sanglots; à chaque calembourg du pitre, des larmes abondantes inondaient son visage sévère; elle demeura ainsi pendant longtemps narguant les observations de la multitude, tout entière à son chagrin.

Puis, quand la nuit fut venue, elle força le groupe dans lequel elle était et disparut, tandis que le peuple tout entier se précipitait vers le lieu où la bataille d'Isly allait être représentée en flammes pyrotechniques.

Quelle pouvait être cette douleur cachée, cette sensibilité excitée par les brutales facéties d'un saltimbanque? Dans quel but la vieille dame recherchait-elle les coqs à l'âne de la foire et les naïvetés phénoménales de la baraque de planches? C'est ce que je m'évertuais à trouver.

Je retournai le lendemain au cabinet de lecture. A la même heure la dame arriva, prit le même livre, lut pendant la même période de temps, puis donna la même somme au comptoir et sortit avec la même gravité.

Quand elle eut disparu, j'ouvris le livre à l'endroit où elle l'avait laissé, et je lus :

>Connais-tu la contrée à la riche verdure
>Où vient comme un fruit d'or le fruit du citronnier,
>Où le Seigneur se plaît à charmer la nature,
>Où le myrthe se mêle à l'ombre du laurier;
>La connais-tu, si tu voulais m'entendre :
>   C'est là, c'est là qu'il faut nous rendre.

— Mais, je connais ces vers charmants, me dis-je; j'y retrouve, malgré la traduction, ce parfum germanique, suave de candeur et d'innocence.

— C'est *Wilhelm Meister*, répondit madame Cardinat.

— Wilhelm Meister! répétai-je en tournant le volume.

En effet, c'était une traduction du livre de Goëthe, ce livre appelé les *Années d'apprentissage*, et qui contient de la poésie pour vingt poëmes.

— La bonne dame est allemande, reprit Madame Cardinat, elle lit les auteurs de son pays. Il y a six mois qu'elle est sur ce bouquin-là ; je crois qu'elle cherche à l'apprendre par cœur. Une manie quoi! ça n'a rien qui m'étonne. J'ai un habitué qui relit depuis dix ans *les Mystères d'Udolphe* à vingt centimes la séance, sans jamais avoir eu l'idée d'acheter l'ouvrage qui ne coûte que six francs. Oh! nous en voyons bien d'autres, mon cher monsieur, c'est le salon de Curtius que cet établissement, voyez-vous, il y a une nouvelle à écrire sur chaque habitué, sur chaque abonné au mois ou à l'année, pour faire suite à la Biographie des contemporains.

Je relus de nouveau le chant que je venais de commencer, et qui se continuait ainsi :

> Connais-tu la maison, le vaste pérystile,
> Les colonnes, le dôme, et, sur leur piédestal,
> Les figures de marbre au regard immobile,
> Qui disent, pauvre enfant, comme ils t'ont fait du mal?
> La connais-tu ? Si tu pouvais m'entendre,
> C'est là! mon protecteur, c'est là qu'il faut nous rendre!

— Qu'est-ce que vous regardez-là? reprit Madame Cardinat ; ah! je sais, la romance! ça se chante sur tous les airs ; une vraie complainte, gaie à porter le diable en terre.

J'achevai le LIED avec recueillement :

> Connais-tu la montagne, un sentier dans la nue,
> Un mulet qui chemine, un orage, un torrent,
> De la cime des monts une roche abattue,
> Et la sombre caverne où dort le vieux serpent ?
> Les connais-tu? si tu pouvais m'entendre,
> O mon père! c'est là ! c'est là ! qu'il faut nous rendre.

— Oui, reprit la loueuse de livres, c'est le Wilhelm Meister du romantique allemand, édition de choix qui a doublé de prix, édition

1827, traduction Toussenel, la première traduction sérieuse faite en France des œuvres de Goëthe. Quatre volumes in-12, imprimés chez Didot l'aîné; une transposition à la feuille 7 du 2ᵉ tome, ouvrage rare, édition de bibliomane.....

Je laissai la bonne dame déployer son érudition en matière bibliographique, sans m'occuper de louer sa mémoire proverbiale parmi les étudiants. Je cherchais un point d'affinité qui se dessinait déjà comme une lueur indécise à l'horizon de mon esprit.

Et je répétais mentalement :

<blockquote>Connais-tu la contrée à la riche verdure, etc.</blockquote>

— Mais c'est la chanson de Mignon que lit cette femme, pensais-je, la plus suave inspiration du poète allemand.

Et je fermai le livre tout pensif.

— Depuis cet ouvrage il en est venu d'autres, reprit Mᵐᵉ Cardinat ; les traducteurs sont comme les bêtes noires, il ne faut qu'une friandise pour les attirer tous au même centre. Il y eut M. Louis Friédel, édition de 1829; M. Blase, édition de 1832; Mᵐᵉ Carlowitz, édition de 1840. Ils ont tous traduit Wilhelm Meister à leur façon. L'un d'eux a même coupé, comme inutile et faisant longueur, la scène des marionnettes !...

— Mignon, me disais-je, sans entendre l'érudite, Mignon, gracieuse figure immobilisée par le pinceau d'Ary Scheffer, toi qui passes dans un poëme payen comme la déesse de chasteté, couronne de vierge perdue au milieu des pampres des bacchantes, parfum d'encens montant vers le ciel de cette cassolette impure de vices et de crimes ; pauvre Mignon, combien je t'ai aimé, avec ta taille frêle de garçon souffreteux ; tes grands yeux noirs résignés, tes cheveux d'ébène couvrant de leur luxurieuse épaisseur les haillons de ta robe, Mignon, fille sauvage et ingénue, tu as été un des premiers sourires de ma vie littéraire.

Oui, je me rappelle, pauvre ingénue, que battue par des saltimbanques, injuriée par de méchantes filles, méconnue par Wilhelm Meister, ton maître; pauvre, abandonnée, orpheline, tu voyais passer dans tes souvenirs le ciel brillant du midi, le ciel prédestiné, et le château, et le fleuve, et le vallon, et que tu chantais alors :

> Connais-tu la maison, le vaste péristyle ?
> C'est là qu'il faut nous rendre.

C'est que Mignon est une enfant volée à sa mère dès son berceau et que l'on fait passer pour morte en laissant sa robe sur le rivage du fleuve, elle a été enlevée par des bohémiens, puis revendue par compassion à Meister, et chez lui, après bien des douleurs, elle s'est éteinte, pauvre sensitive fanée, broyée au contact du monde.

Ce livre ouvert sur cet épisode, cette mère qui cherche parmi les bateleurs et qui pleure à leurs comiques grimaces n'est-ce point toute une révélation? Lui aurait-on aussi volé son enfant, chercherait-elle aussi sur le rivage, d'après la légende, les ossements de sa fille chérie pour lui rendre dans l'autre monde, en les rassemblant, le repos et la gloire éternels?

Je sortis du salon littéraire tout pénétré de ces idées et me rendis devant la baraque où la veille la bonne dame s'était arrêtée.

Le maître de l'établissement, boutique roulante comme un vieux fiacre, était assis devant sa porte, mangeant la soupe au lard avec toute sa troupe.

— Mon brave homme, lui dis-je, savez-vous pourquoi cette vieille dame pleurait hier?

— La comtesse, la femme aux phénomènes? Ah! parbleu! oui ; elle pleure sa fille !

— On la lui a donc prise?

— Oh! c'est toute une histoire, celle-là. On la lui a dérobée ! son mari l'a perdue il y a dix ans....... volée par d'indignes confrères.

— Et elle a ainsi vu disparaître son enfant?

— C'était un temps de guerre, tout était permis, le saltimbanque s'était fait corsaire, le pitre partisan; aujourd'hui c'est bien changé.

Aujourd'hui nous achetons les enfants, par contrats en règle, comme s'il s'agissait d'une terre ou d'une maison.

— Pourquoi les achète-t-on ainsi?

— Parbleu! croyez-vous qu'on fasse faire le saut de carpe et l'échelle humaine à des vieillards des Petits-Ménages ou de l'hospice des Incurables? Il faut des enfants tout jeunes dont on disloque les membres, dont on assouplit l'épine dorsale par l'exercice; elle a bien marché, la petite.

Puis se tournant vers le paillasse :

— Tu l'as bien connue, toi, la Juliette, une grande fille maigre et brune, qui levait une pièce de cent sous avec ses dents par la souplesse des reins, les deux pieds ne quittant pas la terre.

— Si je l'ai connue, parbleu! une mélancolique, une grande pâlotte qui ne riait jamais; elle était avec Barbot, le maître de la ménagerie du Nord.

— Et qu'est-elle devenue? demandais-je.

— Voilà ce que la mère nous demande chaque jour. On l'ignore. Après la mort de Barbot, qui s'est laissé *goûter* par son tigre, on a su qu'il l'avait cédée quelques jours auparavant.

— Et jamais on ne l'a revue?

— Jamais.

— Bien vrai? dis-je en souriant.

— Bon, dit le chef, vous voilà comme les faiseurs de romans, vous croyez que les saltimbanques volent encore les enfants et cachent mutuellement leurs flouerics. Détrompez-vous, de même qu'on a en Bretagne pour quelques louis les chevelures les plus belles des plus belles filles du pays, de même on achète des sujets; on les dresse pour avaler des épées ou donner à manger aux serpents.

— C'est une horreur! dis-je.

— Non, c'est un apprentissage, on apprend bien à être peintre, menuisier, avocat, couturière, pourquoi n'apprendrait-on pas à être sauteur de cordes?

— Il y a plus de dangers.

— C'est aussi pourquoi, au lieu de faire payer l'apprenti, nous payons ses parents. Il n'y a pas de loi qui dispense un père de pourvoir à l'avenir de sa famille.

— Et cette Juliette, vous ne l'avez jamais revue?

— Non, monsieur, ni dans les fêtes, ni dans les foires, ni à Beaucaire, ni sur les routes ; on a perdu sa trace.

— Qu'est-ce que ce misérable Barbot en aura fait? m'écriai-je.

— Il l'a recédée.

— Ou tuée!

— Pas si bête. Il était brutal mais calculateur, Juliette était souple comme une lianne, elle faisait recette, il ne l'aurait pas remplacée sans dépenses.

En ce moment des pleurs roulaient des yeux de la pauvre femme qui venait d'arriver.

— Rien de nouveau? dit-elle.

— Rien, répondirent les saltimbanques en riant.

— *Lieber Gott!* s'écria-t-elle en levant les yeux au ciel.

Je n'entendis pas la fin de son invocation. Le souper des artistes en plein vent était achevé et la grosse caisse couvrait de son timbre étourdissant les clameurs environnantes.

L'histoire de la mère Juliette m'avait touchée. J'allai la voir, la consoler, l'étudier peut-être, tout est analyse pour l'écrivain. C'était une grande dame allemande un peu plus lettrée que ne le sont les filles de la forêt Noire. Elle se nommait Frederika Lauchmann, était veuve depuis quinze ans et avait dépensé une partie de l'avoir que lui avait légué son mari à accomplir sa dernière volonté. A son heure suprême le moribond s'était recueilli, prêt à rendre son âme à Dieu, il avait dit à sa femme :

— Je t'abandonne ma fortune, que je pourrais léguer à mes propres parents, à la condition que tu l'emploieras à chercher ma fille, cette enfant que nous avons si malheureusement perdue. Dieu fasse qu'elle n'ait pas souillé l'antique honneur de notre maison ! si tu veux que je prenne ma part de paradis, suis les traces de la malheureuse jusqu'à ce que tu l'aies trouvée.

Et depuis dix ans, de foire en foire, de baraque en baraque, Mme la comtesse Lauchmann questionnait, sollicitait, implorait... et n'avait rien pu découvrir.

Un jour, aux allées de Tourny à Bordeaux, un arracheur de dents lui annonça que sa fille était morte en tombant de vingt pieds de hauteur pour avoir négligé l'équilibre de son balancier.

Une autre fois, à la barrière du Trône, un hercule l'assura que Juliette avait succombé à un coup de poing donné par le rustre qui s'était chargé de son éducation.

D'autres, et c'était la majorité, niaient le fait et étaient seulement d'accord sur sa subite disparition du monde acrobatique.

— O mon Dieu! s'écriait la pauvre mère, en sera-t-il de Juliette comme de cette enfant dont parle Goëthe ; moi, sa mère, faudra-t-il que je devienne folle pour devenir heureuse! Oh! mon enfant! mon enfant!

— Madame, lui dis-je, croyez-moi, les poëtes créent un monde imaginaire, Mignon n'a jamais existé, ni Wilhelm Meister, ni la Marianne, ni le Marquis son oncle, qui d'ailleurs la retrouve.

— Oui! morte! dit sourdement la vieille.

— Il n'y a de réellement vivant dans cette histoire que la ballade si populaire dans votre pays, que vous chantez toutes, et grâce à laquelle les filles, celles qui savent lire comme celles qui ne le peuvent pas, connaissent par cœur le volume allemand que vous lisez chaque jour, les *Années d'apprentissage*. Calmez-vous, espérez en Dieu, un moment peut suffire pour vous mettre sur la trace... Votre fille n'a-t-elle rien qui la puisse distinguer?

— Oh si, on dirait que la Providence l'a marquée pour qu'on la puisse reconnaître! elle a trois petits points noirs sur le cou.

— Eh bien! ces points noirs, j'en ai l'espérance, nous les retrouverons, cette enfant vous sera rendue ; je reverrai la police, je ferai des démarches qu'une femme ne peut entreprendre, mais surtout plus de larmes, plus de visites aux faiseurs de tours, plus de folies et mettez de côté Mignon pour quelque temps. Le promettez-vous?

— Je tâcherai, me dit-elle.

Je me retirai heureux d'avoir pu obtenir cette assurance, mais à peine avais-je franchi le seuil de la maison que j'entendis sa voix brisée par l'âge qui répétait :

> Ah ! si tu voulais m'entendre,
> C'est là, c'est là qu'il faut nous rendre.

Ce soir là, il y avait bal masqué à l'Opéra ; la rue Lepelletier ruisselait de lumières, les voitures s'entre-croisaient avec un fastueux fracas, les femmes se pressaient en foule à l'entrée de la salle, et pourtant minuit sonnait à peine.

Je pénétrai dans le foyer ; il était encombré d'hommes désœuvrés et de dominos mystérieux ; l'intrigue était à son apogée : la femme intriguait son mari, le frère intriguait sa sœur, le débiteur intriguait son créancier. — Il est assez bizarre de voir emprunter le masque antique de la fable, pour dire une fois par an de piquantes vérités.

J'étais là, non pour mon plaisir, mais par état. — Un auteur doit chercher à tout connaître afin d'esquisser le monde sous toutes ses faces et non de profil. Je traversai sans émotion, comme sans plaisir, cette mer de têtes brunes et blondes, les unes coquettement penchées vers la terre, les autres effrontément levées vers leurs victimes, toutes protégées par un rempart de satin et de velours noir. — En effet, rien d'imprévu ne m'attendait ; je ne croyais pas aux prétendues princesses russes qui s'y donnent rendez-vous pour y choisir un mari selon leur cœur ; je connaissais assez les actrices à la mode pour les distinguer à leur voix ou à leur tournure, si elles eussent voulu perdre leur temps à m'interpeller. Je me contentai de saluer du geste quelques confrères venus dans ce sanctuaire de la folie pour y trouver des inspirations pour leur feuilleton du lendemain.

En ce moment Musard faisait merveille ! Musard le père, déjà à son déclin et qui, semblable à la flamme prête à s'éteindre, n'en brillait que d'un plus vif éclat. — On exécutait le quadrille des *Mousquetaires de la Reine*, enivrante réminiscence des gaietés du grand siècle dont Halévy a ressuscité les mélodies. Je me dirigeai vers une loge pour assister à ce vertige universel que n'a pas deviné le Dante, et qui se nomme en termes chorégraphiques : *le galop général.*

Tout à coup, dans le vestibule des premières loges, une main toucha ma main.

Je me retournai et je vis une grande fille qui me fit signe de m'arrêter.

Je la contemplai avec surprise. Elle ne portait pas de masque et pouvait avoir dix-neuf ans au plus ; son visage, d'une remarquable beauté, était empreint d'une expression de scepticisme qui se montrait à première vue. Elle était grande et d'une taille élancée ; son costume était celui d'un page : robe-pelisse de velours noir orné de gracieux crevés, bas de soie tendus, poulaines élégantes, toque sur l'oreille et plume au vent.

— Que me veux-tu ? lui demandai-je, usant tout d'abord du privilége que possède tout homme abordé par une femme déguisée de la tutoyer sans façon.

— Je te connais, me dit-elle.

— Cela n'est pas difficile.

— Me connais-tu ? ajouta-t-elle.

Je la regardai avec plus d'attention.

— Il me semble, ma belle enfant, que ton visage ne m'est point étranger, mais où je l'ai rencontré, je ne saurais te le dire.

— C'est bien, reprit-elle ; tu as vu ce matin une vieille femme ?

Je la regardai avec surprise.

— Tu as promis de faire des recherches pour retrouver son enfant ?

— C'est vrai.

— Tu veux t'adresser à la police ?

— Je l'ai promis.

— Tu n'en feras rien.

— Et pourquoi ?

— Parce qu'il y va de l'intérêt même que tu défends ; la bonne vieille ne doit pas savoir ce qu'elle est devenue.

Je délibérai quelques instants sur le parti que je devais prendre. Devais-je prêter l'oreille à cette fille inconnue qui venait entraver ma mission? Ne devais-je pas plutôt ne tenir aucun compte de ses conseils? Je m'arrêtai à cette dernière résolution.

— Beau masque, lui dis-je, grand merci de tes avis!

— Les suivras-tu?

— Peut-être.

— Veux-tu me le promettre?

— Non! mille fois non!

— En ce cas, je m'attache à tes pas, jusqu'à ce que je t'aie arraché cette assurance; il me la faut, je la veux.

Et, passant son bras sous le mien, elle voulut m'entraîner; je cherchai à me dégager. Le mouvement que je fis dérangea le collier d'or et de perles qui entourait son cou; le fil se brisa, et les riches joyaux roulèrent sur le tapis.

Alors, comme une révélation, je découvris sur ce cou les trois points noirs, les trois signes d'ébène qui marquaient sa blanche carnation.

— Juliette! m'écriai-je.

— Silence! dit-elle, on nous regarde.

En effet, vingt cavaliers, venus là comme par enchantement, ramassaient de toutes parts les fragments du collier brisé. C'était un membre de la haute chambre, un savant illustre, un militaire éminent, un musicien de l'Institut, et bien d'autres encore qui venaient ainsi mettre leurs services à ses pieds.

— Je savais bien, belle dame, dit un beau du Directoire que l'Opéra était une mer orageuse..... mais j'ignorais qu'on y pêchât des perles.

Juliette eut à la fois tant de cavaliers dévoués que je n'eusse point été surpris si les perles de son collier eussent comme les poissons de l'Évangile, multiplié en se divisant. — Elle distribua à tous une récompense étudiée : à celui-ci un geste de la main, à celui-là un regard bienveillant, à d'autres un sourire enchanteur; puis m'entraînant vers le bas de l'escalier :

— Promettez-vous ?
— Non ! lui dis-je.
— Eh bien ! tant pis pour tous, fit-elle.
Et elle s'élança dans une voiture qui l'attendait.

Je ne perdis pas une minute, je courus aussi vite que le phaëton, et je la vis entrer dans une belle maison de la rue Monthabor, puis les portes se refermèrent, puis je ne vis plus rien.

A côté de moi, un café-restaurant étalait ses richesses et ses tentations gastronomiques : le homard écarlate, le buisson d'écrevisses aussi coquet qu'un rocher de corail, l'huître qui cache sa nacre sous son écorce verte, la poularde embaumée après mort violente et dont l'épiderme délicate trahit les truffes qu'elle recèle, brillaient au milieu d'une obélisque de vins de Champagne et de Portugal. Le maître de l'Eldorado, la serviette à la main, attendait sur le seuil les soupeurs attardés.

— Monsieur, lui dis-je...
Il me salua avec une grâce toute charmante.
— Monsieur attend quelqu'un ? Monsieur veut souper ? me dit-il. Monsieur peut entrer avec confiance ; il y a bon gîte, bon vin, bon feu.
— Merci, lui dis-je, je ne veux qu'un renseignement.
— Ah ! dit-il d'un air désappointé.
— Mais du renseignement au souper, il n'y a qu'un pas.
— Eh bien ! parlez, fit le Vatel en se radoucissant ; que désirez-vous savoir ?
— Où loge la dame dont la voiture rentre ?
— En face, Monsieur, en face ; ne venez-vous pas de la voir descendre de voiture ?
— Sans doute ; mais à quel étage ?
— Au second.
— Au second, au-dessus de l'entresol ?
— Il n'y a pas à s'y tromper, c'est là où chante un chardonneret.
— Le jour ?
— Le jour et la nuit.

— Mais c'est une plaisanterie, les oiseaux chantent rarement la nuit, sauf le rossignol des bois.

Le maître du restaurant fit un geste de respectueuse retenue qui semblait vouloir dire : Je suis trop honnête pour vous faire opposition. Il me montra ensuite les fenêtres de l'étage annoncé.

J'écoutai. En effet, le brave homme avait raison... Bien qu'il fût une heure du matin, que la nuit fût noire, que le bruit eût cessé depuis longtemps et que la lune se fût retirée dans son boudoir de sombres nuages, le chardonneret chantait!... chantait encore!... chantait toujours son singulier solo.

C'était un air que j'avais cherché dans ma mémoire depuis deux jours, un air germanique aussi grave qu'un *de profundis*, un air mélancolique et tendre qui avait fait fureur parmi les femmes du monde entier. Voici quel en était le refrain :

> Connais-tu la contrée où dans le noir feuillage
> Brille, comme un fruit d'or, le fruit du citronnier ?
> La connais-tu ! Oh ! si tu veux m'entendre,
>   C'est là qu'il faut nous rendre.

— Voilà, pensais-je, un phénomène du règne animal, jamais le soleil couché les oiseaux ne chantent ; le serin des Canaries, l'alouette des champs, le merle dans les haies, le pinçon, ce tenorino des airs, la fauvette, cette *prima dona assoluta* des buissons, se taisent quand vient le soir.

— Bah ! mademoiselle Rosalba et son oiseau sont bien connus depuis deux ans, dit le restaurateur; elle ne reste jamais longtemps dans le même logement à cause de cette bête, les voisins se plaignent et la font déguerpir.

Pendant qu'il parlait, la jeune femme avait ouvert sa fenêtre pour respirer l'air frais qui annonce l'aurore, elle m'aperçut et me fit signe de monter.

J'obéis et me trouvai bientôt, tête à tête avec elle, dans un délicieux boudoir.

Juliette avait changé d'aspect, elle avait déposé ses habits de carnaval. Revêtue d'une longue robe de chambre de mousseline blanche, la tête ceinte complètement de ses cheveux noirs qui lui formaient une couronne d'ébène, pâle, languissante, les bras veufs de bijoux ; le cou sans ornements, elle avait bien l'air en effet du Mignon d'Ary Scheffer regrettant sa patrie, seulement Juliette était plus svelte, plus vaillante, plus décidée.

Elle me tendit ses doigts blancs.

— C'est bien d'être venu, dit-elle.... Vous avez vu ma mère ?

— Oui.

— Une sainte femme ! qui pleure une faute dont elle n'est pas coupable.

— Elle vous croit morte, victime des hommes qui vous ont enlevée.

— Plût à Dieu ! dit Juliette, que je me fusse contentée des parades de la foire, de la danse des œufs, du pas des poignards et de la quête dans la foule ; plût à Dieu que je me fusse ouvert le crâne en tombant de la pyramide humaine ; elle n'aurait point à rougir de moi en me retrouvant, je serais retournée au sein du Créateur, le plus indulgent des pères, car j'aurais conservé ma pauvreté, ma seule et unique excuse. Mais il n'en est plus ainsi, je ne me nomme plus Juliette dans le monde, je me nomme la Rosalba ; je ne suis plus une enfant qu'on force à danser sur les planches, je suis une femme qu'on applaudit sur ces tréteaux que vous nommez le théâtre. J'ai pris les habitudes de ce luxe dont vous me voyez environnée ; les misères de mon enfance ont endurci mon cœur, je suis une créature dont la vie appartient au public, je suis malade et malade sans remède.

— Ne vous désolez pas, Juliette, lui dis-je ; rien n'est perdu encore, quittez la scène, retrouvez votre mère, faites-là jouir de cette petite fortune que vous possédez.

— Y pensez-vous ? On ne doit donner à sa mère que des biens dont la valeur est pure et avouable et non le fruit d'une existence anti-chrétienne. D'ailleurs, je le sais, j'ai peu de semaines à vivre ; ma mère me retrouvera digne d'elle, mais quand je serai morte.

— Quelle folie !

— S'opposer à cette résolution serait m'exposer aux plus dures alternatives. Dans un mois, monsieur, je ne serai plus ; soyez compatissant pour une mourante.

A ce moment Juliette était livide, sa poitrine oppressée semblait écrasée par une montagne, des gouttes de sueur perlaient sur ses tempes.

En ce moment le chardonneret chanta son refrain habituel :

> La connais-tu, si tu voulais m'entendre,
> C'est là qu'il faut nous rendre.

Je regardai l'oiseau : il était en effet aveugle. — Un jour, pendant une absence de quarante-huit heures faite par la maîtresse pour quelque élégante partie de courses ou de campagne, on l'avait oublié à la fenêtre.... l'humidité l'avait frappé.... il avait perdu la vue.

Et depuis, ne sachant pas quand il faisait jour et quand il faisait nuit, il chantait sans cesse aux heures de son réveil, quelles qu'elles fussent.....

— Vous voulez savoir, reprit Juliette, pourquoi ma mère ne me doit jamais connaître ? C'est que je suis d'une haute famille et que je ne veux pas la déshonorer, moi, une balladine, une fille du ballet de l'Opéra. Voyez-vous d'ici, dans le blason des comtes de Lauchmann, une Rosalba, une faiseuse de pirouettes ? Ne serait-ce pas là un grand éclat à jeter sur ce nom ?

— On peut l'ignorer, dis-je ; vous pouvez quitter la scène, reprendre votre véritable titre, rentrer dans les douceurs de la vie privée.

— Pour qu'à la première occasion quelque visiteur me reconnaisse et me dénonce comme une comédienne..... D'ailleurs, à quoi bon donner ce chagrin à ma mère ? Depuis deux ans j'ai été avertie de sa présence à Paris par des personnes haut placées, et qui ont rendu vaines toutes ses démarches. — C'est le plus utile emploi que j'ai fait de mon influence. — La pauvre vieille ignorera toujours mon nom dramatique, ma vie folle et inconsidérée, la misère de mon âme; car, voyez-vous, je puis chanter comme le poète dont elle relit le récit, dont le refrain m'a bercé, le cantique des larmes.

Et, prenant le chef-d'œuvre de Goëthe relié en chagrin et or qui se trouvait sur une console de marquetterie :

— Tenez ! me dit-elle, n'est-ce pas là mon histoire ?

Je pris le livre et je lus le chant de *l'enfant et du vieillard aveugle* :

> Le char brillant qui mesure les jours
> Roule au-dessus des fleuves, des montagnes,
> Chasse la nuit, et, reprenant son cours,
> Chaque matin réveillant les campagnes,
>   Réveille aussi dans mon cœur
>   Sombre douleur.
>
> C'est jour de fête ! allons, mes beaux habits,
> Puisqu'on le veut, il faut que je sois belle.
> C'est jour de fête ! il faut à mes amis
> Montrer bijoux et parure nouvelle,
>   Et cacher dans mon cœur
>   Sombre douleur.
>
> Je dois leur faire un secret de mes pleurs;
> Je suis gentille et souris, c'est merveille !
> Mais s'il fallait, à force de malheurs,
> Perdre la vie et santé si vermeille,
>   Tu n'aurais plus mon cœur
>   Sombre douleur.

— C'est là, dit-elle, mon Odyssée ; depuis que j'ai appris, par l'arrivée de ma mère, mon illustre origine, mon âme a été dévorée par une douleur insurmontable ; je chante comme mon oiseau, l'âme perdue dans une éternelle nuit... plaignez-moi ! et surtout du silence !

Je me retirai et j'évitai de rencontrer la vieille dame dont je ne pouvais plus braver les questions incessantes. — Je ne me crus pas le droit de prendre un parti dans une matière où je n'étais intervenu que par hasard, et je résolus d'attendre que l'une ou l'autre de ces femmes me fît demander.

Cinq semaines se passèrent sans que j'entendisse parler d'elles ; au bout de ce temps, je vis arriver un matin la comtesse, pâle, haletante, le visage noyé de pleurs.

— Qu'avez-vous, lui dis-je ?
— Elle est retrouvée !
— Qui ? elle !
— Ma fille, mon enfant chérie !
— Eh bien ! comment l'avez-vous trouvée ?
— Oh ! monsieur, une sainte ! un ange ! un agneau de Dieu ! Accompagnez-moi, elle veut vous voir.

Je suivis sans répondre la vieille dame. Un fiacre l'attendait à ma porte. C'était une sombre et triste matinée d'hiver ; le ciel semblait sangloter, tant la pluie tombait par torrents. Nous nous arrêtâmes au bout d'un faubourg.

— C'est ici, dit la marquise.

Nous entrâmes dans une maison grillée, toute peuplée de religieuses. On l'appelait le couvent des Augustines.

— Laissez pénétrer monsieur, dit la mère à la tourière ; vous le savez, c'est le vœu de la malade.

Juliette s'était donc réfugiée dans ce saint asile ; c'était donc ce qu'elle espérait faire avant de revoir sa mère. J'entrevis en un seul moment sa pieuse et héroïque résolution.

Nous fûmes introduits dans une cellule qu'éclairait un rayon de soleil, et là, sur un lit de fer, accablée et languissante, je vis la femme qui m'avait accosté au bal de l'Opéra.

Ce n'était plus la Rosalba, folle et capricieuse créature, étincelante de bijoux aux mille feux de la rampe ; c'était une religieuse, une épouse du Christ, qui, le sourire sur les lèvres, tenait la croix dans sa main droite.

Elle fit de la main gauche deux parts consécutives : l'une pour sa mère... l'autre pour moi...

On voyait qu'elle n'avait plus que quelques minutes à souffrir.

— Ma fille, dit la vieille dame, dois-je te trouver, pour sitôt te perdre ?

— Madame, fit la supérieure, nous devons nous courber devant la volonté de Dieu ; sœur Juliette a été un exemple pendant sa vie, elle sera une glorification après sa mort. Dieu auquel elle s'était donnée l'attend pour lui faire partager les délices de son paradis.

La malade fit signe que j'eusse à m'approcher.

Je m'avançai vers son chevet.

— J'ai voulu vous voir; d'abord pour vous remercier de votre silence. Je n'ai pas eu le courage de mourir sans voir ma mère... Vous le voyez, grâce à ces bonnes sœurs, on me prend pour une sainte.

Je lui serrai la main.

— Vous l'êtes! murmurai-je tout bas, un diamant pur que la boue du monde n'a pu souiller.

Ses lèvres blanches se séparèrent avec effort, pour laisser passer un triste sourire.

— J'ai encore une chose à vous demander?

— Parlez.

— Dans mon logement, vous savez?

— Oui, après?

— J'ai laissé mon pauvre oiseau, mon petit aveugle.

— A qui?

— A la concierge! Quand je ne serai plus.... prenez-en soin....

Je pressai sa main de nouveau en luttant contre deux larmes impérieuses qui voulaient s'échapper de mes yeux.

— Que dit-elle? demande sa mère.

— Je dis que je veux que tu parles encore du lieu où je suis née, ma mère, du grand château, de la verte pelouse, du Rhin qui arrosait nos campagnes ; parle, parle toujours.

— Mais tu les verras bientôt, fit la mère, ces champs bénis du ciel où tu naquis, ce vieux manoir où ton père commandait en seigneur, ces fleurs nées comme toi sur nos rives, belles et pures comme toi.... Rien n'est désespéré dans ta maladie; nous demanderons une permission à monseigneur l'évêque, et tu retrouveras tes amies d'enfance, le vieux chêne qui t'abritait sous ses feuilles, le jardin où tu chassais le papillon doré, la colline que tu descendais en roulant... Oh! tes compagnes sont grandes aujourd'hui et mères de nombreuses familles, mais elles t'aiment encore par le souvenir...

La marquise parlait toujours que Juliette ne bougeait plus ; elle avait laissé tomber la croix de ses mains ; elle avait cessé de sourire à la narratrice : elle était morte !

Morte, en gardant son secret.

La mère tomba en sanglots dans les bras de la supérieure.

— Réjouissez-vous, madame, dit la sainte femme : ici, glorieuse dans ses douleurs, votre fille est une digne descendante des femmes fortes de votre lignée ; votre fille a laissé parmi nous un souvenir impérissable ; votre fille était un ange.

La marquise, que rien ne retenait plus à Paris, partit pour ses terres, emportant embaumés les restes de celle qu'elle avait retrouvée. Toute l'Alsace apprit l'histoire du couvent des Augustines, et lorsqu'on fit à la défunte les honneurs de l'inhumation dans le caveau de ses pères, la province tout entière, général, évêque et préfet en tête, assista à ses funérailles.

A Paris, on s'étonna bien un peu de la disparition de la Rosalba à laquelle on avait gardé un rôle dans le ballet alors en répétition ; un rôle de Bohémienne à jupe rouge et à coiffure de sequins qui devait, au dire du régisseur, lui aller à ravir. Elle avait vendu, en effet, son mobilier, payé son terme et s'était enfuie on ne savait où.

— Elle sera partie en Russie à la suite de quelques boyards, disaient ses compagnes. Il n'y a rien de tel que ces figures pâles et chétives pour avoir de la chance.

Puis, comme à Paris une nouvelle du matin est vieille le soir, on parla d'autre chose ; et, deux jours après, la danseuse disparue était aussi complètement oubliée que si elle n'eût jamais figuré sur les planches de l'Académie royale de musique.

Dès que je le pus, je me hâtai d'accomplir la promesse que j'avais faite à Juliette. Je me rendis chez la concierge de la maison qu'elle avait habitée.

— Madame, lui dis-je, je viens vous réclamer un oiseau.

— Le chardonneret de Mlle Rosalba?

— Précisément.

— Ah! ben! monsieur, il y a longtemps qu'il a fini de chanter.
— Que lui est-il arrivé?
— Il a été mangé par le chat du second. Il ne pouvait guère se défendre, au reste, il était aveugle. Tenez, monsieur, voilà ce qui lui revient à cette demoiselle, si mystérieuse qu'elle ne laisse même pas son adresse...

Et elle me tendit la cage dorée et élégante que j'emportai le cœur navré...

Cette cage, pauvre ami défunt, pauvre chanteur de la ballade de Mignon, pauvre aveugle qu'on a tant aimé, aucun oiseau ne l'habitera après toi..... ni le serin doré, ni le rossignol mélodieux, ni le pinçon aux gaîtés folles, et tu restes depuis ce temps accroché dans mon cabinet de travail, vide et désert comme mon cœur...

BASILINE ET BASILETTE

ou

LES NOYAUX DE CERISES.

Les Beautés physiques.

(La vraie Coquetterie.)

BASILINE ET BASILETTE

ou

LES NOYAUX DE CERISES.

Basiline et Basilette étaient les filles d'une pauvre villageoise des environs de Morlaix : toutes deux blondes comme les blés d'août, blanches comme le lait de la bergerie ; elles avaient dix-huit ans, car elles étaient nées le même jour ; elles avaient la même existence, mais non les mêmes inclinations.

Basiline était amoureuse de luxe, ambitieuse, pleine d'orgueil et de vanité. L'été, ses cheveux ressemblaient à un parterre tant les fleurs y étaient en nombre, sa robe, rehaussée sur le côté sous prétexte de n'en pas souiller dans la boue du chemin les pans écarlates, laissait voir intentionnellement deux bas bleus azur couvrant avec amour une jambe d'une finesse admirable ; elle se faisait des colliers imitant le corail avec les fruits écarlates des haies, et il était bien rare de la voir revenir du marché sans qu'elle rapportât quelque mouchoir de cotonnade aux nuances accusées.

Basilette, au contraire, était la simplicité, l'insouciance, l'oubli même de toute coquetterie. Elle eût peut-être été sale si on pouvait l'être au village, mais le hasard se chargeait de sa toilette. Elle se baignait forcément en passant la rivière au gué quatre fois par semaine, et les travaux de la buanderie, où le savon se gonflait en globules multicolores sous ses petites mains, donnait à ses doigts une blancheur dont elle n'avait pas rêvé la préméditation. Au reste, sa jupe était sans cesse fripée, son casaquin plein de plis, sa cornette sans amidon et ses cheveux sans frisure ; c'était l'enfant sauvage et inculte, l'oubli des grâces et des recherches de la femme.

Or, Basiline et Basilette vivaient au temps des fées. Il y a longtemps, me direz-vous? Peut-être, cela n'est pas bien sûr. En Bretagne les fées n'ont pas vieilli, elles n'ont pas toutes émigré dans le volume des contes de Perrault, on en trouve dans les vallons comme dans les collines, au fond des nids mousseux comme dans les grottes obscures, le jour à cheval sur les insectes bourdonnants, le soir sautant dans le calice des roses, ou s'accrochant aux lambris indigo du firmament par des fils de la vierge flottants dans les campagnes. Il y a là de nos jours encore, comme du temps de la princesse Belotte, de bonnes et de mauvaises fées, tant il est vrai que le bien et le mal se livreront sans cesse un perpétuel combat. Il y a avec elles les croques-mitaines, les loups-garous, les karouglis et cent autres divinités qui causent au paysan naïf de sombres terreurs ou de profondes joies.

La Martonne, mère de nos deux jeunes filles, quand on contait à la veillée quelque saisissant récit d'être surnaturel, ne disait jamais son mot, elle ne prenait parti ni pour les hérétiques qui étaient comme toujours les jeunes gens du village, ni pour les croyants dans le nombre desquels le beau sexe était évidemment en majorité. Les pieds sur l'âtre, la tête appuyée sur le dos de l'immense cheminée, les doigts armés de deux énormes aiguilles d'acier qui se poursuivaient poussées par le travail, comme deux abeilles industrielles dans une ruche, elle ne proférait pas une seule parole qui pût renforcer tel ou tel parti de l'autorité de son opinion.

Un soir, toute la localité était rangée autour de son foyer, décoré de deux images vénérées à des degrés différents, le Sauveur et l'Empereur : Jésus-Christ et Napoléon, l'honneur religieux et l'honneur national. Le cidre du pays faisait danser dans les verres, comme autant de gnomes intelligents, ses globules spiritueuses, et la lampe, accrochée au plafond, inondant tous les visages souriants de sa clarté douce et pâle, donnait un ton à la Rembrandt à cette scène d'intérieur.

Soudain, au milieu de la réunion, Basiline entre, Basiline la coquette, Basiline la capricieuse, Basiline la dépensière, qui n'ayant pas de millions à sa disposition pour acheter des diamants et des rubis, pillait sans scrupules le riche trésor de la nature afin de s'en composer une parure pittoresque.

Cette nuit là elle s'était tressée une guirlande qui faisait merveille dans ses cheveux d'or. Elle était composée de petites fleurs d'albâtre, délicatement dentelées par ce grand artiste qu'on appelle le bon Dieu, leurs feuilles étaient embaumées, et au fond de leur collerette blanche brillait leur calice comme une opale enchâssée dans l'ivoire.

C'est que ce soir là maître Pierre était de la fête, maître Pierre, le plus riche fermier du voisinage, qui la demandait toujours à danser dans les fêtes champêtres.

— Oh! la Basiline! s'écria-t-on de toutes parts, voyez donc comme elle est coiffée.

— Il lui en cuira si elle n'y prend garde, dit le maître d'école.

— Pourquoi, dit Basiline.

— Parce que vous avez détruit l'œuvre du Seigneur, ce ne sont pas des fleurs que vous venez de cueillir détruites, ce sont des fruits que vous avez tués.

En effet, la guirlande de la coquette était composée tout entière des fleurs de cerisier, plantes admirables dans leurs blancs atours et qui feraient mourir de jalousie les marguerites, si Dieu, en bon père de famille, n'avait pas empêché toute rivalité possible, en les plaçant parmi les fruits.

— Comme cela, dit Basiline, je suis un assassin! j'ai tué des cerises!

— Evidemment.

— Mais puisqu'elles sont faites pour être mangées.

Un rire général des assistants accueillit cette boutade.

Le maître d'école ne se déconcerta pas.

— Mangez-vous tout dans la cerise?

— Non.

— Que jetez-vous?

— Pardine! le noyau.

— Et qui vous dit que ce petit noyau que vous empêchez de croître n'a pas son importance dans la grande harmonie terrestre.

— Quand ce ne serait, ajouta le maître, que pour faire du kirsch.

— Ma mie, ajouta une vieille femme qui présidait, en raison de son âge, méfiez-vous, il y a des fées pour protéger les fruits avant qu'ils n'arrivent à maturité, comme il y a des mères pour protéger les jeunes filles avant qu'elles ne soient de fortes et robustes femmes.

— Des fées! répéta Basiline.

— Sans doute! elles sont aussi nombreuses que les étoiles du ciel, elles viennent parfois sous la forme des atômes de l'air et des insectes brillants de l'herbe; la pomme a sa fée qui brise la branche sous le pied de l'imprudent maraudeur, la fraise, cette sœur de la violette, qui se cache comme elle et comme elle se trahit par sa douce senteur, a une fée qui apparaît parfois sous la forme d'une couleuvre, pour sauve-garder sa protégée vermeille; la poire, la groseille, le raisin dont les grains, en automne, ressemblent à ceux d'un chapelet de pèlerinage, ont aussi leur fée.... malheur à qui l'oublie.

— Je vais donc être en butte à la haine de la fée des cerises, dit Basiline.

— Cela se pourrait bien, ma mie.

— Est-ce que tu crois cela, mère, demanda l'imprudente.

— Moi, dit la mère Martonne en précipitant son tricot, je ne dis ni oui ni non; il se pourrait bien.

— V'là ce que c'est que d'être coquette, dit Basilette; regarde-moi, je ne mets rien dans mes cheveux, moi.

— Pardine, tu ne les peignes jamais, répondit aigrement sa sœur.

Le lendemain, à la même heure, la veillée était de nouveau convoquée. Les contes allaient croissant d'intérêt, la légende se dessinait par grandes épopées, esquissées par ces improvisateurs inexpérimentés, quand le garde champêtre entra.

—C'est drôle, mère Martonne, dit-il à la maîtresse du lieu, comme vous avez soin de votre verger.

— Qu'y a-t-il? demanda la mère; je suis si infirme que je ne peux pas y aller voir; ce sont mes deux filles, Basiline et Basilette qui s'en sont partagé le soin.

— Eh bien! hier nous constations que Basiline pillait les fleurs du cerisier qui est dans sa moitié de terrain.

— Après, maître garde, Basilette en fait-elle autant de son côté?

— Le ciel m'en garde, dit Basilette; je ne suis pas assez coquette pour ça.

— Non! vous ne cueillez pas les pauvres petites plantes, reprit le fonctionnaire; non, vous n'êtes pas coquette, mais vous êtes négligente, apathique, insouciante des fleurs comme de vous-même; votre cerisier n'est pas pillé mais il est abandonné, il manque de soins, d'eau et de soleil, et déjà bon nombre de ses fleurs sont tombées et jonchent le sol.

— Ma mie, dit la vieille de la veillée précédente, vous aussi êtes une meurtrière, vous aussi tuez les cerises dans leur fleur..... la fée des cerises vous poursuivra.

— Blaise, disait à son frère, maître Pierre, le fils du riche fermier, c'est grand dommage que Basiline soit si coquette, ça ferait une belle fille à mettre dans mes prés.

— Pierre, disait Blaise à son tour, c'est grand dommage que Basilette soit si négligente, ça ferait une gentille meunière à mettre dans mon moulin.

Or, tandis qu'on causait ainsi, les filles de leurs sympathies, les garçons de leurs projets d'avenir, de conte en conte, de veillée en veillée, le bonhomme Juillet qui avait reçu du bon Dieu sa feuille de route pour présider à la moisson arriva un beau matin, le front ceint de rayons ardents ; il apparut et, à sa vue, les fruits changèrent d'aspect : la groseille devint cramoisie de plaisir à son arrivée ; le melon, qu'on a accusé à tort d'être inintelligent, se laissa dorer par ses baisers brûlants ; l'abricot pencha sa tête mûrie, comme celle d'un vieux savant, sur l'espalier qui le portait ; le cassis, ce nègre de la saison, de quarteron qu'il était devint noir, et celles des fraises qui avaient les pâles couleurs rougirent tout à coup de modestie quand ses vents embaumés dérangèrent le voile de feuillage qui couvrait leurs attraits.

— Sœur! dit Basiline à Basilette avec terreur, les cerises sont-elles mûres ?

— Rouges comme du sang, dit Basilette à Basiline.

— Bah! reprit la première, ce sont des contes de sottes que toutes ces histoires de fées qui jettent des sorts aux jeunes filles.

— Tu crois, dit Basilette.

— Assurément. Tiens, regarde comme j'ai peur.

Et la coquette choisissant dans son arbuste, cueillait une de ces branches où des cerises tiennent ensemble et que les demoiselles appellent au pensionnat des *boucles d'oreilles*.

Elle les plaça à ses tempes et se mira dans l'onde avec satisfaction. L'écarlate de ce bijou naturel allait admirablement à sa peau, un peu brunie par la saison.

— Prends garde à la fée ! disait la sœur.

— Vois-tu qu'elle arrive souvent? objecta Basiline en riant.

— En ce cas, moi j'en prends aussi, non pour me parer, mais pour les manger, ça me va mieux.

Et ayant accompli son dessein, elle partit avec sa sœur au beau milieu des prés.

Là, déposant à leurs pieds le panier dans lequel au départ, elles mettaient leurs provisions ; elles s'assirent sur un tertre fleuri et commencèrent leur sieste accoutumée.

Basilette mordit dans une de ses cerises.

— Ça doit être joliment bon? dit-elle.

Mais en regardant la chair vermeille du fruit que sa dent d'ivoire venait d'entamer, elle aperçut un ver, affreux et immonde reptile qui s'y était glissé.

— Ah! fit l'enfant avec dégoût, c'est la fée qui m'en veut!
Et elle jeta les cerises dans les herbes.

— Folle! dit Basiline, est-ce que j'ai peur, moi? est-ce que je m'occupe de ces sornettes?

A peine avait-elle achevé ces imprudentes paroles qu'elle poussa un cri plaintif : elle venait de sentir à son cou une douleur terrible, une douleur profonde.

C'était une guêpe qui, attirée par la couleur et le parfum du fruit qui pendait à ses oreilles, lui avait fait une sournoise piqûre.

— La fée, dit-elle, la fée se venge!
Et elle se leva en larmes.

— Mes belles demoiselles, dit une vieille mendiante qui passait, faites-moi la charité, je suis âgée, je suis pauvre et je n'ai rien à manger.

Et, parlant de la sorte, elle ramassait les fruits jetés à terre par les deux sœurs.

— Tiens! dit Basilette, elle les mange.
— Tiens! répéta Basiline, elles sont bonnes.
— Parce qu'elle les mange à notre place, reprit Basilette, la fée ne lui en veut pas comme à nous.

— Bonne femme, dit Basiline en vidant son panier, le fruit n'est pas bon seul quand on a faim ; voici notre pain.

— Et vous, mes petits agneaux?
— Oh! nous attendrons bien, voyez-vous, le coucher du soleil, heure à laquelle nous rentrons chaque jour.

— Eh bien! reprit la vieille, je veux aussi vous faire un cadeau pour reconnaître votre charité, car vous êtes toutes deux de bons cœurs, ce qui rachète bien des défauts.

— Ah! dit Basilette, que nous donnerez-vous?
— D'abord, il faut que je vous adresse une question, reprit la vieille en achevant sa mie.

— Parlez.
— Avez-vous envie de vous marier?
— Dam ! dit Basiline.
— Ecoutez donc ! dit Basilette.
— Et avez-vous choisi vos fiancés?
— Peut-être, dit Basiline.
— Il se pourrait bien, dit Basilette.

Et toutes deux regardèrent à terre l'herbe, comme si elles eussent eu la prétention de consulter les fourmis, qui y couraient par légions.

— Eh bien ! vous épouserez vos fiancés.
— Bah ! s'écrièrent-elles, avec quoi?
— Avec mon cadeau.
— Mais la fée des cerises est contre nous, dit Basilette.
— Elle nous en veut beaucoup parce que nous avons laissé périr ses protégés, répartit Basiline, elle a mis des vers dans les fruits de ma sœur, et les miens ont attiré à moi les insectes malfaisants.
— La charité rachète tout. Vous avez été bonnes, compâtissantes, mon cadeau vous fera heureuses.
— Et quel est-il? firent les deux sœurs dont les yeux pétillaient d'impatience.
— Le voici, dit la mendiante.

Et elle donna à chacune des sœurs un noyau des cerises qu'elle venait de manger.

Puis les saluant de la main, elle disparut, au tournant du chemin, avant que les deux paysannes fussent revenues de leur stupéfaction.

Nous avons oublié de dire que les deux sœurs étaient également jolies. Nous ne nous ferions point l'historiographe complaisant de deux filles laides par le physique et le moral. C'étaient de gentilles créatures mais, l'une était trop coquette, l'autre ne l'était pas suffisamment.

Elles emportèrent chacune leur noyau de cerise, auquel elles ne prêtèrent pas une grande importance. Elles avaient d'ailleurs dans la prophétie de la mendiante une confiance limitée, et elles reprirent leurs travaux habituels, espérant néanmoins que la fée des cerises les laisserait en paix après cette expiation.

Or, le père de Pierre et de Blaise était en procès avec la mère Martonne pour un petit coin de terre qu'il prétendait pouvoir usurper. Il plaidait comme les gens riches, par procuration. Jadis lié avec son mari défunt, établi au village voisin, il n'avait jamais vu sa partie adverse; c'est à peine s'il connaissait le sol, objet du différend.

De son côté, la vieille femme était impotente, et c'est à peine si elle pouvait aller de sa chaise à son lit.

En vain ses fils lui avaient parlé des deux sœurs, dans un but de mariage futur. Le père était inflexible; il demandait avant tout une grosse dot comme condition indispensable.

— C'est malheureux, disait la mère Martonne, du vivant de mon époux on aurait pu espérer; il devait être riche, mais à sa mort on n'a rien trouvé; on a prétendu que c'est parce qu'il ne croyait pas aux fées du pays qu'il est resté pauvre.

— Mais mère, demandait Basilette, n'a-t-il rien dit avant de mourir?

— Il n'a pas eu le temps, il est trépassé sur sa chaise, fumant sa pipe; encore la veille, il avait vendu des bœufs au marché...

— Qu'est-ce que cela fait, dit Basilette, si nos noyaux nous font épouser nos maris?

— Que t'es folle, répliqua sa sœur, je n'y compte pas plus que sur une planche pourrie. Et toi, mère?

— Faut voir! dit la mère Martonne; je ne dis ni oui, ni non.

— Tiens, reprit Basiline, regarde le cas que j'en fais.

Et elle lança son noyau sur le chemin.

Il se fit alors un grand bruit : un homme fort rouge, fort gros, fort en colère, entra avec fracas.

C'était le père des deux jeunes gens.

Il venait de recevoir le noyau de cerise dans l'œil droit.

— Mille millions de baïonnettes! dit-il, quelle est la canaille qui se permet d'éborgner ainsi les passants? Comment! moi,

Barnabasse, le notable de l'arrondissement, je ne pourrai pas me promener à cheval, dans mes biens, sans être estropié?

— Pardon, dit la vieille, c'est une étourdie, une de mes filles.

Et elle montrait Basiline qui, hors d'elle-même, tremblante, presque à genoux, demandait pardon.

— Peste! dit le fermier, vous avez là de beaux enfants!

— Et bons, dit la Martonne, s'il plaît à Dieu de les conserver; mais elles ont un malheur...

— Lequel?

— Elles veulent épouser plus riches qu'elles.

— Dam! elles sont assez bien pour cela; de vigoureuses santés, et travailleuses, sans doute?

— Assurément.

— Comment vous nommez-vous, la mère?

— Martonne Dupuis.

— Comment! c'est vous, avec qui je plaide depuis dix mois?

— Hélas! dit la vieille, vous finirez par gagner. J'ai tout vendu pour payer l'avoué, et bientôt il ne me restera plus rien.

Le fermier n'était pas un méchant homme; il avait surtout été stimulé par les gens de loi pour lesquels les lenteurs de la justice étaient de bonnes aubaines. Il se sentit ému à la vue de ces trois femmes suppliantes devant lui.

— Aussi, dit-il, pourquoi ne pas venir me voir?

— Je suis infirme, dit la Martonne.

— Il fallait envoyer vos filles.

— Chez leurs galants? On aurait fait de beaux contes dans le pays!

— C'est qu'elles sont bien, tout de même, et messieurs mes garçons n'ont pas mauvais goût. Quel dommage, mère Martonne, que vous n'ayez pas quelques piles d'écus... à leur donner comme dot!... ça arrangerait bien des choses. Qui sait, on baillerait le petit pré, sur lequel nous bataillons, à l'une d'elles comme cadeau de noce, et on ne parlerait plus de rien.

— C'est impossible, répondit la mère de famille.

— Pas un écu?

— Pas un.

— Pourtant feu votre mari était trop avare et trop fin pour n'avoir rien mis de côté?

— On n'a trouvé que trente francs et un rouleau de pièces de six liards.

— Ce n'est pas le Pérou, et vos récoltes?

— Elles ont servi à payer nos fermages échus.

— C'est dommage, dit alors le paysan, en prenant les deux sœurs par la main, si vous aviez seulement quelque chose à vous, j'en finirais avec mes garnements pour avoir la paix.

— Oh! dit Basilette, je ne suis pas inquiète, allez, Monsieur, la fée des cerises fera le mariage.

— Comment?

— Avec les noyaux que nous avons.

— Et de quelle façon?

— Est-ce que j'ai à m'en occuper, le noyau de ma sœur, dans lequel elle ne croyait pas, a déjà opéré un miracle. Il vous a fait entrer chez nous pour la première fois, un peu en colère d'abord, mais pour en sortir ensuite avec de bienveillants sentiments.

— Eh bien! dit le père des deux prétendus, que le second noyau achève l'ouvrage du premier, et ce n'est pas moi qui ferai opposition à la volonté de la fée aux cerises; diable, les cerises, c'est dangereux; on en fait de l'acide prussique.....

Et saluant gaiement la bonne dame :

— Je vais faire suspendre les frais judiciaires, dit-il, nous nous en référerons, si vous voulez, à un arbitre nommé à l'amiable par nous deux, nous finirons cela en famille, que diable! et si j'ai tort, eh bien! je paierai les frais.

Puis sautant à cheval :

— Quand vous jetterez encore des noyaux de cerises par la fenêtre, ma belle blonde, dit-il, ayez soin qu'il ne passe personne.

Pendant un mois Basilette attendit que son noyau accomplît pour elle quelque acte heureux pouvant exercer une influence sur sa vie. L'espérance l'avait rendue plus soigneuse comme elle avait rendu sa sœur moins coquette et moins fainéante. Elle travaillait au jardin avec un amour que rien ne venait démentir, elle avait un soin immense des arbres et des fleurs, faisant sans cesse la guerre aux chenilles et aux limaçons qui rampaient sur leurs branches nerveuses ou délicates.

De son côté, Basiline poussait le respect des plantes jusqu'à laisser mourir les roses sur leurs tiges, c'est-à-dire de leur belle mort, et pendant tout ce beau mois de juillet, il ne se fit pas un seul bouquet dans la demeure des deux sœurs jumelles.

— Comme Basiline est devenue simple et modeste, disait Pierre à son frère Blaise.

— Comme Basilette est devenue ordonnée et travailleuse, répondait Blaise.

— Faisons bien enrager notre père, pensèrent-ils tous deux, pour qu'il nous donne, de guerre lasse, son consentement.

Le mois écoulé, le noyau de Basilette n'avait enfanté aucun prodige, il n'était point tombé de pluies de louis d'or pendant les temps d'orage et on n'avait pas trouvé des rubis dans les cailloux brillants de la grand'route.

Et août avançait à son tour, souriant à la glaneuse, dansant dans les bluets et les coquelicots qui émaillent le blé fleuri.

— Une idée, pensa un jour Basilette.

— Quoi donc, dit sa sœur?

— Si mon noyau contenait quelque chose?

— Que veux-tu qu'il contienne?

— Qui sait, quelque chose de précieux, un diamant que la mendiante y aurait fait entrer; car elle était fée, la mendiante, c'est indubitable, la fée aux cerises incontestablement.....

Et prenant un caillou elle brisa l'enveloppe du noyau précieux.

Hélas! il ne contenait que ce que contiennent tous les noyaux du monde connu; une petite amande ronde, le germe propagateur, l'âme, la semence du fruit.

— Mon Dieu! dit Basilette désolée, en contemplant les débris du noyau fracassé ; mon Dieu ! que ferai-je maintenant de ces morceaux épars ?

En ce moment la vieille mendiante apparût sur le seuil du jardin.

— Vous voulez savoir ce qu'on fait d'un noyau cassé ?
— Oui, madame.
— On le remplace pour pouvoir le planter.
— Le planter !
— Oui, dans la terre, pour que, dans dix ou douze années, il puisse faire un beau cerisier vert et rouge, vert de feuilles, rouge de fruits ; un beau cerisier donnant de belles friandises et un bel ombrage de fleurs dans ce joli jardin. Tenez voici un noyau intact.
— Comment ! il faudra attendre dix ans, dit la jeune fille ?
— Peut-être !
— Il faut bien de la vertu, dit-elle, le noyau à la main.
— Il n'en faudra qu'une, fit la mendiante en s'éloignant.
— Et laquelle, ma mère ?
— La patience.

La poitrine grosse de sanglots étouffés, Basilette obéit. Elle disposa le troisième noyau de façon à l'ensevelir dans le sol. Elle choisit dans le jardin un endroit propice, voyant déjà en idée le cerisier fleuri et l'espace qu'il occuperait, puis elle enleva la terre avec tristesse. On eût dit qu'en y mettant le noyau nouveau elle y ensevelissait son bonheur présent.

Tout à coup la bêche s'arrêta et rendit un son vibrant..... Elle poussa avec force, et n'obtint aucun progrès dans le terrain ; elle glissa sa main mignonne pour voir si ce n'était point une pierre qui entravait son travail.

O surprise ! elle aperçut un coffre, une cassette de fer !

— Sœur, dit-elle, il y a dans le jardin quelque chose que je ne puis déterrer seule ; viens voir !

C'est à peine si ces deux forces réunies purent y parvenir ; c'était un coffre plein d'or et d'écus parfaitement conservés : il contenait une somme de dix mille francs !

C'était le trésor qu'avait caché leur père et dont la mort avait empêché de divulguer l'existence à sa femme.

— Je le disais bien, exclama Basilette, que mes noyaux, comme le noyau de Basiline, me porteraient bonheur.

Six semaines après, la veillée était en habits de fête et plus nombreuse que jamais; elle était renforcée de M. Barnabasse, qui avait donné son consentement au mariage de ses fils, et de la mendiante, malgré ses pauvres habits, car en Bretagne la croyance hospitalière veut que la présence de l'indigent porte bonheur.

Au dessert, la Martonne plaça sur la table une belle corbeille de cerises d'un pourpre inimitable. Les deux époux en offrirent à leurs moitiés.

— Faut-il en prendre? dit Basiline.

— La fée nous a-t-elle pardonné? dit Basilette.

— La fée, dit la mendiante, vous a donné une leçon; vos cerisiers, chères enfants, sont votre propre image : la coquetterie tuait l'un, la négligence tuait l'autre. Il faut trouver un juste milieu entre deux excès. Être vaniteuse à seize ans, c'est cueillir trop dans la fleur sa jeunesse; être mal soigneuse à seize ans, c'est laisser périr, faute de soins, les grâces que l'on tient de Dieu.

— Sans compter que l'éducation y est pour beaucoup, risqua le maître d'école. — Dans dix ans vous verrez ce que sera le cerisier que vous avez planté.

— Et que sera-t-il? dit Basilette.

— Sauvage! porteur de fruits amers! mais vos soins feront naître des fruits plus doux.

— Avec quoi?

— Avec le greffoir, qui est l'éducateur des fleurs et des fruits.

LE LIVRE D'HEURES DE MARGUERITE.

LE LIVRE DE BEAUTÉ
Keepsake pour 1854.

Le livre d'heures de Marguerite

Les Beautés de l'esprit.

(Le Sang-froid.)

LE LIVRE D'HEURES DE MARGUERITE.

C'était au temps du bon roi Henri, après les guerres de religion, aux jours où la cour de France était le siége de l'aimable galanterie, où les veuves de la Saint-Barthelemy se remariaient en secondes noces. C'était le siècle de la poule au pot, mets rendu populaire par un monarque philanthrope quoique gascon. C'était l'époque où la reine Marguerite de Navarre écrivait sur le velours brodé d'or du trône de France et de Navarre des contes pour la jeunesse folâtre.

A cette cour dissolue, au milieu de ces muguets et de ces gentilshommes, apparut un jour Annibal de Latimolle, grand seigneur huguenot et proche parent du duc de Sully, le flambeau du gouvernement. Annibal avait trente ans, la taille forte et bien prise, le front fait exprès pour porter le feutre à la plume tombante, et jamais la chaîne d'or des chevaliers n'avait été mieux placée que sur son cou.

Quand il apparut pour la première fois, ce fut un murmure

d'admiration. C'est qu'il amenait avec lui un miracle d'élégance et de beauté, une dame de la perfection la plus désespérante pour les railleurs des petites ruelles.

C'était dame Marguerite, son épouse.

Si vous voulez la connaître, regardez-la passer, elle sort de Saint-Germain-l'Auxerrois; elle va rentrer au Louvre avec son mari, qui porte galamment son livre d'heures, aussi beau que celui de feue la reine Catherine de Médicis. Pressons le pas pour la voir et cachons-nous, car elle baisserait son voile si elle soupçonnait notre curiosité. Regardez, c'est bien une femme sortie des plaines de Honfleur, une grande dame descendue des comtes de Paimbœuf ou de Québec; elle porte une robe de brocard blanc rayée de noir, entourée au corsage par des bouillons de soie et de dentelle que la blancheur de son teint rend terne. Ses épaules, d'un mat admirable, se cachent sous un léger duvet doré, comme le font les pêches vermeilles, ces enfants chéris du règne végétal. Son cou a la grâce de celui du cygne, comme il en a la blancheur; sa bouche est si petite qu'il semble falloir abréger les mots de la langue pour les en faire sortir; ses lèvres sont serrées les unes contre les autres, non pour montrer uniquement le vermeil de la santé, mais pour cacher par modestie des perles, dents mignonnes et divinement rangées, qui s'étalent dans chacun de ses sourires. Ses cheveux seuls bravent la modestie! Blonds, soyeux, parfumés, pleins de reflets à dérouter le peintre à la plus riche palette, ils sont tellement nombreux qu'il faut bien les faire voir; aussi par-derrière repoussent-ils avec énergie le voile de gaze qui leur fait obstacle, tandis que par-devant ils descendent en bandeaux tressés sur des joues colorées par une aimable et touchante pudeur.

Nous voudrions bien parler de ses yeux. On les dit bleus, mais en ce moment il est impossible de le savoir. Des paupières aux franges d'or les couvrent avec amour, comme un écrin cache à tous les regards les feux radieux du diamant.

Pourquoi dame Marguerite a-t-elle ainsi le regard fixé vers

la terre? Puisque nous avons épié le gentil ménage, écoutons sa conversation.

— Ma mignonne, dit Annibal à sa femme, ce soir je monte à cheval pour combattre les ennemis du roi.

— Déjà ce soir? a répondu la dame.

— Il le faut, le drapeau des lys conduira les fidèles sujets du roi dans le chemin de la gloire et de l'honneur. C'est la dernière messe à laquelle vous me condamnerez d'ici longtemps.

— Quelle douleur et quel ennui! ne puis-je me jeter aux pieds du roi et demander à vous suivre? Ne pouvons-nous pas quitter la cour et retourner dans notre château paisible sur les bords de la mer, où nous vivions jadis si calmes et si bien unis.

— Noblesse oblige, ma charmante; déjà l'étranger se remue et menace d'envahir la Navarre; la place d'un gentilhomme est à l'armée; mais calme-toi, dans six mois je serai de retour, à moins qu'un coup malencontreux d'arquebuse...

Marguerite mit sa main blanche sur les lèvres de son époux pour le faire taire. L'égoïste en profita pour la couvrir de baisers.

— Ce n'est pas là mon chagrin, dit-il, après avoir caressé ces doigts blancs et effilés; je souffre bien plutôt en pensant que je t'abandonne au milieu de cette cour licencieuse, où la grâce est un appât, où la beauté est un danger. Je voudrais que tu fusses laide pendant tout le temps de mon absence, afin qu'aucun cavalier ne songeât à t'adresser des hommages.

— Monseigneur, répondit Marguerite, s'il est vrai, comme vous l'affirmez, que Dieu m'ait faite belle à voir, ma mère m'a faite forte et vertueuse; elle m'a appris de bonne heure qu'une femme chrétienne doit obéissance au Seigneur dans le ciel et à son mari sur terre.

— Obéissance! fit Annibal en passant tristement sa main dans les plis de sa fraise, et pas de tendresse!

— La tendresse, dit Marguerite en souriant, ne s'ordonne pas, elle s'inspire; c'est, pour la vertu d'une épouse, une sentinelle de plus.

— Et pourrai-je espérer que la garde de mon bonheur sera ainsi doublée? dit-il gaîment.

— Nous avons chacun notre tâche, répondit Marguerite, vous allez être assiégeant, moi assiégée. J'espère en votre triomphe, comptez sur ma valeur.

— Hélas! dit l'époux, qui me rassurera aux jours de douleurs et de triste solitude? qui me consolera dans mes chagrins? qui maintiendra mon courage?

— Vous voulez un gage de ma foi?

— Oui, mon adorée comtesse.

— Quel qu'il soit?

— Quel qu'il puisse être.

— Eh bien! dit-elle, emportez mon livre d'heures.

— Moi, un livre de prières catholiques?

— Dieu est le même pour tous! Vous vous récriez parce que vous êtes un huguenot, un chevau-léger de la reine, un soldat.

— En effet, j'eusse préféré un nœud de ruban à mon épée.

— Prenez ce livre saint, vous dis-je, ce livre dans lequel je viens de suivre à vos côtés le sacrifice de la messe; ne vous en dessaisissez jamais, en quelque lieu que vous vous trouviez, en quelque péril que vous puissiez être; et si jamais un manque de foi dans le Seigneur ou en votre épouse vient attrister votre esprit, ouvrez-le au hasard et lisez le premier verset qui vous tombera sous les yeux.

— Le premier venu?

— Vous y trouverez appui et consolation.

— Belle amie, dit le comte Annibal, si l'amour peut rendre dévôt, je serai, avant peu, canonisé par votre pape.

— Trêve de plaisanterie, beau sire, promettez-vous de faire ce que je demande?

— Je le promets.

— Et de croire aveuglément à tout ce que dira le livre saint.

— J'en prends l'engagement.

— Hélas! jurez-moi, sur votre honneur de chevalier, sur votre foi, sur votre dame, sur la gloire de vos aïeux, de vous en tenir aveuglément à la lettre des réponses que le livre saint vous fera.

Annibal tira son épée, et sur la croix du pommeau :
— Je le jure! dit-il avec solennité.

En ce moment, les époux rentrèrent dans le Louvre où tout était en émoi : le clairon sonnait la fanfare, les écuyers dressaient les chevaux qui hénissaient d'impatience, le vieil honneur français revivait dans ses chevaleresques enfants.

Marguerite glissa le livre d'heures sous le pourpoint de son époux. C'était un volume charmant, très-enjolivé d'enluminures, qui eut rendu chrétien le juif le plus fanatique. Sa reliure blanche, de satin moiré, était garnie de fermoirs d'argent. Le frontispice représentait l'enfant Jésus, les pieds nus, le front ceint de l'auréole céleste, tenant dans ses bras la couronne immortelle de la foi; plus loin on voyait le Sauveur devenu homme partageant le pain et le vin parmi les apôtres. On admirait encore la *Belle Jardinière*, c'est-à-dire la Vierge-Sainte, la bienheureuse Marie, vêtue de cette robe modeste qui a survécu, par son élégante simplicité, à toutes les modes et à laquelle on a attaché son nom; elle faisait jouer à ses pieds l'enfant Dieu et le petit saint Jean qui, plus tard, deviendra un prophète. Puis venaient tour à tour les scènes de la Passion, la Résurrection, l'apparition de l'Esprit saint ranimant les disciples éperdus. C'était un véritable imagier religieux, un bazar d'élégance, un trésor de piété.

Le signal fut donné, et deux heures après les belles dames du palais du Louvre rentraient veuves, n'ayant d'autres consolations que d'entre-mêler leurs pleurs et leurs soupirs.

Mais le Louvre n'était pas vide, à part le roi, hérétique parfois en matière de constance, il s'y trouvait les gentilshommes de la reine, les hommes d'honneur, les écuyers, les maréchaux et les pages, tous beaux, jeunes, de vingt à trente ans, patients comme des bénédictins, souples comme des courtisans, hardis comme des soldats.

— Vrai Dieu! dit un jour le chevalier de Bernis, pendant qu'on jouait aux osselets, en attendant le lever du roi, m'est avis que d'ici à ce que nos féaux amis et alliés les combattants ne reviennent, nous pourrions faire guerre heureuse au cœur de leurs moitiés.

— L'entreprise est bonne, répliqua le marquis de Belloy, d'autant plus que les bourgeoises de Petit-Nesle deviennent horriblement monotones.

— Il en est une, reprit le sénéchal de Montluc, qui ne sera pas facile à damner.

— Et laquelle?

— La comtesse Marguerite.

— Vous croyez! dit Belloy, en frisant sa royale.

— J'en ai l'assurance.

De Belloy jeta un coup-d'œil sur la glace qui étincelait dans le lambris doré, puis se tournant vers l'incrédule :

— Monsieur le sénéchal, dit-il, vous aimez les beaux chevaux?

— Comme j'estime les hommes vaillants.

— Vous prisez assez mon cheval noir qui me vient en droite ligne d'Angleterre, du comté d'Essex.

— Sans doute, hommes et chevaux sont question de race.

— Croyez-vous qu'il vaille mille écus d'argent?

— J'en donnerai deux mille, le temps d'avertir mon trésorier?

— Eh bien, sénéchal! champion imperturbable de la vertu des dames, je parie mon cheval contre vos deux mille écus que d'ici à deux mois j'aurai volé la comtesse Marguerite à son belliqueux époux.

— Deux mois seulement! dit le sénéchal.

— Soixante jours en tout.

— C'est dit, fit le sénéchal.

— C'est dit, répéta le présomptueux.

Quand le lendemain on fit confidence à la reine Marguerite du pari qui venait d'avoir lieu, elle rit beaucoup, car elle était d'une nature légère et dissipée.

— Dieu garde, dit-elle, que je mette dans le jeu du sénéchal; de Belloy est le poursuivant le plus fin, le plus patient, le plus galamment hardi qu'on puisse trouver, il brûlerait une ville pour la prendre. La comtesse Marguerite est en gros danger, j'ai grande envie de la prévenir.

— Votre Majesté, dit de Belloy, annulerait notre gageure, car la première condition est que la dame d'honneur ne se doute de rien.

— C'est juste, reprit la reine de Navarre, il ne faut pas avertir la brebis de la venue du loup.

— D'autant plus, ajouta M. de Montluc, que nous n'avons que peu de distraction depuis que le roi fait la guerre, ne nous privons pas des petites intrigues imprévues qui nous arrivent.

La reine promit tout ce qu'on voulut et tandis que Sa Majesté le roi ordonnait la guerre à l'étranger, à ses vaillantes armées, Sa Majesté la reine ordonnait l'assaut d'un cœur pur et sans tache, un cœur de grande dame et de jeune fille.

Sa Majesté avait raison, de Belloy était un fier stratégiste; il commença par s'insinuer auprès de Marguerite, se disant l'ami le plus sûr et le plus dévoué de monseigneur Annibal, parlant à tout propos de sa bravoure, de son esprit, de sa franchise et regrettant de ne pouvoir être appelé à partager ses dangers.

Marguerite le félicita de ces sentiments et lui dit qu'elle était heureuse et fière de les voir si chaudement exprimés.

— Souffrez, lui dit de Belloy, que je sois votre frère, votre appui, votre défenseur, dans cette cour où vous êtes demeurée seule, entourée d'adorateurs.

— Mon défenseur? dit-elle, merci, merci mille fois, mais je ne vois pas de danger et je sais me défendre. D'ailleurs au milieu de chevaliers, que pourrais-je craindre? N'ai-je pas ma conscience pour guide, ma religion pour exemple.

— Allons, dit de Belloy, elle n'est pas peureuse; attaquons la citadelle sur un autre point.

Il passa alors à une cour assidue et désespérée : aux carrousels il affectait de porter ses couleurs mêlées à un crêpe funèbre, il se trouvait sans cesse le visage lugubre, l'œil morne sur son passage, il déposait des fleurs à l'entrée de ses appartements, et quand elle allait avec la reine visiter Madame de Soube, il la suivait jusqu'à ce qu'elle fut entrée dans le salon officiel.

— Je la compromets, se dit-il, je fais effraction dans son cœur, je rapproche par le scandale la distance qui nous sépare: elle me demandera quelques jours une explication, et vainqueur dans cette lutte de patience, je dicterai mes lois.

Mais la comtesse Marguerite passa la tête haute, le maintien calme, au milieu de ces embûches, elle ne prit garde ni aux œillades sentimentales, ni aux langoureux soupirs, ni aux fleurs symboliques, ni aux marques de tendre désespoir.

— Ma belle amie, lui dit la reine, ne voyez-vous rien?

— Où donc votre Majesté veut-elle que je voie quelque chose?

— Autour de vous, ma mie.

— Je ne vois que les hallebardiers qui veillent à votre porte.

— Et à celle de votre cœur, quelqu'un ne frappe-t-il pas?

— Il frapperait en vain!

— Pourquoi?

— Le maître est dehors, il ne saurait l'ouvrir.

— Par la relique de Sainte-Geneviève, fit la reine, la vertu est une belle chose à la cour, nous verrons combien elle y dure.

Pendant qu'un déloyal compagnon cherchait à troubler son repos, le comte Annibal croisait le fer contre les ennemis de la France, en véritable preux qui n'a point dégénéré. Au fort du combat, au beau milieu de la mêlée, corps à corps avec un soldat castillan, il sentit se briser son épée sous son poing.

— Meurs! lui dit l'ennemi, profitant de ce sinistre.

Et il le frappa d'un coup asséné dans la poitrine.

Le comte chancela tout en cherchant à saisir une arme nouvelle, mais il ne tomba pas...

— Tu es donc le diable en personne, s'écria en espagnol son antagoniste, où tu portes une double cuirasse.

Et il replongea de nouveau son fer à travers les mailles de son habit de guerre.

Le fer se brisa en deux, mais n'atteignit pas le cœur du guerrier français, qui, ramassant une hache laissée sur le sol par un soldat blessé, étendit son ennemi à ses pieds.

Quand le soir fut venu accorder une trêve indispensable aux combattants, Annibal regarda ce qui avait miraculeusement réservé sa poitrine du coup mortel.

C'était le livre d'heures de Marguerite...

Il était percé d'outre en outre par le fer, le comte avait dû être égratigné légèrement à l'épiderme, car sa reliure blanche était tachetée de quelques gouttes de sang.

— Ventre saint-gris, comme dit le Roi, s'écria-t-il, voilà qui me donne de la foi dans les heures de ma dame, on aurait tort de n'avoir pas confiance en qui vous sauve la vie.

Et ouvrant le livre au hasard, il lut :

Le Seigneur domine sur toutes les nations, sa gloire est au-dessus des cieux.

Cependant de Belloy ne pouvant réussir par les moyens qu'il avait rêvés, résolut de tenter un coup hardi.

Il s'introduisit chez la comtesse après le couvre-feu.

— Madame, lui dit-il, je ne puis vivre sans vous, venez, fuyez, quittez à jamais ce pays, votre union sera dissoute, vous trouverez en moi l'époux le plus fidèle et le plus soumis.

— Seigneur marquis, répondit sans s'émouvoir la noble femme, vous ne réussirez ni à me fâcher, ni à m'effrayer. J'aime, je vénère, je respecte celui que ma famille et mon libre arbitre réunis m'ont donné pour époux. Je brave vos menaces comme je repousse vos sollicitudes.

— Eh bien ! dit de Belloy, en poussant avec violence la porte de l'appartement de la dame d'honneur, je resterai ici toute la nuit, jusqu'à demain.

Et il lança la clef par la fenêtre.

— Demain, reprit-il, on saura que vous n'étiez pas seule, demain on apprendra que le marquis de Belloy, le moins scrupuleux de vos soupirants, est resté en conférence avec vous.

— Eh bien, dit froidement la comtesse.

— Eh bien! vous serez compromise, votre réputation de vertu sera à jamais entachée. Dites un mot, une parole d'espérance, et je fais sauter la serrure avec mon poignard et personne ne saura que vous m'avez rencontré.

— Personne, dit la comtesse.

— Non, tout dort au palais, nous sommes seuls.

— Et Dieu ! dit-elle.

— Dieu ! reprit-il.

— Oui, croyez-vous qu'il ne nous voie pas. Demeurez, beau sire ! je ne saurais vous craindre, vous ne sauriez me perdre, fussiez-vous l'enfer en personne.

Et découvrant avec respect un vase d'or, elle en tira deux choses. La première était un poignard à lame affilée et coupant aux trois tranchants. La seconde était une hostie consacrée par le prêtre.

— Devant ce Dieu dont vous doutez, dit-elle, je me tue, si dans l'instant vous ne vous retirez.

Et elle dirigea calme, froide, impassible, la lame sur sa poitrine.

De Belloy entrevit les suites d'une pareille résolution. Un suicide, une porte forcée, le vase sacré à côté du poignard.....

— Je sors, dit-il, mais je me vengerai sur le mari de ce marbre qui a pris la forme d'une femme.

Alors mettant une seconde clef, dont il s'était muni, dans la serrure, il ouvrit et disparut furieux.

— Oh! dit-il, j'aurai raison de ses dédains. Maître Annibal paiera cher son trésor.

Et dès ce moment il chercha dans la félonie ce que la séduction devenue impossible lui avait refusé.

Dame Marguerite eût pu le lendemain se plaindre à la reine et faire grand bruit ; elle garda le silence, et nul scandale ne ressortit de cette téméraire tentative.

De Belloy avait changé de théorie; il abandonna sa cour si assidûment commencée, devint froid et respectueux près de la belle dame d'atours, et en peu de semaines on pensa que son projet était abandonné, mais il n'avait que changé de direction, de l'épouse il atteignit l'époux; il chercha à le calomnier auprès de la cour, raillant sa franchise qu'il représentait comme de la rebellion, jetant le ridicule sur son nom.

— Sainte Vierge, dit Marguerite, voici qui est plus grave; c'est un absent qu'on attaque, il faut y réfléchir.

Un soir, revêtu d'un long manteau, de Belloy se rendit dans une maison située à l'extrémité du Pont-Neuf.

— Maître Coppellius, dit-il à l'homme qui lui ouvrit, j'aime et je hais à la fois une femme.

— Que puis-je faire pour vous?

— N'existe-t-il pas des philtres pour se faire aimer?

— Il y a, messire, dit l'homme interpellé, les moyens que m'a légués maître Ruggiéri, le parfumeur de Catherine et mon prédécesseur.

— Quels sont-ils?

— Avoir l'image de la dame en cire.

— Et puis?

— La piquer au cœur avec une aiguille d'or trempée dans le suc des roses écloses depuis une heure.

— Et on est aimé?

— C'est du moins la croyance. Cette belle pratique, sachez-le bien, a fait tomber plus d'une tête.

— Qu'importe, la dame dont s'agit est la femme de messire le comte Annibal; il me faut son effigie avant vingt-quatre heures, je ne regarderai point au prix.

Le magicien réfléchit; puis, d'une voix résolue :

— Demain vous l'aurez, dit-il.

Et il éclaira le gentilhomme qui, enveloppé de son manteau, regagna la rue.

Le lendemain, dame Marguerite était à sa toilette quand sa camériste lui apporta un pli scellé de caractères bizarres.

Elle le parcourut, médita longtemps, puis se leva résolue et calme; elle avait pris une détermination.

Le soir, maître de Belloy ouvrit à un personnage vêtu d'une longue robe de velours noir garnie de peau de renard, et auquel il avait fait donner pour cette nuit un droit d'entrée au Louvre ; l'étranger portait à la main une petite boîte soigneusement fermée.

— Eh bien ! habile évocateur, dit-il, est-ce fait ?

— Voici l'œuvre, dit l'homme aux sciences nébuleuses.

Et il tira du coffret une figurine pétrie par un habile artiste, et qui ressemblait admirablement à la comtesse. De Belloy, ayant glissé une bourse pleine dans les mains de son complice, le congédia, pour procéder au grand œuvre.

La statuette fut placée sur une table, tournée vers la lune naissante, selon la formule de tous les classiques du sabbat, et il perça avec l'aiguille acérée, l'endroit du cœur.

La cire se détacha, un trou se forma, le sacrilége porta la main à son front.

— Demain, dit-il avec émoi, nous verrons si le charme opère.

C'était fête justement, et Marguerite avait des habits somptueux, de Belloy la vit, fixa sur elle des regards dans lesquels se mêlaient la haine et l'intérêt; Marguerite sourit... pour la première fois... comme si le sourire lui était commandé par un maître invisible.

— Dieu juste! s'écria le courtisan, maître Coppellius est un devin, le charme a réussi.

Et s'approchant d'elle.

— Vous plaît-il, belle dame, que je porte la couleur verte que vous adoptez.

— Messire, dit Marguerite, votre patience est un signe de votre sincérité, je n'ai ni à ordonner, ni à défendre.

— Elle se rend, dit le courtisan, elle est à moi.

Et, avec une audace que motivait sa foi dans l'enchantement, il enleva un nœud de ruban attaché par une émeraude qui garnissait la manche droite de la charmante comtesse.

Elle fit un mouvement de protestation, mais elle le comprima à l'instant même, comme si quelque puissance impérieuse agissait sur sa volonté.

— Par ma foi, dit le sénéchal, quand il eut vu le précieux larcin, j'ai bien peur pour mes deux mille écus.

— Oh! répondit de Belloy, ceci a une autre destination.

Et le lendemain le nœud disparut.

Cependant, à la guerre, le comte Annibal volait de succès en succès, il était le héros de l'armée, chacun le félicitait à l'envie.

— Messire, lui dit un jour un noble ami, tandis que vous triomphez ici, ne vous trompe-t-on pas là bas?

— Qui vous fait dire ceci?

— Regardez? voici un joujou que vous reconnaîtrez.

Et il tendit au loyal guerrier le ruban de sa femme.

— Par la sainte Eucharistie, s'écria Annibal, qui a porté ceci.

— C'est un page du roi, envoyé avec des dépêches.

— Et de qui le tient-il?

— De M. de Belloy qui l'a perdu contre lui au jeu, nous l'avons cru reconnaître à l'initiale gravée sur la pierre qui tient le ruban.

— De Belloy! s'écria le noble combattant, ce petit maître insolent! oh! je vais à l'instant même me venger, je vais écrire à Marguerite tout le mépris qu'elle m'inspire.

Et cherchant sous sa tente le papier nécessaire, il mit la main sur le livre d'heures.

Le souvenir de sa promesse se dressa dans sa pensée comme un rempart contre toute colère irréfléchie; son esprit fin et généreux s'arrêta à cet appel de là mémoire en faveur de la foi jurée.

— Voyons! pensa-t-il, ce que disent les prophètes.

Et ouvrant le livre au hasard il lut :

Ne doutez pas des cœurs de bonne foi et des âmes sincères, la foi doit être inébranlable et en dehors des embûches des méchants.

Annibal, après avoir lu ces lignes, s'arrêta, il se rappela le serment fait à sa femme, sa vertu, son dévoûment et s'agenouilla pour demander à Dieu le calme et la confiance.

Chose sublime que la prière! ce trésor sans cesse à notre portée cette audience personnelle que nous accorde le Seigneur sans nous faire faire antichambre, et après laquelle nous nous relevons plus forts et plus heureux, illuminés par la grâce.

— Messieurs, dit le lendemain Annibal à ses frères d'armes étonnés, le premier d'entre vous peut porter ce ruban, je n'en suis pas jaloux.

Cependant de Belloy continuait ses manœuvres, et Marguerite résignée comme une victime, se ployait devant sa volonté. Aujourd'hui c'était un entretien dans un coin de la salle des concerts, demain un bras offert et accepté dans les promenades de la reine, puis des vers galants reçus et conservés, des fleurs portées au corsage, des regards échangés en pleine cour.

— Par notre dame Marie Céleste! disait la reine, de Belloy, vous triomphez; mais il nous semble que vous parlez moins fort du mari.

— A quoi bon, reprit le courtisan, la haine expire où le dépit cesse, on n'en veut pas aux malheureux.

Pourtant le dénouement arriva. De Belloy se présenta chez Marguerite et lui dit :

— Les guerriers de France ont fini leur campagne, dans trois jours ils seront ici, il faut à tout prix que je vous arrache aux mains de votre époux, tout sera prêt ce soir, nous partirons en Angleterre, là, je ferai casser votre mariage et une union nouvelle vous attachera à moi.

— Mais, monseigneur, dit Marguerite.

— Hésitez-vous? Je perds votre mari ; les huguenots conspirent, et il appartient à cette nation pleine d'audace et d'hérésies; un mot de moi et je l'embarrasse dans les fils tortueux d'une intrigue au bout de laquelle se trouvent un homme rouge et un billot...

— J'obéirai, répliqua Marguerite soumise.

— A sept heures, dit de Belloy, je viendrai vous prendre.

— A sept heures, répondit-elle, sans laisser apparaître la moindre émotion.

De Belloy fit ses préparatifs en homme décidé à ne pas perdre de temps, les minutes étaient comptées, le carrosse tout prêt attendait sur le quai, des valets fidèles conduiraient le véhicule à franc étrier, la cour entière ne devait soupçonner la fuite que lorsque les fugitifs seraient hors de toute atteinte.

L'horloge du Louvre avait à peine fait entendre sept fois son timbre argentin quand de Belloy entra chez Marguerite.

— Faites diligence, dit-il.

— Un instant, reprit la comtesse, avant de partir, laissez-moi vous adresser quelques paroles.

— Soyez brève, car le temps presse ; mais qu'elle est cette draperie gonflée qui se dessine au fond de votre appartement.

— Ce sont mes hardes de voyage, ne fallait-il pas les cacher à tous les yeux.

— Vous avez raison, parlez donc vivement.

— Comment vous est venu votre amour pour moi?

— Je serai franc, par gageure.

— Avez-vous eu la pensée de gagner?

— Non, d'abord, vous avez été cruelle et hautaine, au point que j'allais perdre votre époux pour me venger, si je ne me fusse inspiré d'un autre moyen.

— Lequel?

— La sorcellerie. Si vous m'aimez c'est que maître Coppellius m'a fourni un maléfice.

— Et c'est depuis ce temps que je me suis abandonnée à vos exigences!

— Exigences prudentes, jusqu'à ce jour, ma belle amie, quelques primautés de société, la main à la promenade, le bouquet au bal, des échanges de mots et de sourires.

— Et mon nœud de rubans.

— Oh! celui-ci, c'est une dîme de guerre, car je vous l'ai volé.

— Eh bien, voilà ce qui me fait hésiter à vous suivre; qu'en avez vous fait?

— Je ne sais, dit de Belloy, étonné de la question, il est égaré, nous le retrouverons dans mes hardes.

— Il est peut-être dans les miennes, messire chevalier, dit Marguerite, levez donc ce rideau et voyez?

En prononçant ces mots, la comtesse était sublime de calme et de majesté.

— Mais regardez-donc, voleur de cœur, dit-elle en souriant.

Subjugué, hors de lui, fasciné à son tour par un pouvoir dont il ne se rendait pas compte, de Belloy leva la courtine d'or et de soie qu'il avait remarquée à son entrée dans l'appartement.

Il recula de dix pas à la vue de ce qu'elle recelait, ce n'était point des hardes, des malles, des objets de voyage, préliminaires d'une excursion furtive.

C'était monseigneur Annibal de Latimolle, en personne, armé de pied en cap, bardé de fer de la tête aux chevilles, ayant encore l'éperon aux bottes et l'épée à la main droite.

De la gauche il tendit un objet à de Belloy livide.....

C'était le ruban vert émeraude de Marguerite.

— Voici, madame, dit-il à sa femme, ce que vous réclamez, maintenant, laissez-moi tuer le voleur.

— Grâce! dit la comtesse.

— Pas de grâce à l'offenseur de votre vertu.

— Pitié! reprit-elle; je ne courais aucun danger, maître Copellius, auquel vous avez rendu service jadis, m'avait avertie.

— Pas de pitié au calomniateur de votre caractère évangélique!

Et Annibal se précipita, sur son ennemi, le fer en main.

Dans le mouvement brusque de son bras, un objet tomba de sa cotte de mailles.

C'était le livre d'heures de Marguerite.

— Par ce trésor! dit sa femme en le ramassant, miséricorde et oubli! Ouvrez ses pages avant de vous venger; vous avez juré de le consulter, j'ai votre parole de chevalier.

Annibal obéit; il prit le livre avec émotion, tira le premier signet et lut :

« *Pardonnez-nous nos offenses, comme nous pardonnons à ceux qui nous ont offensé.* »

— C'est vrai, dit-il, moi aussi je suis coupable. J'ai soupçonné un instant la plus pure des femmes, celle qui feignait une coupable condescendance pour éloigner de moi les dangers que suscitait la haine.

Et se tournant vers de Belloy :

— Allez! dit-il, chevalier félon! je vous pardonne, à la requête de cette chaste épouse. Les voleurs qu'on va pendre ont leur grâce quand ils rencontrent un roi; vous avez la vôtre, chevalier déloyal, vous avez rencontré un ange....

— Messire Annibal, s'écria de Belloy, bouillant de dépit, je me vengerai, car vous êtes huguenot.

— Vous vous trompez, et je suis à l'abri de vos rancunes. Ce livre d'heures, à qui je dois la vie d'abord, le repos ensuite, n'a point été inutile dans mes nuits d'insomnie; à compter de ce jour, j'en épouse les doctrines saintes.

— Que voulez-vous dire? demanda Marguerite.

— Je veux dire, répondit maître Annibal, que ce livre est aujourd'hui bien à moi; car, depuis ce matin, je suis bon catholique.

LA DAME DES MONTAGNES

ou

LE VOILE AUX SEPT PLIS.

Les Beautés de l'âme.

(La Résignation.)

LA DAME DES MONTAGNES

ou

LE VOILE AUX SEPT PLIS.

Huit heures venaient de sonner dans le monastère de Sainte-Cécile, situé à quelques lieues de Genève. Les occupations de la journée avaient été scrupuleusement remplies, et les religieuses se promenaient dans le jardin du couvent avec autant de joie que de jeunes pensionnaires qui n'auraient pas dit au monde un éternel adieu.

C'était un charmant spectacle que celui de ces figures de femmes souriantes qui surgissaient tout à coup de quelques buissons de roses. Toutes ces guimpes, blanches comme la neige de décembre; tous ces chapelets d'ébène ou de corail, agités par le vent et entrechoquant leurs pieuses perles; tous ces rires francs et honnêtes inspiraient une félicité calme et digne des épouses du Seigneur.

Au milieu de cet essaim de femmes vieilles et jeunes qui se livraient au plaisir de la promenade, on pouvait en remarquer une, créature d'une angélique beauté, pour laquelle aucune distraction ne semblait avoir de prix. Elle était grande comme une statue de Diane chasseresse, belle comme Vénus, imposante comme Junon, ses yeux noirs étaient pleins d'une flamme mélancolique, sa bouche sérieuse et vierge de tout pli semblait ne s'être jamais épanouie par le sourire, mais avoir été perpétuellement close par le silence. C'était comme un trésor scellé par l'observateur. On ne pouvait pas distinguer sa taille sous l'habit de religieuse, mais les sœurs qui vivaient dans son intimité, assuraient que jamais formes plus belles et plus gracieuses n'avaient frappé leur regard.

L'histoire de cette femme était inconnue. Elle avait été emmenée un jour par un homme qui demeura silencieux. Elle demanda à prononcer ses vœux, déclarant qu'elle voulait à jamais abandonner le monde et vivre pour la gloire de Dieu et pour le salut de son âme.

Lorsque son noviciat fut terminé, sœur Contrite, c'est le nom qu'elle adopta, fit une longue et douloureuse maladie.

Les bonnes sœurs, qui veillaient à son chevet, espéraient que dans le délire de la fièvre il lui échapperait quelques révélations sur sa vie passée..... Mais sœur Contrite demeura silencieuse..... Elle souffrit sans se plaindre, et lorsque les secours de l'art l'eurent rappelé à l'existence, elle dit au vieux docteur qui l'avait soignée :

— Monsieur, vous m'avez sauvé la vie, je voudrais pouvoir reconnaître un pareil service, mais une pauvre sœur ne possède rien, car elle a tout donné à Dieu.

— Tout? répondit le docteur, en fixant sur sœur Contrite un regard fixe et inquisiteur.

— Sans doute, répliqua la religieuse; je ne puis que vous laisser une place dans mes prières.

— Ma sœur, dit le docteur, j'ai une faveur à solliciter comme une marque de la reconnaissance que vous voulez bien m'exprimer.

— Quelle que soit votre demande, dit Contrite un peu surprise, je vous l'accorderai.

— Je demande, ajouta le docteur, un grain de votre rosaire.

— Mais... répliqua Contrite, ils sont comptés, tous sont nécessaires pour mes dévotions.

— Vous ferez le double de *Pater* et d'*Ave Maria* quand vous arriverez au dernier grain, et cela remplacera la perle qui manquera.

— Mais... que voulez-vous en faire ?

— Je veux le garder comme un souvenir du service que mon art vous a rendu. Un jour peut-être, si j'ai une grâce à solliciter de vous, ce grain de chapelet pourra m'être utile en vous décidant à m'accorder l'objet de ma supplique.

— Vous voulez rire, mon bon docteur, dit sœur Contrite en défaisant son chapelet; mais c'est égal, quoi qu'il soit peu probable qu'une religieuse puisse jamais avoir quelque faveur à accorder aux habitants de ce monde, je ne vous refuserai pas ce que vous me demandez... Voilà le grain que vous désirez.

Alors sœur Contrite tirant une perle noire du chapelet qui entourait son cou, comme, pour former une éblouissante antithèse, la mit dans la main sèche et osseuse du médecin.

Voilà tout ce que l'on savait de sœur Contrite au moment où cette histoire commence. Le médecin, pauvre sexagénaire, souffrant, avait été obligé de s'éloigner pour aller demander aux sources minérales de France des soulagements à ses maux.

La promenade venait de finir, toutes les nonnes entrèrent dans leur dortoir; sœur Contrite avait pour voisine de cellule sœur Léli, mignonne pénitente, dévote de quinze ans, joyeuse recluse, vive et gentille espiègle, novice qui n'attendait que l'âge pour prononcer ses vœux. Lorsque la cloche appela les religieuses à la prière, Léli s'approcha de sœur Contrite et lui dit :

— Je voudrais bien savoir pourquoi la supérieure se promène la nuit dans le cloître. Veux-tu le savoir comme moi ?

— Oui, répliqua Contrite, mais la curiosité est un péché.

— Alors j'irai seule, dit Léli, puisque ton concours me fait défaut.

— Mais, s'il t'arrivait quelque accident ?

— Accompagne-moi en ce cas.

— Eh bien ! soit !

— Pas un mot de plus, la supérieure a commencé le *Confiteor*. A cette nuit.

— A cette nuit, répondit sœur Contrite émue, malgré elle, par les sollicitations de sa gentille compagne.

Le couvent qui sert de théâtre à la scène que notre plume va essayer de retracer était bâti depuis plusieurs siècles. On retrouvait, sur les colonnes de l'église, de précieux restes d'architecture et de sculpture antiques. Les connaisseurs admiraient surtout quatre grandes statues de pierres représentant les évangélistes : saint Mathieu, saint Marc, saint Luc et saint Jean, colossales figures immobiles sur leur marche-pied qui, la main levée, l'œil inspiré, tenant le livre où sont écrits les préceptes du Sauveur, semblaient commander le respect des fidèles et inspiraient aux plus hardis une sainte terreur.

Pendant la nuit chaque nonne était enfermée dans sa cellule; toutes étaient prisonnières jusqu'au matin. La supérieure seule rôdait dans le monastère à des heures régulières de la nuit. C'était un sujet de causeries générales que ces promenades dont elles avaient cherché à pénétrer le but ; mais rien n'était venu satisfaire leur curiosité.

Dans le pays, les villageois prétendaient qu'à une heure avancée une porte s'ouvrait au couvent, et qu'alors la supérieure conduisait par la main, aux pâles clartés de la lune, une femme grande, imposante, couverte d'un voile sombre. Aussi personne ne s'aventurait dans la campagne à cette heure, de crainte d'y rencontrer celle qu'on avait nommée la *Dame des Montagnes*.

Cependant, pour la complète instruction de notre lectrice, il est bon de consigner ici quelques faits extraordinaires qui avaient eu lieu pendant l'année. Une fois, une sœur imprudente, distraite par ses dévotions qu'elle accomplissait en se promenant dans le couvent, s'enfonça dans la partie du cloître qui avait servi de refuge à un ordre de moines durant les guerres de religion. Ce ne fut qu'après s'être aventurée assez loin qu'elle reconnut son erreur. Alors son attention fut attirée par des pleurs qui semblaient venir de cette partie isolée; les gémissements devinrent plus bruyants ; c'était bien une voix humaine, et elle entendit même distinctement :

— Mon Dieu ! mon Dieu ! délivrez-moi.....

La religieuse fut frappée d'une terreur affreuse, elle se mit à fuir et arriva pâle, haletante, prête à se trouver mal, aux pieds de la supérieure.

Celle-ci la reçut froidement, et, après avoir écouté son récit, elle lui dit :

— Ma fille, le cri de quelque hibou vous aura effrayée. Que cela soit pour vous une leçon. Ne vous aventurez pas sous les murs du vieux monastère à l'avenir : vous le savez, notre bon docteur prétend qu'il s'y trouve des animaux et des reptiles malfaisants ?

La promeneuse se promit bien de ne plus aller visiter ces décombres; mais alors elle se dédommagea de la frayeur qu'elle avait ressentie, en racontant à toutes ses compagnes sa merveilleuse histoire.

Cet incident était le seul qui eût troublé la tranquillité ordinaire du couvent. Les religieuses les plus vieilles attestaient qu'elles n'avaient jamais été témoins d'aucun événement capable de faire deviner pour quel motif la supérieure se promenait la nuit.

L'espiègle novice Léli, se voyant enfermée par la supérieure, n'éprouva aucun embarras; les murs des cellules étaient des cloisons de bois d'une hauteur peu considérable.

— La supérieure a beau faire, dit-elle, ses précautions sont bonnes pour ma sœur Colette, qui marche avec des béquilles, ou pour ma sœur Françoise qui n'y voit plus depuis la Noël dernière; mais pour moi, c'est différent ; je saurai bien franchir les obstacles malgré les précautions obligatoires que l'ordre impose pour notre bien commun. Il faut bon gré mal gré que je sache tout.

Je suis trop désireuse de voir ce qui se passe de si curieux que nous ne devons pas connaître. Pourvu que sœur Contrite consente à me suivre... elle est si indifférente aux choses de ce monde, qu'il faut bien de la peine pour obtenir d'elle un regard qui ne soit pas tourné vers le ciel.... La nuit est sombre, c'est l'instant.

Léli, avec une adresse extraordinaire, attachant sa jupe avec des épingles pour que ses pieds ne pussent pas s'embarrasser dans les plis, descendit le mur d'enceinte avec autant d'audace qu'un mousse de la marine royale manœuvrant sur le mât de misaine.

Arrivée à terre, un bruit de pas se fit entendre. Léli frémit; c'était la tourière qui, une lanterne à la main, faisait la ronde dans ces couloirs, afin de s'assurer si tout était tranquille.

Léli n'eut que le temps de se jeter derrière une colonne de granit, au même instant une figure de femme, portant également une lanterne, parut à l'autre bout du couloir. Elle marcha droit à la tourière.

C'était madame la supérieure.

— Ma sœur, dit la supérieure, tout est-il tranquille?

— Tout! madame.

— Vous n'avez entendu aucun bruit?

— Je n'ai entendu que le bruit des oraisons de nos compagnes qui prient avant de s'endormir.

— Cela ne suffit pas, il faut écouter à chaque porte si vous entendez bien celle qui doit être dans chaque cellule.

— Je vais écouter, marmotta la tourière.

— Je suis perdue, se dit Léli!

La tourière était affligée d'une surdité qu'elle cherchait à dissimuler autant que cela était en son pouvoir; cette infirmité sauva la fugitive.

— Ma tournée est faite, dit la tourière à la supérieure; tout dort.

— C'est bien! maintenant, tourière, laissez-moi vous enfermer dans votre propre cellule, à votre tour.

La sœur ne répondit pas.

La supérieure, après s'être assurée de la captivité de la tourière, disparut dans les ombres du couvent.

Dès que sœur Léli eut vu disparaître l'abbesse, elle se dirigea vers la cellule de sœur Contrite et frappa doucement à la porte.

— Est-ce toi, mon amie, demanda sœur Contrite?

— Oui, viens, viens, vite, la nuit nous favorise; dépêchons-nous.

A l'aide des indications de sa compagne, sœur Contrite sortit de sa cellule et, dix minutes après, les deux religieuses erraient dans les profondeurs du cloître.

— Mon Dieu! disait Léli à sa compagne, que ma position actuelle est différente de celle que j'occupais il y a un an, avant la mort de mon père; j'étais maîtresse de ma volonté; je me livrais à tous les plaisirs qu'offre la société, à toutes les joies de mon âge.

— Et comment, Léli, demanda sœur Contrite, la mort de ton père a-t-elle opéré un changement dans ton existence?

— Parce que j'avais pour unique soutien une tante fort riche dont je t'ai souvent parlé.

— C'est vrai!

— Eh bien! après la mort de mon père, par un motif que je n'ai pas encore pu pénétrer, ma tante, tout en me comblant de caresses, fit tout ce qu'elle put pour me faire prendre le voile.

— C'est singulier, dit Contrite!

— Oui, un beau jour on me fit venir dans le salon de compagnie, et, me présentant alors à toutes les dames qui s'y trouvaient :

— Voici une fille du Seigneur, leur dit ma tante; demain elle part pour faire son noviciat. Depuis que je suis restée ici, chère Contrite, j'y serais morte de chagrin peut-être, si je n'avais eu le bonheur de te connaître et de t'aimer.

En ce moment les deux religieuses se turent; elles venaient de traverser l'église... les rayons argentés de la lune faisaient étinceler les vitraux; les sculptures des portiques grimaçaient et semblaient s'animer au milieu de l'obscurité, et les statues des évangélistes debout sur leur piédestal paraissaient prêtes à barrer le passage aux nonnes téméraires.

En arrivant à l'entrée de l'ancien cloître, Léli eut un moment d'hésitation. Elle se demandait s'il ne valait pas mieux qu'elle retournât dans sa cellule plutôt que de s'y aventurer.

Elle se rappela l'histoire de la religieuse qui l'avait parcouru quelques années auparavant.

Contrite, souriant avec calme, lui dit :

— Enfant, tu as plus de curiosité que de courage. Retourne à ton lit, j'irai seule.

Et sans attendre la réponse de Léli, elle disparut au milieu des ruines.

Après avoir traversé plusieurs salles antiques, Contrite arriva à une chambre dans laquelle se trouvaient des lumières…. Elle était entièrement tapissée de noir, un grand feu pétillait dans l'âtre ; Contrite jugea que là devait séjourner le personnage invisible dont on avait tant parlé dans le couvent. Inaccessible à un sentiment de peur, elle s'assit résolument dans une des chaises qui entouraient le foyer, et tirant son livre de prières, elle attendit avec courage les événements.

A peine y était-elle restée un quart d'heure en oraison qu'un rideau du fond de la chambre se détacha, et le mystérieux habitant de ces lieux solitaires se montra à ses yeux.

C'était une femme de cinquante ans, portant des habits élégants et mondains; sa tête était couverte d'un voile de tulle noir orné de sept plis; à ses yeux rougis par les larmes, à ses rares cheveux blancs qui s'échappaient de ce voile lugubre, on devinait que la douleur et la réclusion avaient enfoncé leurs griffes de fer dans ce cœur blessé; aussi Contrite n'en eut pas peur, elle en eut pitié !

— Quelqu'un ici, fit la recluse; est-ce possible ?

— Madame, dit Contrite, si je suis indiscrète, je me retire.

— Non, non, restez mon enfant, je suis heureuse avec vous. Il y a longtemps que je n'ai vu figure humaine. Je ne connais d'autre visage que celui du docteur Rapp.

— Le docteur Rapp! s'écria Contrite, mais je le connais, c'est mon seul ami, c'est lui qui m'a guérie lorsque je fus malade.

— Hormis lui, continua la recluse, je n'ai rien vu d'humain depuis dix ans que je suis dans ces ruines, si ce n'est la femme qui vient me promener dans la campagne toutes les nuits.

— Une femme? dit sœur Contrite; il doit venir une femme?

— Oui, la supérieure du couvent.

— Grand Dieu! si elle me trouvait ici !

— Partez donc! exclama l'inconnue ; mais avant de nous quitter souffrez que je profite de l'heureux hasard qui vous a amenée ici. Tenez, prenez ce voile, il y a sept plis dans lesquels vous trouverez mon histoire... Quand vous l'aurez lue, vous verrez si vous pouvez m'être utile.

— Oui, madame, dit sœur Contrite, qui s'apprêtait à partir.

Des pas se firent entendre ; Contrite s'effaça pour n'être pas vue. Elle s'empara du voile et disparut.

Dès qu'elle fut rentrée chez elle Léli la questionna avec beaucoup d'instance sur ce qu'elle avait dû voir pendant sa tournée ; Contrite dit que la peur l'avait saisie, et qu'il lui avait été impossible de rien découvrir.

Ce que Contrite cacha surtout avec un très-grand soin, ce fut le voile que la dame des montagnes lui remit au commencement de leur entrevue. Ainsi qu'elle l'avait annoncé à Contrite, ce tissu formait sept plis cousus. Contrite les défit et trouva sept manuscrits :

Sur le premier était écrit en grosses lettres :

MÉMOIRES DE LA DAME DES MONTAGNES.

Contrite, qui sentait de plus en plus redoubler l'intérêt que l'inconnue lui inspirait, s'empressa de se coucher, de congédier Léli, et, seule dans sa cellule, elle lut ce qui suit :

PREMIER PLI. — La Jeunesse.

J'étais fille d'un riche et noble seigneur. A dix-sept ans j'avais de l'instruction, non celle que l'on acquiert avec l'aide d'un professeur, mais celle qui se développe par la nature et le désir d'apprendre. Mon père ne voulut jamais que j'eusse des maîtres. Il disait que mon frère pouvait seul soutenir la vieille gloire de sa maison, et il considérait sa fille comme un être faible et inerte, qui devait passer ses jours dans la plus profonde solitude.

Bientôt cette position opulente que nous occupions s'évanouit comme un songe. Mon père perdit toute sa fortune et se vit sur le point d'aller finir sa vie en prison, lorsqu'une planche de salut se présenta.

Mon frère Olivier trouva à se marier.

Jamais on ne peut s'imaginer la laideur morale de celle que j'allais appeler ma sœur. Elle était espagnole et avait enterré deux maris.

Ce fut un M. Alamanzo, espèce d'agioteur, qui, le premier, parla à mon père de ce mariage. La signora Isabella était riche à millions et, en échange du nom de mon frère, elle rendait à notre famille son opulence et sa splendeur passées.

Je me souviendrai toujours de l'effet que me produisit cette femme lorsque je la vis pour la première fois.

Vaniteuse, ne se liant à nous que pour devenir grande dame, achetant avec sa dot un nom qui cachait sa roture, fausse, dissimulée, opiniâtre, elle semblait devoir être le génie du malheur s'introduisant dans notre famille.

Cependant les préparatifs du mariage de mon frère se faisaient avec une grande promptitude, chacun de nous était désireux de le voir enfin rendu à la position qu'il avait occupée jadis. La corbeille de noces était d'une richesse remarquable, et celui de tous les parents et amis des futurs qui déployait le plus grand zèle, était M. Alamanzo, l'homme qui était venu au nom de l'Espagnole faire les premières propositions.

La cérémonie nuptiale eut enfin lieu; seulement un incident digne de remarque vint faire diversion à mes idées de paix et de bonheur. Alamanzo me suivait depuis quelques jours avec une attention soutenue. Je demeurai un instant isolée de la société, et je le vis m'aborder avec le plus grand mystère.

— Sommes-nous bien sûrs que personne ne peut nous entendre?

— Oui, lui dis-je, qu'avez-vous donc à me confier?

— Il y va de votre tranquillité.

— Que signifie?

— Vous le saurez.

— Quand?

— Plus tard, cette nuit, venez ici seule.

— Seule?

Sœur Contrite était arrivée à cet endroit, quand la cloche du couvent sonna.

— Allons, dit la religieuse, en remettant le voile aux sept plis dans sa cachette, à ce soir la fin de ce récit.

Le couvent est en fête aujourd'hui, — c'est un jour de réjouissance, c'est un jour de plaisir, la fête de la sainte patronne.

— Contrite, dit la supérieure, ne portez-vous pas d'habitude à votre guimpe une garniture de toile d'Angleterre?

— Oui, madame la supérieure, répondit Contrite, elle est marquée d'un C rouge à l'angle.

— Cela prouve, répartit la supérieure en montrant à la religieuse étonnée la garniture dont elle parlait, que pendant la nuit dernière, et malgré ma défense, une religieuse s'est aventurée dans la partie la plus reculée du couvent,..... pour épier mes pas, pour surprendre mes secrets, pour braver mon autorité.

— Madame, dit sœur Contrite en rougissant.

— Cette nonne téméraire, qui se fait un jeu de la hiérarchie, qui s'enfuit en sautant les murs de sa cellule, c'est vous, ma sœur, que Dieu vous assiste.

Contrite ne répondit rien, elle n'avait rien à répondre. Trop fière pour s'excuser, trop généreuse pour rejeter sur l'espiègle Léli la faute qu'elle avait commise à son instigation, elle attendit l'arrêt qu'allait prononcer celle dont elle avait osé enfreindre la loi.

La supérieure fixa sur elle un regard calme, puis se relevant avec un geste plein de majesté :

— Mon enfant, lui dit-elle, qu'avez-vous vu dans les ruines?

Contrite ne voulait pas mentir, elle ne voulait pas non plus, par une indiscrétion, compromettre le sort déjà si malheureux de la pauvre recluse,.... elle se tut.

— Vous ne répondez pas? reprit encore la supérieure avec le même calme.

— Madame, répondit Contrite, il m'est impossible de m'expliquer à cet égard.

La supérieure à ces mots, se releva de toute sa hauteur.

— Vous avez vu la Dame des Montagnes! fille téméraire; vous lui avez parlé..... vous avez dérobé à la nuit son secret, à la pénitence ses expiations.

— Je ne dois point ouvrir mes lèvres sur ce sujet, répondit Contrite; si je suis innocente, ma conscience me consolera; — si je suis coupable, j'aurai mérité la punition que vous aurez à m'infliger.

La supérieure sembla réfléchir à la détermination qu'elle allait prendre; elle demeura quelques instants plongée dans de sérieuses réflexions.

Puis elle dit :

— Allez, sœur Contrite, allez dire à vos compagnes que je descends à l'instant même joindre ma voix à leurs voix, pour célébrer dignement la fête de ce jour.

Contrite fit une profonde révérence, et, après avoir serré la garniture révélatrice que la supérieure venait de lui rendre, elle retourna au parloir du couvent.

Bientôt après, la supérieure parut, le front plissé, les yeux sévères.

— Mes sœurs, leur dit-elle, l'une de vous s'est rendue coupable d'un acte de désobéissance et de curiosité. La charité chrétienne me défend de la nommer.

— Mais l'humilité m'ordonne de me faire connaître, dit Contrite, la coupable : c'est moi!

— Et moi! ajouta une voix enfantine.

C'était Léli qui voulait partager le sort de son amie.

— Vous aussi, Léli, dit la supérieure.

— Oh! j'ai déjà été assez punie, soupira la sensible enfant, j'ai eu si peur.

— Votre âge vous excuse, répondit la supérieure; d'ailleurs, vous n'êtes pas encore l'épouse du Seigneur, il n'en est pas de même de sœur Contrite. En expiation de sa faute, elle ira réciter cette nuit, entre une et deux heures, trente *Pater* et trente *Ave* au pied de la statue de saint Jean l'évangéliste.

Contrite se prosterna en signe de soumission.

— Mes sœurs, ajouta l'abbesse, soutenez-moi, car je suis très-faible, et pourtant je voudrais bien assister à la fête de ce jour.

Voyez, la nuit est noire, les étoiles scintillent à peine à travers les sombres monticules du paysage, le monde s'est endormi dans une léthargie profonde... La première heure a sonné.

Sœur Contrite est levée, elle laisse flotter au vent ses cheveux, dont les ciseaux de la tourière ont diminué l'éclatante beauté !... Elle est seule dans sa cellule, attendant le moment où doit s'accomplir sa pénitence.

Sa fenêtre est ouverte, du regard elle peut embrasser les gigantesques proportions du couvent, qui a l'air, dans l'ombre, d'un géant accroupi... Ces murs, noircis par les siècles, sont menaçants malgré leurs ruines, on les prendrait pour les fantômes des temps passés.

Avez-vous visité une église de nuit ? C'est un sombre et imposant spectacle. Dans ce silence solennel, dans cette quiétude majestueuse, l'intelligence qui veille au milieu du repos universel se trouve, dégagée de toute préoccupation terrestre, face à face avec Dieu !

Contrite a traversé les premières salles qui conduisent à la chapelle, elle marche d'un pas précipité, elle voudrait déjà être aux pieds du saint héritier des lumières du Christ, de saint Jean, le plus poétique des quatre évangélistes.

Sœur Contrite a caché dans sa robe le voile de la Dame des Montagnes, de peur qu'une main indiscrète ne s'en saisisse durant son absence.

Mais au moment que Contrite va entrer dans la chapelle, une voix frappe son oreille.

— C'est le docteur Rapp, dit-elle.

— Contrite, murmura le médecin, remettez-moi le manuscrit que, dans un moment d'égarement, une femme vous donna.

— Monsieur, fit alors Contrite au docteur, j ai en effet dans mes mains l'écrit dont vous me parlez, mais il m'est confié comme un dépôt.

— Vous m'avez donné un grain de chapelet. Quand j'eus le bonheur, par mon art, de conserver vos jours; en me le donnant, vous m'avez dit que vous m'accorderiez ce que je vous demanderais si j'avais besoin de vous. Ce grain, le voici : confiez-moi en échange le manuscrit contenu dans le voile aux sept plis.

— Monsieur, répondit sœur Contrite, je suis liée vis-à-vis de vous par serment. Prenez-donc ces écrits que j'aurais voulu pouvoir lire, car le sort de cette infortunée me touche le cœur, et je ne sais pourquoi elle m'inspire, malgré moi, un bien tendre intérêt. Mais promettez-moi qu'elle ne sera pas victime de mon indiscrétion, qu'elle n'expiera pas les torts de ma curiosité.

— Je vous le promets, répliqua le docteur.

— Adieu donc, monsieur, maintenant nous sommes quittes. Le repos vous est nécessaire, comme m'est nécessaire le recueillement. Vous avez besoin de sommeil, j'ai besoin de prières.

Et sans attendre sa réponse, elle se dirigea vers la statue de saint Jean l'évangéliste.

Là, à genoux, joignant les mains :

— Mon Dieu! dit-elle, si quelqu'un doit souffrir, en ce lieu, que ce soit moi, moi votre servante, qui recevrai toutes les épreuves comme une sanctification, toutes les douleurs comme une ressemblance auguste avec les douleurs du Dieu martyr !

Et sœur Contrite commença avec ferveur à accomplir la pénitence que la supérieure lui avait infligée.

En cet instant deux heures sonnèrent.

Déjà la lune s'étant dégagée de son manteau de nuages sombres, éclairait la terre et dissipait les lignes brunes qui couvraient l'espace, un vent frais agitait les branches des chênes centenaires, la rosée tombait en pluie de brillants du ciel, comme une manne destinée à rafraîchir les fleurs; chaque plante se courbait amoureusement sur sa tige, attendant l'heure solennelle et charmante où la nature se réveille. Alors une porte donnant sur la montagne s'ouvrit, et la recluse, accompagnée de la supérieure, sortit silencieusement, et se perdit dans les coteaux aux régions branchues.

Contrite, plongée dans ses longues dévotions, ne s'aperçut pas de cette scène; elle se leva après avoir terminé et regagna sa cellule.

Sur son chemin, elle trouva la supérieure qui rentrait.

— Ma sœur, lui dit celle-ci, je suis contente de votre soumission. Une humilité profonde, une contrition sincère, effacent bien des fautes. Que le souvenir de vos torts soit à jamais évanoui de ma mémoire, je ne veux me souvenir de vous que pour vous mieux aimer.

Contrite fit un profond salut, baisa la robe de la supérieure, et rentra chez elle.

La fenêtre était demeurée ouverte; les douces émanations des roses montaient comme un encens. La nuit était pleine de charmes et de majesté mystique.

Contrite se plaça à cette fenêtre et se livrait aux douceurs de cette contemplation, quand on frappa à sa cellule.

— Qui va là, dit-elle?

— C'est moi, Léli, j'ai une nouvelle à t'apprendre.

— Quoi donc?

— Un monsieur est arrivé tout-à-l'heure, un grand monsieur avec des habits tout brodés d'or; la tourière ne voulait pas le recevoir, mais il a montré son bel habit couvert de décorations, et la supérieure l'a laissé entrer.

— En quoi cela me touche-t-il, chère enfant?

— Tu vas voir : il a parlé bas, mais de ma fenêtre j'entendais; est-elle aujourd'hui mieux portante, a-t-il demandé, et il a prononcé ton nom.

— Mon nom?

— Mêlé à celui de la Dame des Montagnes; bonsoir, j'ai voulu t'avertir. — Prépare-toi à des événements nouveaux.

— Un inconnu, un homme aux habits brodés d'or qui mêle mon nom à celui de la recluse; quelle singularité! dit Contrite.

Et elle se jeta toute habillée sur son lit.

Pendant ce temps, la supérieure et l'étranger étaient face à face.

L'inconnu, costumé en grand uniforme de guerre, l'épée au côté, malgré son âge, était encore un superbe cavalier. Ses yeux brillaient d'une mâle fierté, et sa grande taille était pleine d'élégance et de majesté.

La supérieure était moins pâle que d'ordinaire; on voyait qu'une émotion l'animait. Elle salua gravement le comte.

— Me reconnaissez-vous, madame? dit-il.

— Oui, dit la sœur, vous êtes le comte Lionel.

— Je suis pourtant bien changé depuis le jour où je vous vis pour la première fois.

— Il est des visages, répondit l'abbesse, dont la mémoire conserve sans cesse le souvenir, et pourtant, à l'époque à laquelle vous vîntes ici, votre séjour fut court..... court...... mais terrible.

Le comte passa sa main droite sur son front comme pour écarter une pensée amère.

— Terrible! oh! oui, j'ai depuis ce temps là passé bien des nuits sans sommeil..... j'ai pleuré et prié souvent aux pieds du Christ, afin qu'il prît pitié de mes maux.

— Vous avez bien fait, répondit la supérieure, toute douleur vient de la terre, mais aussi toute joie consolatrice émane du ciel. La foi est un flambeau qui éclaire les égarés et qui réchauffe les voyageurs engourdis par l'égoïsme humain.

Le comte fit un signe de tête en guise d'assentiment; puis changeant soudainement de conversation :

— Où est-elle? demanda-t-il.

La religieuse avait pris en main son rosaire dont elle comptait les perles.

— Monsieur le comte, dit-elle, rappelez-vous vos serments?

— Mes serments, observa le soldat! et qu'ai-je donc juré?

— Vous avez juré, répondit la religieuse, lors de notre dernière entrevue, vous avez juré d'abandonner pour toujours vos plans sanguinaires, vos idées de vengeance, sur la croix qui brille au maître-autel de cette chapelle; vous avez dit : Désormais, cette femme qui descend vivante dans ce tombeau, ne sera plus rien pour moi : que son isolement soit sa seule punition, et que Dieu lui pardonne comme je lui ai pardonné.

— Mais, madame, dit le comte, permettez.

— Je ne permets rien, répliqua la supérieure; vous avez dicté les conditions et vous devez y souscrire.

— Les temps sont changés.

— La foi jurée sur les autels est inaltérable, et j'ai la vôtre; vous avez placé votre main droite sur le livre sacré; vous le rappelez-vous, c'était la nuit du 13 septembre.

— Le 13 septembre ! s'écria le comte, pâle comme un fantôme ; mais c'est cette date que je viens effacer du livre de ma vie : c'est mon repentir qui me ramène vers vous.

— Votre repentir ! reprit la religieuse.

— J'ai quitté pendant des mois entiers les lieux où m'appelaient à briller l'éclat de ma naissance et la confiance du roi. J'ai été porter mes pas vers les champs déserts qui ont été les premiers théâtres du christianisme. Pécheur, j'ai versé des larmes aux monts où tombèrent les pleurs divins du sauveur du monde ; et si je reviens vers vous, en ce jour si je demande où elle est, c'est que le Seigneur a cicatrisé les plaies de mon âme.

— Que voulez-vous dire ?

— Je pardonne à cette femme que je ne puis m'empêcher d'aimer.

— Vous pardonnez ?

Et la supérieure joignit ses blanches mains. Un éclair de joie douce et pure étincela dans ses yeux.... puis elle ne prononça plus un seul mot.... elle priait.

— Oui, qu'elle revienne à moi, reprit le comte Lionel; que le jour de miséricorde et d'oubli du passé luise pour elle, que grâce entière soit faite !

La religieuse priait toujours.

— Ne me répondez-vous pas, madame, quand je parle de réparer les maux dont je suis l'unique auteur... cette femme vit...

qu'elle soit tirée de son obscurité.... qu'elle reprenne sa place dans la société.... Ne m'aideriez-vous pas dans cette tâche évangélique?

La supérieure répondit :

— Dieu permettra-t-il à votre bon vouloir de réparer les malheurs passés? Si cette créature doit subir les glorieuses épreuves des douleurs terrestres... pourrez-vous l'arracher à son sort?

— Mais, dit le comte avec impétuosité, il faut que ma volonté soit faite... Cette femme remontera au rang où mon amour l'avait élevée, où ses talents la faisaient briller, où ses qualités la faisaient chérir.

— Croyez-vous, demanda l'abbesse, que cela soit possible?

— Sans doute.

— Venez-donc, et que la sainte providence vous soit en aide.

Alors la supérieure se leva et fit signe à monseigneur le comte de la suivre.

Ils se dirigèrent tous les deux vers l'endroit que nous avons décrit au début de ce récit, alors que sœur Contrite rencontra la recluse pour la première fois.

Quand ils furent arrivés aux lieux désignés, la supérieure, de sa voix dolente, appela :

— Madame! madame; venez! oh! venez.

Pendant quelques minutes l'écho des sombres voûtes répondit seul à l'abbesse... bientôt après on entendit des pas précipités, puis un bruit de mots entre-coupés prononcés avec incohérence.

Puis une femme s'élança vers la religieuse.

C'était la Dame des Montagnes.

— Madame, dit la supérieure, que faisiez-vous à cette heure?

— Moi, répondit la recluse en frottant ses yeux.... je pleurais... eh! eh! eh! je pleurais. A cette heure, je pleure toujours.

— Léa, dit le comte, me reconnaissez-vous?

La dame regarda attentivement celui qui lui parlait.

— Est-ce le docteur? dit-elle.

— Non, Léa, répondit l'abbesse, ce n'est pas le docteur, c'est Lionel.

— Lionel! répéta la folle... Lionel! qu'est-ce que cela?

Et elle porta comme un enfant la main aux décorations qui brillaient sur la poitrine du comte.

— Léa, dit le comte, c'est quelqu'un dont le cœur est toujours à vous, qui vient vous rendre le bonheur !

— Le bonheur ! oh ! je n'en ai plus.... on me l'a volé. On m'a enfermée; on m'a volé mon enfant !... Oh ! mon enfant chéri !...

A ces mots incohérents, à ce désordre de la pensée, le comte Lionel est demeuré absorbé par sa douleur; cette femme qu'il vient chercher pour la ramener à la vertu, elle a perdu sa raison, elle a été forte contre la mort; mais elle a abandonné au désespoir sa vive et poétique intelligence.

— Rentrons, Monsieur le comte, dit la supérieure, laissons à cette infortunée le repos qui lui est nécessaire, plus tard nous aviserons au moyen d'assurer son bonheur et d'entourer sa vie de tous les adoucissements que sa position réclame.

Lionel, après avoir jeté un long regard sur Léa, passa sa main sur ses yeux pour en essuyer quelques larmes, puis il se retira avec la supérieure du couvent.

Sœur Contrite, pendant ce temps, s'était retirée dans sa cellule; elle y était en prières quand le docteur Rapp entra.

Contrite tressaillit d'effroi.

— Oh ! fit le docteur, ne tremblez pas, ma sœur, ne craignez rien..... Les temps de mystères sont passés, les heures de craintes sont à jamais emportées comme des grains de poussière dans le sablier du temps. Aujourd'hui je ne suis plus un mentor sévère, je suis un ami sûr et dévoué, un messager de paix et de bonheur.

— Dieu soit loué, dit Contrite, pour le changement qui s'est opéré et dont vous êtes l'avant-coureur bienvenu..... Mais qu'arrive-t-il donc, et en quoi cela peut-il m'intéresser ?

— Ma sœur, ajouta le docteur, vous avez une grande part à revendiquer au jour de la justice et de la vérité, ce jour est venu.

— Que voulez-vous dire ?

— Que je vous rapporte ce voile, dont vous pouvez maintenant sans crainte lire le contenu.

Et le docteur tendit à Contrite le voile aux sept plis qui contenait l'histoire de la recluse.

Car, dès qu'elle fut seule, elle défit ce troisième pli du voile de dame Léa et lut ce qui suit avec un intérêt dont elle ne pouvait se défendre et dont la cause même lui était inconnue :

DEUXIÈME PLI. — Les Cierges éteints.

J'ai parlé de mon père ruiné, et refaisant sa fortune par le mariage de mon frère avec cette Isabelle, qui m'avait inspiré, même à la première vue, une aussi grande répulsion ; mais je n'ai point encore dit comment mes maux commencèrent, et c'est maintenant que je vais essayer de rechercher dans mes souvenirs les motifs qui m'ont amené dans ce lieu d'expiation imméritée !

On se rappelle que lors du mariage de mon frère, cet Alamanzo, espèce d'intrigant, qui avait préparé son union, me demanda un entretien secret. Il y allait, disait-il, du salut de mes jours, c'était durant la nuit que nous devions nous voir.

Agitée par de tristes pressentiments, je fus exacte au rendez-vous, je trouvai le fourbe qui m'attendait.

— Qu'avez-vous donc de si mystérieux à m'apprendre ?

— Léa, me dit-il, avez-vous remarqué parmi les assistants, au mariage de votre frère, ce cavalier qui vous donna la main ?

— Oui, lui répondis-je.

— C'est un jeune gentilhomme de vos amis, le comte Lionel ?

— Je le sais.

— Il vous aime et veut vous demander en mariage. Mais écoutez-moi jusqu'au bout. Malheur à vous si jamais cette union s'accomplit, ma vengeance vous atteindra, quel que soit le refuge que vous aurez choisi !

A ces paroles terribles je me sentis défaillir, je tombai inanimée sur le divan de l'appartement où nous étions.

Alamanzo s'éloigna sans songer même à me donner quelque secours, sans me dire le motif de sa menace.

Le lendemain, mon père vint à moi, m'embrassa sur le front avec les marques de la plus tendre affection, et me dit :

— Dieu a béni Jacob dans ses enfants, et je suis aujourd'hui comme Jacob..., mon fils vient de contracter une brillante alliance, et ma fille va porter avec orgueil la couronne de comtesse dans ses armes.

— Moi ! mon père, moi comtesse ! c'est impossible !

— Impossible ! dit à son tour mon père, ne l'aimes-tu pas ?

— Ne pas l'aimer ? ce serait ne pas le connaître.... lui si bon, si grand, si généreux.

— Alors à quoi attribuer ton refus, sa famille est plus ancienne que la nôtre, sa fortune est considérable, et il t'épouse malgré ta pauvreté, sans exiger de dot....

— Mon père, un homme m'a défendu d'épouser le comte; il m'a fait de terribles menaces si j'osais enfreindre ses volontés.

— Et quel est cet homme ? demanda une personne qui venait d'entrer.

Je me retournai pour répondre, c'était Isabella, ma belle-sœur.

— Je ne sais si je dois la nommer, balbutiai-je.

— Parle, reprit mon père, qu'as-tu à craindre au milieu de ta famille ?

— Eh bien ! cet homme qui a effrayé mon esprit par cette affreuse défense, est.... M. Alamanzo.

— Alamanzo ! s'écria mon père, il est parti ce matin pour l'Amérique.

— Il aura voulu faire à Léa, observa ma belle-sœur, une mauvaise plaisanterie.

— Comment, répliquai-je, cette entrevue solennelle, à une heure avancée, ces menaces !

— Mystifications ! reprit-elle, de fort mauvais goût peut-être, mais que son caractère bizarre explique..... voyons, enfant, ne vous désolez pas ainsi, vous aurez votre équipage blasonné et un beau cavalier pour mari; essuyez ces larmes ou je les sécherai avec mes baisers.

Je fus, malgré moi, touchée de tant d'amitié, et je me retirai plus calme, avec plus de confiance dans l'avenir.

Un mois après nous étions, Lionel et moi, devant l'autel couronné de roses, nous jurant un amour éternel.

Mais au milieu de la messe de mariage un grand vent s'éleva... il fit trembler les vitraux de l'église et les saints dans leurs niches de marbre.

Les deux bougies qui étaient sur l'autel s'éteignirent tout-à-coup.

— Malheur! s'écria-t-on à mes côtés.

— Malheur! dis-je, quel malheur nous menace donc?

Le comte Lionel lui-même avait froncé ses sourcils noirs.

— Ne faites pas attention, dit Isabella, c'est une folie, une superstition populaire.

— Et quelle est-elle? je la veux connaître.

— On prétend que lorsque les cierges de l'hymen s'éteignent, les mariages ne sont pas heureux... mais, encore une fois, Léa, je vous le répète, ce sont des contes de grand'mères auxquels il ne faut pas croire.

Pendant toute la fête qui suivit la cérémonie, je demeurai seule et inquiète; car ma belle-sœur souriait, mais d'un air fourbe et menaçant.

Les premiers mois de mon mariage furent heureux; mon époux, rempli de tendresse pour moi, ne cherchait que les occasions de me plaire et de me prouver son amitié. C'était sans cesse des jeux et des fêtes dont on me constituait l'héroïne et la reine; tous les plaisirs m'étaient prodigués, et il n'est pas étonnant qu'au milieu de tant de preuves d'attachement j'eusse oublié les sinistres menaces du fugitif Alamanzo.

TROISIÈME PLI. — Le Médecin étranger.

A cette époque et comme par hasard, arriva dans notre voisinage un homme étranger à la contrée, et que précédait une grande réputation d'esprit et de science. Il s'appelait Francisco Nicolaï et avait, disait-il, fui l'Italie pour raisons de poursuites en hérésie occasionnées par son dernier ouvrage. Il était grand et bien fait, ses manières n'étaient point dépourvues d'une certaine distinction. et il eût été, sans contredit, un cavalier accompli, s'il n'avait porté sur son visage les signes d'une profonde dissimulation.

Il fit singulièrement connaissance avec mon époux. Un paysan des environs était tombé dans l'eau, et il n'en avait été que tardivement retiré. Le corps de l'asphyxié, étendu sur l'herbe, était entouré par la population toute entière.

— Cet homme est mort, dit le médecin de l'endroit, il n'y a plus de mouvement à la région du cœur.

— Monsieur le docteur, objecta quelqu'un, vous vous trompez.

C'était signor Francisco Nicolaï en personne qui venait de parler.

— Mais, fit le docteur piqué au vif, quel est le signe le plus évident de la mort ? c'est le silence du cœur, le défaut de respiration.

— Entend-on respirer une mouche ? entend-on battre son cœur ? reprit Nicolaï d'un ton railleur.

Et il se jeta à deux genoux devant le corps.

Il commença à passer à plusieurs reprises ses mains sur le front et le crâne de l'asphyxié. Puis il continua ses frictions sur tout le corps... peu à peu la vie sembla renaître et le sujet fit un mouvement.

Nicolaï abandonna alors à la foule le malheureux qu'il venait, pour ainsi dire, de ressusciter, et, sans proférer un seul mot, il s'arracha aux transports de la population assemblée.

— Ma chère Léa, me dit le soir même le comte en m'embrassant, nous possédons un Cagliostro dans notre voisinage.

— Que veux-tu dire ?

— Notre voisin est un habile docteur, il a des charmes pour faire revenir l'âme qui aurait fait la moitié du chemin de la terre au ciel. Je voudrais, ma foi, faire sa connaissance.

— A quoi bon ? répondis-je comme saisie par un pressentiment sinistre.

— Aurais-tu peur des sorciers, ma chère ?

— Oh ! non, non ! répliquai-je, mais je suis si jalouse de mon bonheur, que je cherche à le cacher comme l'avare cache son trésor.

— Enfant, reprit le comte en posant ses lèvres sur mon front, il est des trésors qui ne peuvent changer de maîtres. Si c'est de mon amour dont tu parles, tu n'as rien à craindre, c'est un bien qui mourra avec toi.

A ces mots je pris l'air le plus boudeur dont il me fut possible de disposer :

— Et notre enfant, demandai-je.

A cette époque nous avions un petit ange tout rosé, aux boucles d'or, aux yeux bleu céleste, qui chantait en bégayant dans son berceau cette langue incohérente des enfants qui ne parlent pas encore, langage inconnu au vulgaire, mais que les mères entendent un peu et que les séraphins doivent comprendre tout-à-fait.

— Oh! pardon, dit Lionel, je l'oubliais, ou plutôt je le confondais dans la même tendresse ; n'est-ce pas la mère et la fille, la fleur et le bouton?

Je souris à cette flatterie.

— Eh bien! dis-je, mon seigneur et maître, qu'il soit fait comme vous le désirerez ; faites venir votre nouveau comte de St-Germain, vous m'avertirez surtout quand il voudra évoquer le diable afin que je puisse avoir le temps de me sauver.

Le lendemain on annonça, au moment de la réception du soir, M. Francisco Nicolaï.

QUATRIÈME PLI. — Le Démon du mal.

Il y avait dans cet homme une sorte de majesté satanique et fatale qui me frappa à son entrée. Il portait sous son manteau une sorte de vêtement à coupe bohème qui se drapait le long de sa taille en larges plis noirs. Le col de sa chemise, formé de la plus fine batiste, retombait sur le revers de l'habit et laissait voir un cou brun comme celui d'Hercule, mais admirablement modelé comme celui d'Apollon. Il portait un gilet noir avec des taches d'argent qui de loin semblaient des étoiles honteuses se cachant sous un ciel orageux. Sa main gauche était cachée dans sa poitrine, sa main droite tenait avec élégance le feutre qui lui servait de coiffure ; quand on regardait cet homme pendant quelque temps, les souvenirs sinistres vous arrivaient en foule, c'était le Méphistophélès de Goëthe, le satan du *Paradis perdu*.

— Monseigneur, dit-il au comte Lionel, après avoir froidement salué la compagnie, je ne sais vraiment à quel heureux génie je dois l'honneur de l'invitation que vous avez bien voulu me faire tenir ?

— Monsieur le chevalier, répondit Lionel, les gens comme vous sont bons à connaître.

— Que voulez-vous dire ?

— Je veux dire qu'il est bon d'être de vos amis quand on veut vivre de longues années... Vrai Dieu ! mon docteur, vous avez fait peur à la mort l'autre soir.... La camarde s'est sauvée en abandonnant sa proie.

— Oh ! vous voulez parler de ce paysan noyé ? dit Nicolaï.

— Sans doute.

L'étranger était devenu rêveur.

— Je ne sais, dit-il lentement, si c'est là un service dont il ait à me remercier... la vie est dure à bien des cœurs...

Quel était ce Nicolaï qui se présentait ainsi sous le voile du mysticisme, c'est ce qu'il me faut expliquer.

Le comte Nicolaï était envoyé par Alamanzo pour rendre impossible la continuité du bonheur de notre union. Le comte Lionel ne devait pas m'épouser, si j'eusse suivi ses désirs, afin que je fusse obligée à prendre le voile et qu'une fortune que l'on ignorait, provenant d'un oncle mort dans les colonies, pût nous appartenir.

Cet oncle, embarqué avant les guerres de la révolution, avait activement pris sa part à l'indépendance américaine. Il s'était montré aux côtés de Lafayette un zélé partisan de la liberté, et la confiance publique l'ayant récompensé de ce chaleureux dévoûment aux sentiments de tous ; il avait amassé une fortune considérable qu'il avait léguée, avant sa mort, à notre famille, par testament olographe.

Cette mort subite avait eu lieu pendant une des fréquentes excursions du vieillard dans les montagnes rocheuses, au milieu de ces peuplades sauvages qu'il tendait de civiliser avec l'Évangile. Au moment où il sentit approcher sa dernière heure, il avait à ses côtés Alamanzo, alors son factotum, et le gouverneur de ses possessions extérieures. Alamanzo, avare, cupide, inspiré par l'intérêt sordide, dévoré de la soif des richesses; Alamanzo, dis-je, rêvait sans cesse au moyen de commander à son tour, et le hasard, cette providence des misérables, sembla lui venir heureusement en aide.

C'était par un superbe coucher de soleil, au milieu d'une forêt vierge, que le vieillard se sentit défaillir. Il n'y avait là ni médecin, ni prêtre, ni officier public pour recevoir ses déclarations; il tomba à terre et se fit traîner par Alamanzo sous le feuillage d'un palmier.

Puis, tirant un encrier de son pupitre de voyage qui ne quittait jamais la selle de son cheval :

— Alamanzo, dit-il, je me sens mourir! soutiens-moi, que j'écrive mes dernières volontés.

Et ainsi, face à face avec la solitude, cette imitation de la mort, le pauvre homme écrivit d'une main tremblante le legs qui rendait notre famille, ou pour mieux dire mon frère et moi, possesseurs de tous ses biens.

Dès que le vieillard fut mort, Alamanzo le transporta à la localité voisine, fit faire les démarches légales pour constater son décès. Mais il garda un déloyal silence sur le testament olographe dont il avait été institué le dépositaire.

En ce faisant il avait une intention, il voulait créer le moyen de s'emparer des biens immenses dont mieux que personne il connaissait l'importance. — Biens qu'il avait régis, dont il avait compté les revenus et estimé le développement. C'est ainsi qu'il s'enquit de sa sœur, la signora Isabella, espagnole comme lui, et qui, à

New-York, malgré ses deux veuvages, menait une conduite pleine de dissipation. — Il s'embarqua avec elle pour la France, se fit donner des certificats constatant l'avoir de cette fille, enrichie par des sources illicites, et se présenta dans la maison de mon père en présentant cette syrène à nos regards troublés.

Le reste se devine. Mon frère en l'épousant la rendait bénéficiaire des biens immenses qu'il possédait sans s'en douter; un seul obstacle existait encore, c'était moi. Religieuse, prenant le voile, l'obstacle disparaissait, je renonçais à ma part des millions d'outre-mer, et ma belle-sœur devenait unique dame de ces domaines immenses. Voilà comment et pourquoi l'Espagnol m'avait fait des menaces dans le cas où j'aurais accepté la main du comte Lionel.

Isabella voyant que ma famille pouvait avoir quelque soupçon relativement à cette révélation, ne voulut point avoir l'air d'être opposée à cette union; elle traita, comme je l'ai déjà dit, de folies les paroles terribles de son introducteur, mais ses intentions hostiles ne tardèrent pas à se manifester.

— Laissez-la se marier, avait écrit Isabella à son complice; j'ai mon projet. Envoyez-moi seulement notre docteur des plantations, ce mécréant qui ne recule devant rien, quand l'or est au bout de l'œuvre.

Et c'est ainsi que Nicolaï me fut présenté, qu'il jeta, par une certaine science, un voile prestigieux sur la population qui nous entourait, et qu'il s'empara de l'esprit de mon époux.

— Monsieur! dit-il un jour à Lionel, vous me pressez sans cesse de dévoiler à vos yeux mon savoir magnétique, ignorez-vous que je dis tout, la vérité nue, le fait abstrait?

— Qu'importe, dit Lionel, toute vérité est bonne à connaître!

— Qu'en savez-vous? je pourrai faire des révélations dangereuses, hors de saison, sur vos amis, sur vos affaires, sur votre femme.....

— Ma femme? s'écrie Lionel.

— Sans doute.

— Que direz-vous d'elle? un ange!

— Rien, éveillé; mais endormi.
— Dormez donc, s'écria mon époux.

Le fourbe fit semblant de succomber sous cette impérieuse injonction; il pencha le corps, tendit les bras, et attendit.

— Que voyez-vous de ma femme? demanda Lionel.
— Je vois au loin un étranger, un Espagnol qui a demeuré ici avant votre mariage, et qui lui écrit.
— Que lui écrit-il?
— Des injures, des outrages, pour avoir rompu la foi jurée, pour avoir brisé des liens antérieurs.
— Grand Dieu! exclama le comte, et que dit-il encore?
— Il lui reproche d'être aussi prudente que traîtresse, de n'avoir pas répondu à onze lettres qu'il lui a envoyées successivement, et il la menace de tout vous faire savoir si elle persiste dans ce silence.
— Son nom? s'écria Lionel en fureur, le nom du traître?
— Attendez, dit toujours Nicolaï endormi, il va signer; il signe : Alamanzo.
— Alamanzo! Et ces onze lettres, où sont-elles?
— Je ne sais.
— Cherchez, je le veux.
— Là, sous la glace de la toilette de votre femme; timbrées de la poste de New-York au départ, et de la poste de Paris à l'arrivée.

Le comte s'élança alors dans mon boudoir.

— Qu'avez-vous? lui dis-je.

Il ne répondit pas, leva la glace; les onze lettres d'Alamanzo s'y trouvaient.

— Madame! vociféra mon époux vert de fureur, vous avez entaché mon nom et souillé mon honneur! Vous allez mourir!
— Grâce! lui dis-je.
— Pas de grâce!
— Je suis innocente.
— Vous mourrez!

Et il leva sur moi son épée flamboyante. Une main l'arrêta, c'était celle de Nicolaï.

— Qu'allez vous faire? objecta-t-il.

— Je veux effacer de mon souvenir, éloigner de mon seuil, arracher du monde cette misérable et ses enfants.

— Il est d'autres moyens plus sûrs, moins coupables, moins punissables surtout.

— Lesquels?

— Venez, calmez-vous, je vous les dirai.

— Monsieur! m'écriai-je, laissez-moi me justifier, je ne sais ce que veulent signifier ces lettres, je ne sais ce dont on m'accuse, mais je le jure sur mon Dieu créateur, je suis innocente.

Le comte me repoussa durement, et s'éloigna me laissant inanimée sur le sol.

CINQUIÈME PLI. — La Mort et le Rêve.

Nicolaï avait son plan tracé. — Il donna à mon époux un narcotique qu'on me fit prendre sans que je m'en doutasse, et bientôt privée de sentiment, inanimée, froide comme un marbre, je passai pour morte aux yeux de tous.

On m'ensevelit, on m'enleva, on me déposa au lieu suprême, puis, par ordre de mon époux, on me rendit à l'existence pour me transporter dans ce couvent dont je ne dois plus sortir.

O vous qui lisez ces lignes, si jamais elles parviennent à la connaissance des humains, pardonnez à mon imagination ses écarts nombreux, soyez indulgents pour le désordre de mes pensées. J'ai tant souffert, qu'il est resté dans mon esprit une incertitude, un trouble perpétuels.

J'ai parlé de la boisson que me fit prendre mon mari. C'est avec empressement que je me dévouai au sort qui m'attendait, car pour moi c'était le terme de mes souffrances. Elevée dans les idées les plus rigoureuses de morale et de religion, j'aurais souffert cent années sans que l'idée du suicide, ce crime personnel, se fut offert à mon esprit; mais le trépas se présentait à moi sans que je l'eusse appelé. La coupe fatale m'était tendue par une main chérie;

aucun sentiment ne m'attachait à la vie... je ne pouvais considérer cette fin tragique que comme un ordre du créateur de toutes choses, rappelant à lui sa fille infortunée.

Mais à peine eussé-je bu la potion composée par le sombre italien, qu'une pensée subite s'était présentée à mon intelligence jusqu'alors endormie... Je me rappelai que j'étais mère, oui, j'avais une pauvre enfant qui restait seule, sans appui dans ce monde, exposée à toutes les injustices et à toutes les douleurs. Pour elle il n'y aurait plus de caresses, plus de place au foyer; n'était-elle pas mon enfant, et la haine que la mère avait inspirée ne devait-elle pas rejaillir sur sa postérité?

Dieu eut pitié de moi; bientôt la faculté de la pensée me fut retirée et je sentis mes dernières forces s'épuiser. Les lueurs rouges et grises qui passaient comme des masses de sang et de poussière devant mes yeux, s'éteignirent... Je ne pensai plus... je ne bougeai plus... j'étais morte.

Et les heures s'écoulèrent rapidement... J'eus alors des visions adorables, je me sentis transportée au-delà des nuages, dans un monde resplendissant de magnificences infinies. C'était une terre entourée de nuages d'or, et qui produisait des fleurs admirables : là, la rose ne s'effeuillait jamais, la tulipe exalait des parfums inconnus à ses sœurs terrestres, pour lesquelles le Seigneur a filé ces belles robes plus éclatantes que la pourpre. Là, les femmes étaient sans cesse aimées et jamais un soupçon jaloux n'attaquait leur pureté. Les hommes jeunes toujours, s'aimaient comme des frères. L'avarice et la cupidité étaient inconnues, car cette terre fertile offrait à tous venants ses trésors, et le fruit velouté cueilli à l'arbre était remplacé immédiatement par un fruit nouveau.

Je me sentis transportée dans cet Eden, par deux anges qui me garantissaient avec leurs ailes des ardeurs du soleil. On me déposa sous un berceau de lilas en fleurs sur lequel préludaient en sautillant tous les gais chanteurs de l'air sans peur et sans défiance, car là, l'oiseau de proie avait perdu ses instincts farouches, le vautour était généreux comme l'aigle, affectueux comme la fauvette.

Dès que je fus déposée sur mon siége embaumé, je fus entourée par une foule de femmes d'une ravissante beauté. Elles portaient des robes de lin blanc, symbole de leur pureté, et se tenaient unies par la main en m'approchant. A l'extrémité de leurs épaules rosées brillaient des ailes de séraphins, blanches comme celles des colombes, mais qui ne s'agitaient jamais, car aucune d'entre elles n'aurait voulu quitter ce séjour de l'éternel bonheur.

En apercevant ces gracieuses compagnes, je jetai autour de moi un regard surpris :

— Où suis-je? m'écriai-je.

— Dans le paradis du Seigneur, me répondit l'une d'elles.

— Et qui êtes-vous? mes sœurs.

— Nous sommes ses anges bien aimés.

— Qui m'a conduit ici?

— La mort.

— Qui m'a valu cette félicité?

— Ta vertu et tes douleurs.

— Oh! oui, j'ai bien pleuré!

— Tu as pleuré, pauvre fille de la terre, mais tes larmes n'ont point été perdues, ton ange gardien veillait sur toi, et les a recueillies pour les offrir au Tout-Puissant.

— Mon ange gardien est-il parmi vous, mes sœurs?

— Sans doute.

— Quel est-il?

— Le voici.

Et les anges du seigneur me montrèrent alors un chérubin agenouillé à mes pieds, qui avait sa tête reposée sur mes genoux.

— O bonheur! c'était ma mère, ma bonne mère, à laquelle Dieu avait confié ma garde.

Elle tenait une urne à la main.

— Ouvre là, ma fille, me dit-elle,

Je l'ouvris et je fus éblouie par la lumière qui en sortait, l'urne contenait des diamants de la plus belle eau et du plus vif éclat.

— Ces diamants, me dit ma mère adorée, ce sont tes pleurs, elles serviront à couronner ton enfant... car ici les douleurs subies sur la terre sont comptées, elles rendent l'âme plus belle et plus grande.

En prononçant ces mots de sa douce voix, ma mère me souleva, et me menant par la main, elle me fit traverser les rangs serrés de ses compagnes.

— Ma mère, dis-je, à mon ange gardien, ici perd-on le souvenir?
— On oublie les douleurs, on ne se souvient que des plaisirs.
— Eh bien! ma mère, je me souviens d'un plaisir.
— Lequel?
— Celui d'embrasser mon enfant.
— Ici, tous les plaisirs sont accordés. Ta fille est sur la terre, pars, étends tes ailes, le Tout-Puissant te le permet.

A ces mots je sentis mon âme tressaillir de joie, je m'élançai dans l'espace, je fendis l'air passant à travers des nuées d'oiseaux malfaisants, garantie par mon invisibilité.

Je vins m'abattre comme un ramier fatigué, sur la main du comte Lionel.

J'entrai.

Ma fille reposait dans son lit, le sourire sur les lèvres, plongée dans un doux sommeil... Je m'inclinai vers elle, et je déposai sur son front, un tendre baiser.

Soudain une porte s'ouvrit avec fracas.

— Emportez cet enfant, dit une voix terrible; je la hais comme je hais sa mère!

Je poussai un cri affreux, puis...

Puis tout s'évanouit... Paradis, fleurs embeaumées, printemps éternels, félicité sans fin, anges protecteurs. Je me trouvai sans mouvement mais non sans connaissance, sur mon lit de douleur, j'avais rêvé... Le breuvage de Nicolaï avait agi tristement, comme il l'avait présumé sur mon imagination.

Une main toucha mon corps ; c'était celle du comte, il me passa un suaire.

Près du lit, un prêtre répétait à de rares intervalles :
De profundis clamavit ad te, Domine.

La bière était ouverte, prête à me recevoir ; on allait m'enterrer, m'enfouir sans doute dans les profondeurs du sol, et j'étais vivante, je sentais, j'existais, mais pas une parole ne pouvait sortir de ma bouche.

— Monsieur le docteur Nicolaï, dit le comte Lionel, aidez-moi... Je ne veux pas laisser à des étrangers l'accomplissement de ce devoir !

— A vos ordres, mon seigneur, répondit le fourbe.

Tous deux me prirent, me soulevèrent et me mirent dans le cercueil ; on plaça mes deux bras en croix sur ma poitrine ; puis on mit la quatrième planche, le couvercle de la bière.

Puis j'entendis le menuisier qui cherchait ses clous.

Puis j'entendais encore les coups de marteau qui fermaient à jamais ma prison mortuaire !

Puis le bruit des gens qui pleuraient.

Puis rien !

SIXIÈME PLI. — Le Réveil

Il me serait impossible de dire combien de temps je demeurai perdue dans les ténèbres de la mort. Enfermée dans une bière étroite le manque d'air dut me plonger dans un évanouissement complet ; mon corps était devenu d'une insensibilité absolue, et avec les derniers bruits du monde qui arrivaient à mon oreille, il sembla que je perdais les dernières lueurs de ma raison : Ma mémoire ne me retraça point les premières sensations que j'éprouvai dans la situation horrible où m'avait placé la destinée. Il y a à cette époque de ma vie, un épais rideau de crêpe entre mes souvenirs et la réalité.

Pourtant, il est une circonstance que je n'oublierai point : c'est ce moment affreux où, revenue à l'existence, je compris l'endroit dans lequel je me trouvais. J'étais clouée dans un cercueil et pourtant j'étais pleine de vigueur, j'étais séparée du reste des mortels et menacée d'une mort terrible, car j'étais ensevelie vivante !

— Mon Dieu ! m'écriai-je, rappelez-moi à vous, faites cesser des souffrances au-dessus de mes forces.

Et je cherchai à me remuer dans ma funèbre prison, j'essayai d'en briser les planches. Vains efforts, tentatives impuissantes que mon état de faiblesse rendait plus inutiles encore.

Tout à coup j'entendis un son vibrant et mélancolique, c'était celui d'une cloche qui répandait dans l'air ses accords graves et monotones.

Puis il me sembla entendre marcher près de moi.

— A l'aide, m'écriai-je, à l'aide, retirez-moi de ce tombeau, car j'existe, je ne veux pas mourir !

Mais personne n'entendit mes supplications. Le vent qui grondait avec violence emporta mes cris, et je demeurerai seule dans mon isolement.

Alors une céleste mélodie se fit entendre, c'étaient de douces voix de femmes chantant des hymnes du Seigneur.

— Mon Dieu ! me dis-je, suis-je déjà prête à entrer dans votre gloire ? Sont-ce vos chérubins qui saluent ma venue ?

Mais cette musique sacrée cessa bientôt ; j'entendis les pas s'éloigner, et un silence général régna alors autour de moi.

En ce moment, je fus saisie par un violent accès de désespoir ; j'eusse voulu m'arracher convulsivement le cœur avec les ongles et chercher dans le suicide un remède à mes douleurs.

— Non ! m'écriai-je en proie à une fièvre ardente, non ! il n'y a point de Dieu, car il n'y a point de justice sur la terre ; car, tandis que les méchants triomphent, l'innocente opprimée est condamnée aux plus cruelles tortures.

J'avais à peine conçu cette pensée impie, ce blasphème envers le Créateur, qu'un bruit sourd se fit entendre autour de moi. Je fus saisie, malgré moi, d'une joie involontaire ; un pressentiment venait m'avertir que l'heure de ma délivrance devait bientôt sonner.

Je retins mon haleine pour mieux écouter encore.

J'entendis alors distinctement une voix qui me demanda :

— Léa, êtes-vous éveillée?

— Au secours! m'écriai-je de toutes mes forces.

Alors la même voix se rapprochant de ma bière, me dit :

— Voulez-vous que je vous rende à la vie?

— Oui, au nom du Dieu puissant!

— Je le ferai, mais à une condition?

— Parlez; quelle qu'elle soit, vous êtes sûre de mon adhésion.

— Vous sortirez de votre bière sans prononcer un seul mot.

— Mes lèvres resteront closes.

— Vous vous laisserez conduire, sans rébellion, à l'endroit qui vous est destiné.

— J'obéirai, répondis-je encore.

— Vous ne parlerez jamais du passé aux personnes que vous pourrez voir; vous ne chercherez point à vous échapper du lieu destiné à votre refuge.

— Je le promets.

— Le jurez-vous?

— Je le jure! répondis-je, sur le salut de mon âme.

— Si vous transgressez ce serment, reprit la voix que je crus reconnaître pour celle de mon époux, le malheur retomberait sur la tête de votre fille.

Deux personnes me sortirent du cercueil; l'une d'elles était le docteur Rapp, l'autre était une femme : sa taille était grande, son front était grave et austère; elle était vêtue en religieuse.

— Il faudrait la porter, dit-elle, jusqu'à la tourelle, car elle n'a pas la force de faire un pas.

— J'essaierai de marcher, répondis-je, consultant plutôt mon énergie mentale que mes facultés physiques.

Mais je ne pus me soutenir sur mes jambes affaiblies, et je serais tombée à terre si l'on ne m'eût soutenue.

Un homme m'enleva sur son épaule et se dirigea vers le lieu désigné, suivi de la religieuse.

Pendant le cours trajet qu'on me fit faire, je jetai un coup d'œil rapide sur l'endroit dans lequel je me trouvais, et je souris de bonheur, car c'était une église. La lune, amie complaisante, éclairait de son distique d'argent les gothiques vitraux représentant tous les saints bienheureux ; je voyais, dans les ombres de la nuit, se dessiner les statues gigantesques des évangélistes qui semblaient placés là pour me protéger ; puis, au loin, sur un fond d'or entouré de roses brillantes, au scintillement des étoiles, j'aperçus la mère de Dieu qui semblait sourire à sa fille bien-aimée.

J'eus à peine le temps de faire ces observations, que déjà j'étais déposée dans la chambre qui devait devenir ma prison éternelle.

— Ma sœur, me dit la religieuse, vous êtes ici dans la maison du Seigneur ; on vous a confiée à ma garde ; c'est à mon adhésion, aux ordres de celui qui, sur la terre, a le droit de vous juger, que vous devez le salut de votre vie.

Je posai la main sur mon front, cherchant à me rappeler les événements passés, pour connaître la signification de ces paroles étranges.

— Madame? lui-dis-je, pourquoi a-t-on épargné mes jours, pourquoi ne suis-je pas morte ainsi que je l'espérais après avoir bu le poison qui devait mettre un terme à mes angoisses ?

— Ce n'est point à moi à vous répondre, répliqua la religieuse, mais je ne veux vous laisser rien ignorer, il y a ici quelqu'un qui vous instruira sur tout ce que vous désirez savoir ; il vous dira que je ne suis point un agent tyrannique, chargé de seconder les oppresseurs, mais une épouse de Dieu, cherchant à détourner le glaive de la vengeance, et ramener au bercail la brebis égarée.

— Madame, m'écriai-je, croyez-moi, car je parle sans mensonge, je suis innocente du mal dont on m'accuse.

— Ma fille, répondit la religieuse, je ne suis point votre juge, le véritable juge c'est Dieu, qui vous soutiendra si vous êtes innocente, qui vous purifiera si vous êtes coupable. Sur cette terre, nous devons nous livrer à toutes les épreuves et accepter toutes les douleurs. Vous avez un maître qui a le droit de régler votre destinée; vous sentez-vous assez forte pour le voir une dernière fois ?

— Oui, madame.

Alors la supérieure poussant la porte :

— Entrez, dit-elle à quelqu'un qui attendait au dehors.

Un homme vêtu de noir, couvert d'un grand manteau, s'avança.

— Léa, dit-il, d'une voix sombre.

— Ciel! m'écriai-je, Lionel, mon époux.

— Je ne suis plus votre époux, répondit-il, je suis celui qui assure votre retraite et qui sauve l'honneur de votre nom; désormais vous êtes morte au monde; on vous a vue livide dans votre lit funéraire; on vous a accompagnée jusqu'à votre dernière demeure. C'est à vous maintenant de ne plus reparaître sur la terre.

A ces mots, je versai un torrent de larmes.

— Mais, ma fille, m'écriai-je, ma fille!

— Elle vous reviendra quand il en sera temps.

— Serai-je jamais réunie à elle?

— Cela dépendra de votre silence et de votre docilité. Peu de distance vous sépare d'elle.

— Oh! lui répondis-je, j'ai maintenant du courage..., il me restera ma fille, l'espoir de la revoir.

Le comte Lionel prenant alors la supérieure par la main.

— Voici, me dit-il, la personne à laquelle je lègue mon autorité. Courbez-vous devant sa volonté, et que Dieu vous soit en aide.

— Ne m'embrassez-vous pas avant de partir, pour toujours? lui répondis-je d'un air craintif, je suis innocente !

Le comte fit un effort sur lui-même, un instant il me sembla balancer sur la résolution qu'il avait prise, il allait se jeter dans mes bras, quand le souvenir de ses injustes préventions revint à son esprit.

Il s'élança au dehors en essuyant ses pleurs.

ÉPILOGUE.

Le manuscrit de sœur Léa avait là une lacune, c'est qu'en effet la narration de ses malheurs touchait à son terme. Elle avait parcouru à grands pas la route des douleurs humaines, et, innocente comme l'âme la plus pure, elle avait supporté le châtiment destiné aux cœurs pervers, aux esprits criminels.

Sœur Contrite venait d'achever cette lecture, quant elle entendit un grand bruit dans le couvent.

— Que se passe-t-il? dit-elle, en jetant à la hâte son voile blanc sur son noble visage.

Et après avoir serré respectueusement les derniers feuillets du manuscrit de la recluse, elle se précipita au dehors.

Le soleil dorait la terre de ses rayons bienfaisants, la nature avait repris son calme et sa radieuse dignité, le bonheur était dans l'air, les merveilles de la création semblaient s'unir pour célébrer la grandeur de Dieu.

La porte du couvent était ouverte, et les religieuses étaient rassemblées autour d'un personnage auquel elles donnaient leurs soins.

L'accoutrement de cet homme était digne de pitié, ses habits tombaient en haillons, une barbe inculte couvrait la partie inférieure de son visage bronzé. Il s'était laissé choir à la porte du monastère, pâle et exténué de fatigue.

— Mes sœurs, avait dit la supérieure de sa voix grave, voici un frère en Jésus-Christ..., il est souffrant, il a besoin de nos secours et de nos consolations. Aidez-moi à le faire entrer au parloir.

— Madame la supérieure, ajouta le comte, faites donner des soins à cet infortuné. Il est déjà avancé en âge, il est infirme, la misère n'a pas besoin d'excuses.

— Faut-il le faire coucher? demanda la tourière.

— Oui, dit la supérieure, cet homme à l'air d'être abattu par une longue marche, le repos lui est indispensable.

Alors deux sœurs soulevèrent le vagabond et assistées par d'autres charitables compagnes, elles l'aidèrent à gagner le lieu où il devait trouver un calme salutaire.

Afin qu'il ne fut point troublé par l'exercice du culte, pendant la journée, on le mena dans la partie du couvent qui touchait au logis de la recluse.... Là, le silence le plus parfait régnait sans cesse, il pouvait s'endormir sans crainte d'être réveillé par la cloche de la chapelle, ou par les chants religieux de la communauté.

On donna au malheureux, du vin, un peu de pain et de viande légère, on lui prépara un bon lit, puis on lui souhaita la paix et la santé.

Dès qu'il se sentit seul, le mendiant sembla réunir toutes ses forces et alla se traîner aux pieds du crucifix qui dominait le sommet de son lit.

— Seigneur! dit-il, vous que j'ai tant offensé, s'il est vrai que vous soyez pour le pécheur repentant, un père miséricordieux, écoutez mes prières. Faites que les derniers actes de ma libre volonté atténuent les fautes de ma vie, jugez-moi digne d'être en vos mains puissantes l'instrument de la justice et de la vérité.

Après avoir achevé cette prière, le vagabond resta longtemps encore à genoux, les yeux fixés sur cette croix, instrument du supplice que Dieu même immortalisa, et qui, après avoir été un signe d'infamie, a servi pendant dix-huit siècles de bannière civilisatrice et religieuse au monde.

Deux heures après, la supérieure entra dans la chambre de l'infortuné. A sa grande surprise, elle remarqua qu'il n'avait pas touché aux aliments préparés pour son usage et qu'il n'avait pris aucun repos. Le lit n'avait pas été dérangé, il était encore à genoux, les yeux fixés sur l'image du Dieu rédempteur.

— Mon frère, dit la sainte femme, vous ne mangez pas?

— Je prie, dit-il.

— Vous avez raison, mais le seigneur mesure notre zèle à nos forces, et vous êtes vieux et chancelant, vous avez besoin de réparer les fatigues de votre voyage.

— Ma sœur, répliqua le mendiant, je ne prendrai pas de nourriture, je n'accepterai pas un instant de repos, que je n'ai eu avec le comte Lionel, qui est en ce couvent, un entretien.

— Qu'à cela ne tienne, dit la supérieure, vous serez satisfait ; que n'avez-vous manifesté ce désir plus tôt ?

— J'avais à m'y préparer par le recueillement.

— Je vais avertir le comte qui se rendra à vos souhaits.

Et la religieuse se retira, laissant son hôte malheureux, agenouillé et les mains jointes.

— L'heure approche, dit celui-ci à voix basse. C'est un instant terrible, mais plus la douleur sera grande, plus l'expiation sera digne de fixer les regards de Dieu.

En ce moment le comte Lionel entra.

— Qu'avez-vous à me dire? demanda-t-il à l'affligé.

— Ne me connaissez-vous pas? murmura celui-ci.

Le comte répondit sans hésiter :

— Non, j'ai visité bien des lieux depuis quelques années, mais je ne me rappelle pas vous avoir jamais rencontré.

— Vous me connaissez pourtant.

— Où nous sommes-nous donc vus, mon frère? A la terre sainte? Il me semble en effet reconnaître vos traits.

— Ce n'est pas à la terre sainte.

— Est-ce à l'armée?

Au lieu de répondre à la question, le mendiant se leva et s'avança vers le comte.

— Êtes-vous charitable?

— En doutez-vous? répliqua le comte ; le reste de ma vie sera employé à réparer les injustices et à consoler les affligés.

— Avez-vous avec vous votre épée? continua le mendiant.

— Que parlez-vous d'épée? dit le comte avec surprise, votre raison n'est-elle pas égarée?

— Non, dit le vagabond. — Vous avez à tuer quelqu'un.

— Qui donc?

— Moi.

— Vous?

— Moi qui vous ai volé votre bonheur, moi qui ai empoisonné par la calomnie votre existence, moi qui ai injustement accusé votre femme innocente...

— Nicolaï! s'écria le comte en le reconnaissant, dans un terrible mouvement de fureur.

— Oui, Nicolaï, brisé par les remords, défiguré par les années.

— Oh! dit le comte, c'est toi qui l'as voulu; toi infâme! toi calomniateur! tu t'offres à mes coups, tu vas mourir.

Et, un moment ivre de colère, il saisit Nicolaï par le bras.

Puis il tira son épée.

En ce moment un cri terrible fit trembler les voûtes du couvent.

Le glaive resta suspendu sur la tête de l'infâme.

Une femme se jeta aux pieds du comte.

C'était dame Léa, la recluse.

Cette scène de fureur dont elle avait été l'invisible témoin, avait réveillé ses souvenirs.... cette commotion lui rendait sa raison.... Dieu était venu en aide à cette bonne et chaste intelligence.

— Oh! Lionel! s'écria-t-elle, est-ce lui? Lui encore armé du glaive, oh! écoute-moi, écoute la voix de ta femme innocente. Épargne ce vieillard.

— Il mourra, dit le comte. N'a-t-il pas outragé ton nom? n'est-il pas la cause de tes malheurs?

— C'est moi qui demande sa grâce, moi dont la voix s'élève en sa faveur... Il est venu ici se livrer à ta sainte colère. Il se repent, tu le vois, et le repentir est à Dieu.

Le comte laissa tomber son épée à terre et se précipita dans les bras de sa femme.

— Comte Lionel, dit alors Nicolaï, ma vie vous appartient, vous m'épargnez aujourd'hui, grâce aux angéliques prières de cette vertueuse femme que j'ai persécutée, mais je ne m'éloigne pas, je sais ce qu'il me reste à faire. Il faut que les heures que Dieu me laisse soient employées à la confusion de mes complices, de ceux dont j'ai été l'instrument aveugle et criminel. Non! l'iniquité ne se couvrira plus sous les voiles du mystère, je ferai briller la vertu au grand jour, l'innocence dans son pur éclat; après quoi, Dieu aura pitié de mon âme coupable.

Le comte jeta un coup-d'œil plus calme sur ce malheureux, déjà frappé par la vieillesse et les douleurs physiques. A la vue de son état de prostration, il se sentit malgré lui accessible à la pitié.

Prenant Léa par le bras :

— Venez, madame, dit-il, ce lieu n'est pas fait pour vous.

— Et ma fille, dit Léa, qu'est-elle devenue ?

— Elle vous sera rendue.

— Où est-elle ?

— Près de vous.

— Oh ! laissez-moi l'embrasser.

— Voyez-vous là-bas cette troupe de jeunes filles saintes ?

— Oui, les servantes du Seigneur.....

— C'est la plus noble et la plus belle d'entre elles, dit le comte.

Puis il fit signe à la supérieure, qui venait de faire arrêter la pieuse cohorte.

L'abbesse comprit ce geste, car, en pleurant d'émotion, elle dit de sa voix douce et mélancolique en montrant la comtesse Lionel :

— Sœur Contrite, embrassez votre mère.

Mes lectrices, si elles ont bien voulu suivre avec attention les péripéties de cette histoire, savent aujourd'hui que rien de mondain ne se passait dans ce couvent sévère; que c'était avec raison que la supérieure enfermait toutes les nonnes lors de sa visite aux ruines chaque nuit; et que si elle se promenait gravement au clair de lune, avec la prisonnière en voile noir, à l'heure consacrée au repos du corps et au sommeil, à l'heure du silence et de l'isolement, c'est que cet exercice était utile à la recluse, tout en paralysant par la terreur la curiosité des paysans d'alentour.

Sœur Contrite était dans les bras de Léa, que nous n'appellerons plus que la comtesse Lionel. Sa joie était immense, le bonheur brillait dans ses yeux.... car elle venait de retrouver l'ange de ses rêves, une amie longtemps perdue : sa mère !

— Mais voyez-donc, Monsieur le comte, s'écriait Léa, qu'elle est belle ! qu'elle est grande ! et comme elle parle bien !

— Contrite, dit le comte, c'est moi qui t'avais chassé de mon sein, comme l'enfant d'une mère indigne, c'est moi qui t'avais forcée à prendre le voile.

— Oh ! répondit Contrite, j'ai tout appris le jour où celui qui m'avait élevée loin de vous m'amena ici ; il ne put triompher de ma résistance qu'en me parlant de ma mère.

— Et que t'a-t-il dit ? s'écria le comte.

— Mademoiselle, s'écria cet homme qui n'était autre que le docteur Rapp, le confident de la recluse, ce couvent de Sainte-Cécile sera pour vous un lieu de refuge. Ce n'est pas votre père qui vous persécute, mais un nommé Alamanzo. Retenez son nom pour prier pour lui et obtenir son pardon devant Dieu. Dans ce cloître qui va s'ouvrir pour vous, votre mère veillera sur son enfant.

— Ma mère, répondis-je, oh ! ma mère est morte, vous le savez bien.

— Peut-être, répondit mon mentor, avec un accent solennel.

— Quoi ! m'écriais-je, ma mère vivrait?

— Je n'ai pas dit cela, répartit vivement mon père adoptif, je n'ai pas le droit de rechercher quelles ont été les circonstances de sa mort présumée.

— Oh ! m'écriai-je, vous ne pourrez me tromper, bien des fois on a raconté devant moi les détails du service funèbre de ma mère, elle n'est plus.

Alors, sans vouloir s'expliquer, mon guide me supplia de consentir à être religieuse.

J'avais le cœur brisé, le monde ne m'offrait aucune affection.

J'obéis au docteur Rapp qui s'était chargé de couvrir ma jeunesse menacée, de l'égide qu'offrait la maison de Dieu.

Et sous le nom de sœur Contrite j'ai passé bien des mois dans cette paisible retraite, sans songer que ma mère, ma pauvre et innocente mère, était si près de moi.

Pendant que sœur Contrite recevait les caresses de sa famille, une petite fille mignonne pleurait de plaisir à la vue de son bonheur; cette aimable enfant, c'était Léli.

Contrite l'aperçut.

— Mes chers parents, dit-elle, permettez-moi de vous présenter celle qui a charmé mes heures de solitude.

Et elle emmena l'espiègle par la main.

— Comment vous nommez-vous mademoiselle? demanda la comtesse.

— Léli.

— Et votre nom de famille?

— On m'a défendu de le dire, répondit-elle, depuis la mort de mon père.

— Est-ce un vœu?

— Je le crois, c'est ma tante, la même qui me plaça dans ce couvent, qui a jugé à propos de m'en faire une loi. Elle prétendait que je lui rappelais un fâcheux souvenir, une action dont elle sentait le remords.

— Et vous allez être religieuse, chère enfant? demanda le comte en embrassant la jeune fille au front.

— Hélas! oui.

— Voilà, dit le comte, un hélas qui ressemble bien à une protestation, ne vous plaisez-vous pas au couvent?

Léli fit une petite moue.

— Pas beaucoup, dit-elle.

— Alors, pourquoi y rester?

— Ma tante le veut.

— Elle a donc des raisons bien graves pour contraindre votre volonté?

— Elle prétend encore que les ennemis qu'avait mon père conspireraient dans le monde contre moi.

— Chère Léli! dit sœur Contrite, comme pour moi, le couvent a été pour elle un abri; pauvres oiseaux menacés, nous sommes venues chercher un refuge sous ces noires et saintes tourelles.

En ce moment, le docteur Rapp entra.

— Je vous annonce, dit-il, l'arrivée de Nicolaï en ces lieux ; il vient de recevoir l'avis que les persécuteurs de sœur Léa sont morts.

— Morts! s'écria le comte.

— Écoutez, et vous saurez tout.

En prenant le comte à part, il lui dit, de façon à ne pas être entendu des assistants :

— Nicolaï était payé par Alamanzo pour égarer votre raison et calomnier votre femme.

— Mais, dit le comte, pourquoi Alamanzo avait-il tant de haine dans le cœur?

— Elle vous avait épousé contrairement à sa défense.

— Et pourquoi, dit le comte, cet homme s'opposait-il à notre mariage?

— Il était l'agent d'Isabella, sa sœur, que ce mariage dépouillait de la moitié de votre héritage.

A cette révélation du docteur, le comte parut frappé comme d'une idée subite.

— C'est vrai, ce testament d'Amérique! dit-il, un intérêt sordide, une criminelle avarice ont fait naître tous ces malheurs.

En ce moment un homme entra, les cheveux épars, la barbe en désordre, les yeux en pleurs.

— Vengeance! s'écria-t-il.

C'était Nicolaï.

— Alamanzo est mort, dit-il, il échappe à ma rage, lui qui arma mon bras, lui qui m'a rendu coupable; mais il faut une proie à mon juste courroux, le misérable a laissé une fille.

— Une fille! s'écrièrent les assistants.

— Oui, répondit Nicolaï, et par un miracle ordonné par la Providence, cette enfant que ma haine réclame, qui doit expier les fautes de son père, elle est ici.

— Ici, dirent les religieuses avec effroi.

— Mes renseignements sont positifs, elle n'est connue ici que par un nom de baptême.

— Et quel nom a-t-elle?
— Un nom américain! Elle s'appelle Léli.
— Léli!!!.....

A peine ce nom était-il parti que la sensible enfant était aux pieds de Nicolaï.

— Vengez-vous! dit-elle, je suis prête. Oui, je suis la fille de celui que vous cherchez.... Seule parmi vous, je dois défendre sa mémoire, et c'est la défendre que de m'offrir pour lui.

A la vue de cette enfant si jeune, Nicolaï demeura attéré; sa rage s'affaiblit; il alla s'appuyer contre un des piliers de pierre et appuya sa tête dans ses mains.

— Vengez-vous sur moi, s'écria Léli, oh! vengez-vous, je souffrirai pour mon père!

— Enfants du même Dieu, dit la supérieure, faites taire vos passions dans ce refuge de la pureté. De grandes fautes ont été commises; de grands criminels ont mérité le châtiment. Le Seigneur a levé sa main et justice a été faite..... L'un des coupables a été frappé par la mort; l'autre que voici, brisé par le sombre remords et une vieillesse anticipée, expie sur la terre toutes ses erreurs passées.

A mesure que la religieuse parlait, le calme semblait rentrer dans les esprits, l'espérance dans les cœurs. Le comte fit à Nicolaï un geste miséricordieux, tandis que sœur Contrite pressait affectueusement sur son sein Léli en pleurs.

Un seul des acteurs de ce grand drame se tenait à l'écart.

C'était le docteur Rapp.

Il s'avança vers sœur Contrite.

— Ma sœur, dit-il, m'en voulez-vous toujours?

— Moi à qui vous avez sauvé la vie!

— C'est que je me suis longtemps opposé à la lecture des sept plis du voile de sœur Léa; la raison en est simple, le moment de tout vous dire n'était pas encore venu.

— Mais j'y pensai, dit Contrite, il me reste à apprendre encore; et défaisant les sept plis, elle lut ce qui suit:

SEPTIÈME PLI. — La Supplique.

« O vous qui parcourez ces lignes, si vous êtes humain, plaignez-moi; si vous êtes chrétien, priez pour moi; si vous êtes bon, aimez-moi. »

Contrite dit alors à sa mère :

— Je vous plains! je vous admire! je vous aime!

— Oh! docteur, s'écria la comtesse Léa, je vous ai vu bien souvent dans mes accès de folie, et toujours, sous l'enveloppe la plus dure, j'ai trouvé le plus excellent cœur. Merci! vous avez pris soin de mon enfant.

. . . .

Deux années se sont passées, et le bonheur est revenu chez le comte Lionel. Sœur Contrite a été relevée de ses vœux par le pape, et son alliance est recherchée par les plus illustres familles.

Léli, la sensible espiègle du couvent, est toujours auprès d'elle; elle aussi a quitté le cloître : son amie n'a pas voulu s'en séparer.

Nicolaï est mort deux mois après son apparition au monastère de Sainte-Cécile, d'une mort subite. Un matin on l'a trouvé dans son lit sans mouvement; Dieu l'avait rappelé à lui.... peut-être la sincérité de son repentir avait-elle touché l'Éternel?

Un jour d'hiver, tandis que la comtesse Léa était entourée de sa famille, on vint l'avertir qu'une pauvre femme expirante désirait lui parler.

Elle se rendit à l'invitation qui lui était faite.

— Grand Dieu! est-il possible? est-ce bien là Isabella? ma belle sœur, s'écria la comtesse.

— Oui, moi, qui contribuai à votre ruine; moi qui, mariée par l'intermédiaire du coupable Alamanzo à votre frère, avais reçu du fourbe l'ordre de tout faire pour vous faire perdre le cœur de votre époux.... C'est moi qui ai reçu de l'étranger et placé sous votre glace les lettres perfides que vous n'aviez jamais lues; à l'heure de la mort, pardonnez-moi!

La comtesse tendit la main à celle qui l'avait trahie ; puis, comme si le destin eût attendu cette absolution pour s'emparer de sa victime, Isabella expira.

Personne ne la regretta, pas même son époux, le frère de la Dame des Montagnes, car il avait souffert le premier d'une iniquité dont il ignorait l'existence, et dont la complicité involontaire pesait à sa conscience.

Aujourd'hui, dans la saison d'été, la Dame des Montagnes fait chaque année son pélerinage à la maison de Sainte-Cécile, à cheval, parmi des paysans qu'elle a tant effrayés jadis, au milieu des troupeaux et des bergers, dans les vallons que le couvent couronne de sa tourelle sombre ; elle soulage les besoins et prévient les infortunes.

Aujourd'hui encore, au château héréditaire des comtes Lionel, on remarque, sous un globe de cristal, un manuscrit précieux, objet de l'intérêt de tous. Un voile noir le recouvre ; la gentille Léli, aussi bonne que son père avait été cruel, aussi dévouée qu'il avait été lâche à sa promesse, en a la garde exclusive. On le montre aux convives dans les jours de réjouissance, et les enfants nés de cette union, devenue aujourd'hui heureuse comme elle le méritait, y apprennent la vertu dans l'histoire de leur mère ; c'est l'Évangile de la résignation, cette beauté de l'âme qui mène au salut, car on lit sur son enveloppe : *Les sept plis du voile de Dame Léa.*

DEMOISELLE JEANNE

ou

LES MÉMOIRES D'UNE OMBRELLE BLANCHE.

Les physiques de l'esprit.

(La Simplicité.)

DEMOISELLE JEANNE

ou

LES MÉMOIRES D'UNE OMBRELLE BLANCHE.

Je ne sais si j'aurai un succès d'écrivain en publiant mes mémoires, mais on dit que la mode en est revenue, et, ma foi, je me risque ; je veux aussi mettre le public dans ma confidence, lui dévoiler les petits mystères de ma vie, et ajouter ma part aux matériaux dont on compose l'histoire, suivant la maçonique expression des hommes du métier.

On se récriera peut-être sur l'orgueil d'une humble ombrelle. — Encore si c'était l'antique parasol, on espérerait quelques révélations mignardes de la cour de Louis XV, une échappée de tableau du langoureux Watteau, quelque chose essentiellement rose Pompadour.

Mais une simple ombrelle, née d'hier, objectera-t-on, à peine assise sur ses ressorts d'acier, que peut-elle avoir à raconter qui soit amusant à entendre ?

D'abord, je dirai que l'on peut avoir tort de me croire au bout d'une carrière monotone. Les coups de vent ne m'ont pas manqué, le soleil s'est arrêté longtemps sur mon enveloppe de soie virginale et j'ai abrité de bien jolis visages.

Un mot sur mon physique, car, ainsi que Madame de Sévigné, je ne suis pas fâchée d'esquisser mon portrait. — J'ai dix ans, et je suis née dans les ateliers de Cazal, ce Cellini des parasols modernes. Je suis mignonne et droite comme un I; ma taille se compose d'un jonc charmant tout orné de marquetterie ; ma poignée, qui appelle les mains d'albâtre, est taillée par un artiste habile; mes franges sont en soie tordue par la fabrique de Lyon, mes baleines sont garnies d'acier étincelant, et je m'ouvre sous la pression d'un doigt féminin avec l'impétuosité d'un ballon gagnant les nuages au moment de son ascension.

D'ailleurs, les animaux les plus divers ont servi à me façonner. Le ver à cocons a fourni ma robe, le tambour-major des poissons a donné ma nervure, le géant des animaux a formé mon manche qui représente une tête d'épagneul, et les minéraux se sont assemblés pour procéder à la fabrication de mes ressorts.

Je suis, de plus, parente par alliance de trois des quatre éléments : je protège la beauté contre le feu du jour, au besoin, je reçois l'eau à sa place, et dans les soirées d'été le Zéphyr, ce petit maître du monde éolien, se réfugie sous mon ombrage.

Je me souviens encore du temps de ma naissance. J'étais pendue, hors de toute atteinte, dans la vitrine dorée du magasin, entre deux becs de gaz étincelants, placée au milieu de deux parapluies dont l'expérience et les conseils ne me firent pas défaut.

L'un était un riflard antique, qui datait de 93. Il avait vu la tourmente révolutionnaire, les giboulées du Directoire et les orages de l'Empire. Il avait successivement émigré à Coblentz et suivi la grande armée dans le service d'un munitionnaire des vivres. C'était un véritable parapluie de famille, dans le genre de celui que Vernet, aux Variétés, préférait à sa femme.

— Ma fille, me disait-il, veux-tu qu'on songe à toi? sois commode et durable au lieu d'être élégante et coquette; regarde-moi, j'ai paré assez d'averses de pluie pour faire d'un ruisseau un océan.....

L'autre était un parapluie moderne, parapluie à compartiments, parapluie de taffetas vert de la plus élégante recherche, d'une taille exiguë, d'une membrure frêle. Il portait un étui sur sa robe, une montre était incrustée dans son manche et un beau cercle d'or servait à ramener ses plis harmonieux.

— Ma fille, me prêchait-il à son tour, n'écoute pas ce vieux bavard déteint et large comme un omnibus ; il est aujourd'hui tout au plus bon à abriter une marchande des quatre-saisons. Sois belle, sois élégante, sois légère, chacun t'admirera et te convoitera à la ronde.

Sur ces entrefaites on me couvrit ; on me mit une robe de soie violette, des franges de même ton et un anneau de nacre.

J'étais jolie à croquer !

Le jour même de ma première exhibition en grand costume, une dame entra.

Pendant toute la matinée la foule m'avait lorgnée avec convoitise.

— Quelle charmante ombrelle, disaient les jeunes filles !

— Une véritable ombrelle Pamela, ajoutaient les jeunes femmes.

— C'est un dais pour couvrir la beauté, continuaient les hommes.

Je regardai la personne qui venait de franchir le seuil du magasin dont j'étais l'une des cent merveilles ; elle était grande et belle, blanche de peau, brune de cheveux, fine de taille, coquette du regard.

— Que faut-il à Madame, dit la demoiselle de magasin ?

— Je voudrais acheter l'ombrelle violette.

— Très-bien.

— Faites-moi la voir.

— La voici, Madame, elle sort des mains de l'ouvrier.

— Quel en est le prix ?

— Quarante francs.

— Sans marchander ?

— C'est à prix fixe.

— Fort bien, en voici le montant, envoyez-la à mon hôtel.

Puis après avoir donné son adresse, la belle dame monta dans un équipage qui l'attendait et disparut.

Je fis mes adieux à mes deux compagnons, le jeune et le vieux parapluies.

— Nous nous reverrons, me dirent-ils.

— Où cela?

— Dans le monde, les montagnes ne se rencontrent pas, mais les ombrelles et les parapluies se rencontrent.

Le moment de mon départ ne tarda pas, je fus apporté à l'hôtel de la baronne de Montaran, et l'on me mit dans une armoire qui contenait les toilettes les plus magnifiques; tous les produits de luxe s'y trouvaient réunis, le velours, le satin, la moire, la mousseline, la gaze, la popeline s'y heurtaient dans un fastueux pêle-mêle; c'était une confusion de chiffons, une babel de la fashion.

Pendant l'été je fus heureuse, j'allais avec ma maîtresse, au bois, dans la verdure, luttant contre les ardeurs d'août, abritant les plumes qui ombrageaient son chapeau. J'étais contente, j'étais glorieuse, j'étais au service de l'opulence.

Un soir, je rencontrai dans un coin de jardin champêtre mes deux parapluies.

— Tiens! dirent-ils, l'ombrelle violette!

— Moi-même, répondis-je.

— Et la santé? demanda le plus élégant.

— Parfaite, répondis-je.

— Le fait est, reprit-il, que vous avez un teint charmant.

— Je ne trouve pas, reprit le vieillard.

— Comment cela? demandai-je.

— Oui, on dirait que votre frange est un peu fripée; vous êtes dans une maison opulente?

— En effet.

— Les riches ne sont pas soigneux.

— Vous croyez!

— J'en suis sûr. Il est rare que les domestiques et les meubles y demeurent longtemps, voyez moi, je suis le parapluie d'un pauvre, d'un donneur de contre-marques de théâtre; eh bien! il m'aime, lui, il me respecte, il remédie à mes infirmités de parapluie sexagénaire.

— Il est si bon que cela ! dit narquoisement le parapluie élégant.

— Assurément. Il m'a fait mettre un bâton neuf, une poignée en corne polie et un bout en fer creux.

— Ce sera bientôt, reprit son confrère, comme le couteau de Janot auquel on avait fait mettre une lame et un manche.

— Trêve de plaisanterie, reprit le vieux parapluie de famille, je sais ce que je dis; les soins valent mieux que l'élégance, le grand luxe est souvent voisin de l'abandon, partant de la misère. Vienne l'hiver, ma chère petite ombrelle, et peut-être mes craintes se réaliseront trop vite.

Je fus fort soucieuse pendant une matinée de cette fatale prédiction, mais un regard jeté, en même temps que ma maîtresse, dans son miroir, me rassura, mes franges n'étaient que coupables d'un peu de désordre, la main de la chambrière y ayant mis fin, la poussière de la route ayant été enlevée avec un délicat plumeau, j'apparus aussi fraîche, aussi légère, aussi gentille que le premier jour de mon entrée dans le monde.

L'hiver arriva, on m'incarcéra dans une vaste armoire, où je faillis étouffer, tant elle était pleine de toilettes, reléguées, en attendant le retour de la belle saison. Le hasard voulut que je m'y trouvasse seule, sans société, sans amie, sans confidente, réduite à six mois de système cellulaire sans voir le jour.

— Hélas ! me disais-je, encore si j'avais à mes côtés un membre de ma famille, un parapluie, nous pourrions nous désennuyer, nous raconter nos chagrins et nos espérances, parler de quelque chose enfin, ne fut-ce que de la *pluie* et du *beau temps*...

— Ma fille, me dit une écharpe de barège qui pendait au-dessus de moi, vous oubliez que vous êtes un objet d'une utilité relative.

— Pourtant, je sers l'été !...

— Mais vous êtes sans emploi durant les frimats, tandis que le parapluie, votre cousin germain, est indispensable dans toutes les saisons. Oh ! vous ne faites que de commencer à souffrir, ce n'est pas seulement l'oisiveté, l'ennui, le délassement qui sont à craindre dans cette armoire qu'avril seul viendra ouvrir.

— Et qui me menace donc encore ? m'écriai-je tremblante sur mes ressorts ?

— Ce que nous redoutons tous, dit à son tour un spencer de tulle épinglé.

— Ce qui ne saurait nous manquer, ajouta une jupe de tarlatane.

— Et quoi donc, mes compagnes ?

— La destruction, dit en craquant une bottine de satin.

— La destruction ! m'écriais-je.

— Oui, la mort, la mort la plus horrible, la mort des sauvages qui sont dévorés par leurs ennemis.

— Quoi, nous serons mangés !

— Écoutez ! dit une ceinture de mousseline, voici l'ogre qui s'avance.

Je sentis toutes mes baleines tressaillir... un bruit sourd, d'abord presque imperceptible, venait de se faire entendre, puis il se rapprocha, devint plus distinct, puis ensuite j'entrevis l'horrible réalité.

C'était une souris, une cruelle petite souris blanche, aux yeux malins, aux dents acérées, qui se glissait parmi nous.

Vous dépeindrai-je le carnage dont je fus spectatrice pendant six grands mois ? On a parlé du naufrage de la Méduse, de ce radeau fatal sur lequel les passagers se mangeaient entre eux, cela n'a rien de comparable à notre situation. Au moins là était-ce par la voie du hasard, on se dévorait mutuellement, par suite de conventions tacites, tandis que parmi nous la souris grignottait en maître, en tyran, en bourreau absolu.....

Elle commença par attaquer une robe d'organdi. La malheureuse dut cette sinistre préférence à ses poches, dans lesquelles ma gourmande maîtresse avait mis durant l'été des bonbons du *Fidèle Berger*; l'odeur de la vanille, du chocolat, de la pistache, du caramel n'avait point échappé à la descendante des victimes de

Raminagrobis, dont la Fontaine a immortalisé le nom dans ses fables ; nous la vîmes dépérir progressivement depuis les volants jusqu'aux coutures, et quand le vampire à quatre pattes la quitta elle n'était que le squelette d'elle-même.

Vous raconterai-je ces scènes navrantes, ces agonies sans témoins, ces mutilations des enfants les plus chéris de la mode ? A quoi bon, je vous prie, attrister vos cœurs ; qu'il vous suffise de savoir que tout y passa : l'écharpe de barège, le spencer de tulle, le crêpe de Chine qui avait survécu aux guerres de l'Inde, la dentelle de Malines qui avait bravé la police des douanes françaises ; moi-même, je ne dus de survivre qu'à la dureté de mon enveloppe, si j'eusse été en dentelles, j'étais dévorée la première...

Néanmoins, la souris me saisit à son tour, et, nouveau Promothée enchaînée dans mon armoire, comme lui sur son rocher, je me vis tenailler le cœur, et j'eusse infailliblement péri si un jour le chat de la maison n'eut flairé sous les crevasses où j'allais expirer.

L'heure de la vengeance sonna. On ouvrit et notre meurtrier subit le dernier supplice, la justice des matous était satisfaite ; mais je n'en demeurai pas moins avec un trou d'un demi-centimètre de largeur dans mon tissu.

— Tenez, Isaurine, dit ma maîtresse à sa femme de chambre, gardez cette ombrelle trouée, je n'en ai que faire ; je n'aime pas les invalides...

Isaurine sourit et m'adopta. Elle était jeune et sémillante, et mettait parfois tout son art à contrefaire mystérieusement l'élégance de sa maîtresse. Parfois, quand madame était au bal, Isaurine, qui avait un cousin dans les gardes du roi, pillait sa toilette au profit de sa gentille individualité : savon à la rose, cosmétique au lait d'amandes, fleur de benjoin, essence de Portugal, élixir dentifrice, pâte de riz, eaux de Cologne et de Lavande étaient mis à contribution ; elle se parait des châles, des rubans, des broderies de la noble dame pour avoir plus de beauté et d'élégance, pour exciter plus d'enthousiasme et de galanterie.

— Tiens, pensa Isaurine, je vais aller chez le fournisseur de

Madame demander qu'il me recouvre pour rien cette malheureuse ruine : Madame est si bonne cliente ; il me doit bien cette réparation.

Et voilà comment je retournai malade et attristée au lieu de ma naissance.

Ce repos me fit du bien ; étais-je ennuyée du monde, avais-je le mal du pays? je n'oserais le décider. Tout ce que je puis affirmer, c'est que je revis avec bonheur l'élégant magasin tout ruisselant de lumières, les demoiselles de magasin accortes, les sœurs cadettes qui m'étaient nées, et enfin les deux parapluies qui avaient présidé à mon entrée dans le monde.

Le vieux riflard était là pour une baleine foulée. Il n'avait pas changé de maître.

Le jeune avait subi une désorganisation totale ; il avait servi d'instrument de combat dans une rixe et était brisé en deux.

— Ah! ma pauvre ombrelle, dit notre doyen ! je n'ai eu que trop raison, le manque de gravité, d'utilité incessante t'ont compromise comme ils ont tué ce freluquet ; te voilà souffrante.

— Je serai réparée.

— Oui, mais au profit de qui?

— D'une gentille femme de chambre, celle qui sort d'ici à l'instant même.

— J'ai encore peur.

— Que l'on ait le tort de me négliger ?

— Non, qu'on tire au contraire trop parti de toi.

— Qu'entendez-vous par cela ?

— Je ne veux rien te dire; peut-être n'est-ce qu'une peur chimérique ; rappelle-toi seulement ceci : Ce qui fait ma force, c'est mon peu de valeur.

— En vérité?

— Sans doute ! je ne vaux pas trente sous, je ne tente aucune conscience, je ne provoque aucune convoitise.

L'ouvrière chargée de me remettre en état interrompit notre dialogue. Elle passa sa main sur ma frêle organisation, me fit faire peau neuve, me vernit de la tête aux pieds, depuis le manche jusqu'à la pointe et me recouvrit d'un damas de soie rose du plus engageant effet.

D'ombrelle Paméla j'étais passée ombrelle Marquise.

J'étais si attrayante dans cette seconde jeunesse, qui était pour moi ce qu'est, pour les femmes, *l'été de la Saint-Martin*, que les hôtes du magasin en furent eux-mêmes émus, le rotin oublia sa gravité pour m'admirer, le bambou, souple comme un courtisan, s'inclina devant moi, il n'y a pas jusqu'au jonc phénomène qui n'hésita pas à me proclamer une petite merveille.

Je partis de ce berceau de mon heureuse enfance où j'étais revenue comme l'enfant prodigue en luxueux haillons; Isaurine, qui devait aller ce soir là au bal de l'Ermitage avec son cavalier, tenait à me montrer, dans tous mes charmes aux étoiles, du quadrille.

La négligente me plaça dans un coin, le violon retentissait, la polka appelait les petits pieds à sa mélodieuse fatigue, ma nouvelle maîtresse, emportée dans le tourbillon, oublia qu'elle était exposée à me perdre faute d'avoir payé pour moi l'hospitalité du vestiaire.

Aussi, tandis que les couples enlacés parcouraient l'espace abandonné à la classique Terpsychore, une main profane se posa sur moi, et, profitant de l'entraînement général, elle m'emporta sournoisement.

Celle qui me vola, mon tyran nouveau, était une dissipatrice de première force, aussi peu soigneuse de son propre bien que peu respectueuse pour le bien d'autrui, elle manquait de toilette pour me faire ressortir. Une ombrelle marquise avec une robe de toile, c'était une faute grammaticale de la langue élégante.

D'ailleurs, il faut bien le dire, elle se souciait peu de conserver en main un objet qui eût pu faire découvrir sa félonie à la première fête publique, et qui eût servi contre elle de pièce de conviction probante; elle hésita sur le parti qu'elle devait prendre. Je crus un moment qu'elle allait me vendre, mais il eût fallu peut-être justifier de ma possession légitime. A propos elle se souvint qu'il existait un établissement où on prend les ombrelles en pension.

Elle se rendit au Mont-de-Piété.

— Combien prête-t-on, dit-elle au commis, en me jetant sur son bureau graisseux.

L'employé me passa en revue avec une conscience de juif examinant le contrôle d'un bijou. Il tâta mon enveloppe, m'ouvrit et me referma à diverses reprises pour s'assurer que tous mes membres étaient intacts, puis, avec une gravité de magistrat rendant un arrêt sans appel :

— Trois francs, dit-il à la voleuse.

— Il n'y a pas moyen d'aller jusqu'à quatre, risqua-t-elle avec une inflexion de voix caressante.

— Elle a été recouverte, répondit-il froidement.

— Recouverte! dit l'impudente; je suis refaite!

Je me sentis humiliée jusqu'à la carcasse à cette révélation. Figurez-vous une dame à laquelle on signale sa première ride, un poëte auquel on reproche un vers faux, un procureur qu'on accuse d'une irrégularité de procédure, vous n'arriverez pas encore à mon degré de confusion.

L'infidèle prit les trois francs et se sauva comme si elle eût eu sa conscience irritée à ses trousses.

Là, je commençai une vie nouvelle, je ne fus plus une ombrelle née pour le soleil et pour la liberté! Je devins une chose, un gage, un numéro ; on m'empaqueta dans une toile d'emballage et on me relégua dans les immenses magasins que l'administration du Mont-de-Piété possède dans la rue des Blancs-Manteaux.

C'est dans ce séjour que j'appris à connaître les mystères de la vie humaine et l'affinité qui existe inévitablement entre les hommes et les choses. L'élégante engageait ses robes, l'écrivain ses livres, l'ouvrier ses outils, le négociant ses marchandises, l'épouse son anneau de mariage, le soldat sa croix d'honneur. Que de trésors enfouis à côté des ustensiles les plus nécessaires à l'existence : une rivière de diamants de l'actrice à la mode sur le mantelet d'une ouvrière infirme, la splendide argenterie d'un noble dissipateur près du rabot du menuisier ou du ciseau du tailleur de pierre. Là, comme dans la société, les extrêmes se touchent.

— Hélas! disais-je à mes compagnes, me faudra-t-il moisir ici?

— Vous avez, me répondit une montre d'autant plus bavarde qu'elle était à répétition, la chance du dégagement.

— Cela est-il probable?

— Cela se voit journellement. Moi qui vous parle, je passe ici trois mois de l'année quand mon maître est gêné, mais j'en sors par le payement d'une rançon quand il touche sa pension.

Je songeai alors à ce bon vieux parapluie, qui me disait que le bonheur consistait à n'être jamais un sujet de convoitise pour les méchants. Si j'avais été simple je n'eusse point été volée, m'écriai-je, et je ne gémirais pas ici, triste, fanée, nouée sous un linceul de toile, dans ce tombeau du prêt sur gage.

Je passai une année tout entière dans ce caveau obscur. — Qui eût pu venir me réclamer? Ma nouvelle maîtresse n'avait aucun intérêt à ne pas tenir enfoui dans les greniers de la rue des Blancs-Manteaux la preuve de son crime. Au bout du treizième mois, conformément au règlement, on me vendit par ministère de commissaire-priseur.

Nous étions nombreux et de mille familles, joyaux, montres, robes, bracelets, costumes, pierreries, tout était livré au plus offrant et dernier enchérisseur.

A la fin, mon tour vint.

— A trois francs soixante-quinze centimes, dit le commissaire-priseur.

— Bah! fit un marchand, y pensez-vous? une ombrelle rose, c'est voyant, c'est mauvais genre.

— Quatre francs, répondit une vieille dame.

Si j'eusse été un objet de prix, la ligue des brocanteurs eût fait, selon l'usage, une vigoureuse opposition au désir de la nouvelle venue; mais il s'agissait d'une ombrelle, je lui fus adjugée.

Elle me prit et me porta chez elle.

— Tiens, Jeanne, dit-elle à sa fille, voici un cadeau.

— Une ombrelle! dit l'enfant qui avait vingt printemps épanouis, quel bonheur! je vais la recouvrir.

— De quelle couleur?

— En blanc, c'est simple, facile à nettoyer et distingué.

Et voilà comment je suis arrivée à l'état d'ombrelle blanche.

Il y a dix ans que je suis chez cette charmante maîtresse. Elle s'est mariée, je l'ai suivie dans sa vie nouvelle, car elle est soigneuse et bonne; j'ai moins d'élégants atours à préserver, mais je suis bien plus mise à l'écart de tout ce qui est dangereux, je ne crains pas que le vent me brise quand il souffle dans les jours d'automne à travers les branches d'arbres. Ma maîtresse alors livre à sa furie les rubans de son chapeau, les bouts de son écharpe, les volants de sa robe; mais moi, ombrelle blanche privilégiée, charmant bouclier de sa beauté, elle me ferme et me préserve de ses deux mains lilliputiennes, perdues dans leurs gants blancs.

Il y a mieux; demoiselle Jeanne, par son mariage, a fait fortune, et j'en ai été la bénéficiaire. Elle eût pu prendre, pour encadrer dignement ses riches toilettes, une de mes sœurs, nées d'hier dans le splendide magasin qui me donna le jour. — Cazal a inventé depuis ma naissance des ombrelles de mille formes, les unes enjolivées et enluminées comme des pavillons chinois, les autres dorées et étincelantes comme un manteau d'impératrice. Afin de pouvoir attendrir le soleil et venir à bout de ses fureurs caniculaires, l'habile fabricant lui a fait des repas à son goût; il a, en un mot, transigé avec l'ennemi. Dieu sait combien d'étoffes précieuses, de broderies patientes, de coquets perfectionnements, ont été créés pour l'unique appétit de cet astre vorace! Si bien que ce tyran du firmament, si glouton de jolis visages et de délicats atours, a calculé, lui qui règle et calcule si bien les heures de ténèbres et de clarté, que les ombrelles qui lui étaient offertes étaient souvent aussi somptueuses que les toilettes qu'elles étaient appelées à sauve-garder.

J'eus donc à craindre les fantaisies de la mode; mais j'avais pour ma maîtresse une valeur de souvenir. — Le jour où son futur vint à elle et lui dit :

— Mademoiselle Jeanne, voulez-vous être ma femme?

La belle jeune fille fût morte de confusion si on eût vu son visage.

Elle était si joyeuse de cette offre, à laquelle sa mère avait donné sa sanction, qu'elle rougissait alors de plaisir.

Ce trouble, personne ne s'en aperçut, car elle me baissa sur ses yeux, et le soleil lui-même, ce grand indiscret qui traverse les serrures et les vitres, en fut pour ses frais de curiosité.

Je fus dès ce jour plus qu'un objet de toilette, je fus une amie, une confidente; elle me fit fabriquer un manche brisé dès que cette invention fut connue, et me mit au goût du jour avec un empressement tout amical.

— Pourquoi, lui disait-on, tenez-vous tant à cette ombrelle?

— Elle est blanche, répondait-elle, cela va avec tout. Quand elle sera complètement vieille, je la ferai teindre en noir, c'est encore une couleur universelle.

Aussi, fais-je contre la chaleur et la lumière mon devoir en ombrelle dévouée. Les rayons lumineux ne touchent jamais ce front pur et uni, cette toilette harmonieuse et de bon goût, Phœbus resterait à jeun si toutes mes pareilles agissaient comme moi, car je ne lui laisse même pas dévorer ces chapeaux de paille commune qu'on appelle ordinairement des *déjeuners de soleil*.

J'ai revu l'autre jour le vieux parapluie au vestiaire du théâtre du Ranelagh. Il est encore vert, de rouge qu'il fut jadis; il s'est fait teindre comme les vieillards coquets.....

— Eh bien! belle amie, dit-il, vous voilà revenue à la simplicité.

— Pour toujours, répliquais-je.

— Tandis que le parapluie élégant est mort victime de son luxe acquis aux dépens de sa solidité!...

— Hélas! lui répondis-je, vous avez raison de louer cette simplicité qui froisse tout d'abord les jeunes esprits.

— Elle seule, ajouta ce Nestor des parapluies, peut donner le bonheur.

LES CAPRICES DE FANTASIA.

LE LIVRE DE BEAUTÉ
Keepsake pour 1854.

Les Beautés de l'esprit.

(Le Calme de la Pensée.)

LES CAPRICES DE FANTASIA.

Qu'est-ce que la fantaisie dont on a érigé le nom en drapeau d'école? est-elle d'origine moderne? est-elle le monopole de nos auteurs de vingt ans? Shakespeare et Byron, Hugo et Dumas, Goëthe et Schiller n'avaient-ils pas à leur service cette muse *pour tout faire* qui allège le travail et jette sa poudre d'or sur les lignes tracées à l'encre noire? Oui, sans doute, la fantaisie est vieille comme le temps; la fantaisie, c'est la rêverie au hasard, dans les mondes inconnus, dans les eldorado fugitifs qui éblouissent la pensée et charment la méditation; heureux ceux qui la voient et qui en sont aimés !

Cette subtilité d'esprit, cette mobilité de désirs, cette métamorphose incessante de la volonté et de l'étude, s'ils sont heureux chez le poëte, le sont-ils également chez la femme destinée par sa vocation à être le charme et la sauve-garde de la vie intérieure? Nous ne le croyons pas, et, pour étayer notre opinion, nous allons essayer de retracer ici une véridique histoire.

Il existait, dans un riche hôtel du faubourg Saint-Germain, une jeune femme de vingt ans, belle à ravir, bonne à marier avec sa dot de cent mille écus et à laquelle la nature semblait n'avoir rien refusé. Son visage grec était d'une régularité académique ; ses cheveux blonds, fins et abondants, possédaient cette nuance cendrée que chérissent les coloristes en raison de sa rareté. Sa taille était grande et gracieuse et ses pieds paraissaient petits, même dans des mules de velours, la chaussure de coquette la moins avantageuse.

Hélène était bonne, serviable, sensible, mais elle possédait un travers ; elle avait un esprit trop libre, trop fantasque, trop *bohème* pour son âge et pour son sexe. Elle avait dévoré en cachette les romans modernes, et elle se rappelait avec un peu trop de vanité les premiers prix de rhétorique qui lui avaient été décernés au pensionnat pour ses narrations de la *Mort de Darius* et de la *Bataille des Pyramides*.

Il faut ajouter qu'Hélène avait souvent copié les travers des excentricités littéraires dont elle avait entendu parler, sans songer que c'est par le bon côté qu'il faut leur ressembler. Mme de Staël aimait le ruban ponceau ; elle avait adopté cette couleur ; la comtesse Hahn Hahn faisait des armes ; elle avait pris des leçons de Grisier et tirait l'épée comme un sergent, enfin, Mme Sand s'habillait en homme, et elle n'était jamais plus heureuse que lorsqu'une promenade au bois lui donnait l'occasion de se vêtir en amazone.

Ajoutez qu'à l'exemple de quelques femmes auteurs, des actrices et des originaux, elle avait adopté des toilettes bizarres, hors de mode, et d'un goût douteux. — A un bal paré, on la vit revêtue d'une robe à manches de mandarin et garnie de glands gigantesques à la façon de ceux dont on décore d'ordinaire les lustres arabes. Elle fixait ainsi l'attention, non-seulement par sa beauté, mais aussi par son travestissement — elle était heureuse dans sa vanité.

Hélène, avec des coutumes aussi singulières, fut bientôt le sujet de conversation de son entourage, et pour peindre son humeur on la baptisa du nom de *Fantasia* qu'elle reçut et qu'elle sembla adopter bien plutôt comme un compliment que comme une critique,

Fantasia donc, puisqu'il faut lui donner une fois ce sobriquet, n'était pas seule dans cette grande ville de Paris. Elle avait avec elle un oncle et une tante, tous deux frère et sœur de sa mère défunte.

L'oncle était un banquier, homme positif dans le commerce, mais qui, dans la vie privée, apportait cet esprit de tolérance et de libéralisme qui caractérisait spécialement la bourgeoisie de la restauration.

La tante était une femme auteur, d'un certain mérite, renommée par la pureté de son style, l'intérêt de ses œuvres romanesques et les ressources de sa vive imagination. Quarante ans de succès semblaient n'avoir rien ôté à la chaleur de son cerveau.

— Mon oncle, dit un jour la jeune femme, je veux écrire.

— Toi, dit le financier, mais c'est une idée d'émancipation !

— Je veux débuter sous les auspices de ma tante, elle est très-répandue dans le monde littéraire, elle connaît tous les journalistes, et, sans aucun doute, elle m'applanira les voies.

— Mais avant tout, dit le banquier, j'aurais voulu te voir mariée.

— C'est juste! je ne m'y oppose pas.

— Tu nous es demandée par un jeune homme fort bien, mon successeur, un des premiers banquiers de Paris, dont les affaires sont immenses, dont le crédit est illimité.

— Un spéculateur ! un homme d'argent ! C'est dommage ! dit la jeune fille, quelle torture !

— Tu l'as vu au bal de la Préfecture de la Seine, n'est-il pas parfait en tout ?

— Je ne dis pas, au physique, mais moralement, pas de poésie, pas d'initiative.

— Pas de *fantaisie*, dit son oncle en riant.

— Vous avez trouvé le mot.

— Qu'importe! un mari est un guide, un soutien, un mentor.

— Eh bien ! je ne dis pas, mais je l'épouserai sans l'aimer, soyez-en sûr. Tenez! voilà ma tante ! dites-lui ma résolution.

En ce moment madame de Vitry, la femme auteur, entra.

— Qu'est-ce? demanda la bonne dame.

— Hélène qui demande à être une muse surnuméraire, lui dit son frère.

— Ah ! ma belle, répondit la dame, tu veux faire un tour au Parnasse.

— Sans doute.

— Mais, connais-tu les neuf sœurs ?

— Je ferai connaissance.

— Ce sont des demoiselles difficiles à vivre, je t'en préviens, grognons comme de vieilles filles, se disputant sans cesse ; elles étaient d'humeur si chagrine, qu'Apollon se fit berger pour n'en plus entendre parler.

— Trève de raillerie, ma tante ! je veux être auteur.

— Et moi, dit le banquier, je veux qu'elle se marie.

— Peste ! s'écria madame de Vitry, il y a incompatibilité d'humeur entre la rime et l'hyménée, le moyen de faire un sonnet sans défaut avec des marmots qui crient !

— Je suis décidée à écrire, persista Hélène, j'ai le feu sacré !

— En ce cas, il n'y a rien à objecter.

— Mais il faut m'apprendre la forme à la mode, le genre favori, le métier.

— Le *chic*, exclama le banquier, c'est le mot convenu.

— Fort bien ! dit la tante, et te marieras-tu avec M. Léonce ?

— Il le faut bien, puisque vous le désirez.

— En ce cas, tu dois ceindre à l'avance la fleur du génie, car tu es une apprentie illustration. Tiens, ma fille, dis adieu aux roses et aux bluets, ces symboles de la fragilité des beautés féminines. Le génie a pris depuis longtemps un emblème qui peint son éternité, qui symbolise sa durable influence, son charme impérissable.

— Quel est ce signe, dit Hélène ?

— Le voici, répondit sa tante.

Et dépouillant sa nièce du frais bouquet qu'elle portait à sa ceinture, elle le remplaça par une botte de plantes jaunes qu'elle tira de son propre corsage.

— De l'immortelle ! s'écria Hélène.

— Oui, c'est la seule fleur qui survive au printemps qui l'a créé et qui voie périr sans se faner elle-même dix moissons de roses et de camélias; c'est bien là l'image du génie, enfant de la jeunesse et des ardeurs de l'esprit, qui survit à celui qui l'a possédé, pour passer, immortalité intellectuelle, d'âge en âge, à la postérité.

— Et il me faudra porter cette fleur sans cesse.

— A l'exclusion de toutes les autres.

— C'est dit, répondit Hélène, en ajustant la plante à sa ceinture, de ce jour elle ne me quittera plus....

Nous laissons à penser au lecteur ce que contenait l'écritoire de la jeune femme, que de chimères couleur de rose, que de madrigaux ambrés, que de silhouettes argentées par le reflet de la pensée virginale, cette auréole d'innocence des femmes, charmants petits romans bâtis sur une pointe d'aiguille, drames à l'eau de Portugal, dignes du temps de l'*Astrée* et de Mlle de Scudéry, épigrammes acérées, lancées derrière l'éventail, comme le javelot romain derrière le bouclier, petits vers à la lune, élégies au frais ruisseau, accrostiches aux saintes du paradis, étonnées de voir les lettres de leur nom se débander pour commencer des vers pindariques, que sais-je, tout ce que la belle griffonneuse trouvait dans une bouteille d'encre.

— Ma chère amie, lui dit sa tante, tu as de la verve, le feu sacré, ce que l'on intitule le *diable au corps* dans le métier, mais cela ne suffit pas, il faut faire de l'exercice.

— Comment! de l'exercice.

— Ce que nous appelons la gymnastique du style, essayer sur une phrase toutes les inversions, et il y en a sept possibles, M. d'Arlincourt en a même trouvé huit.....

— Que cela doit être fatigant.

— Ah! tout n'est pas rose sur l'Hellicon, ma belle célébrité, il faut de plus savoir chacune des rimes du dictionnaire Delaunay.

— Toutes.

— Oh! c'est peu de chose, six cent mille mots environ, après cela, tu pourras improviser, comme M. de Pradel, parler en vers à ta cuisinière, et lui commander le menu de ton dîner en consonnances uniformes. La rime sera riche si le repas ne l'est pas.

— Mais c'est un rude labeur !

— Ce n'est pas tout. Il faudra travailler la ciselure qui est au style ce que le travail du burin est à l'or. Tu apprendras les genres.

— Les genres ! risqua Hélène, en froissant ses immortelles.

— Oui, nous avons le naïf comme Ronsard, le gothique comme Burger, le familier comme Voltaire, l'héroïque comme Corneille, le tendre comme Racine, le comique comme Molière, le sentimental comme Jean-Baptiste Rousseau, le sacré comme Fénelon, le satirique comme Boileau, le pastoral comme Delille, le galant comme Dorat, le misanthropique comme Gilbert.

— Bonté divine ! tous ces genres-là.

— La poésie est comme la botanique, très chère, elle possède des familles, qui, comme toutes les familles, ont nombreuses querelles. Le genre moderne se débande en sectes. Il y a la secte Hugo qui est la liberté de la césure, la secte Barbier qui est la liberté de l'imprécation, la secte Ponsard qui est la liberté du bon sens, la secte Pierre Dupont qui est la liberté de forme rustique, l'ode réduite au genre Courbet, ou ce qu'ils appellent le *réalisme*. Je ne te parle pas des variétés, des Gustave Mathieu, des Plouvier, des Murger, des Gautier et tant d'autres qui ont leur cachet bon à connaître.

— En vérité, ma tante, c'est un travail d'Hercule.

— Y renonces-tu ?

— Je ne dis pas cela.

— En ce cas, bon courage et sois enfant de l'immortelle dont je t'ai décorée.

Or, tandis que Fantasia ou demoiselle Hélène aiguisait la satire et parfumait le bouquet à Chloris, d'après les meilleurs modèles, le mariage projeté pour elle était affiché à la mairie et le jour heureux de cette union s'avançait.

Elle devait avoir lieu dans un intervalle de huit jours, malgré l'indifférence de la blonde fille pour son prosaïque époux, quand un incident nouveau la jeta dans une grande perplexité.

Un matin qu'elle venait de déchirer de colère une ode à la nature, imitée de Pope, dont les dernières rimes semblaient, comme deux ennemis, décidées à ne pas sympathiser, on lui apporta une lettre. Elle était ainsi conçue:

« C'est bien osé à un inconnu de s'élever jusqu'à vous par la pensée, mais est-il possible de vous laisser quitter votre voile de jeune fille sans donner à une sympathie discrète le bonheur de s'avouer. Mon âme est sœur de la vôtre, comme vous je suis poète, et il me semble quand je vous vois, que Dieu, en nous créant, devait nous réunir... Je vous aime, Hélène, de toutes les forces de mon âme, comme l'ange gardien doit aimer le chrétien confié à sa garde...., jamais personne ne vous dira ce que j'ai souffert tant que j'ai essayé de me le cacher à moi-même...

« Oh ! ne craignez rien ! vos beaux yeux ne doivent pas se détourner de ce papier, docile confident de mes soupirs, rien n'est plus pur que cet amour de frère que je vous ai voué, je ne veux rien de vous car je n'ai pas le droit de rien demander, ni une boucle de vos cheveux charmants, ni un sourire de vos lèvres vermeilles, ni un regard, fût-il courroucé, de vos yeux divins; je ne suis point un homme, je suis une pensée, je ne suis point un soupirant, je suis une sympathie, je ne suis point une réalité, je suis une ombre, l'ombre de votre esprit et de votre grâce !...

« Jamais je ne me montrerai, jamais vous ne serez obligée de baisser la vue devant moi, je suis un esprit follet, un corps insensible, une lueur, une chimère, un gnome du monde de la fantaisie, vous ne presserez jamais la main tremblante qui a tracé ces lignes, je ne serai pour vous que le témoin de vos grâces, prêt à en rendre hommage dans les sphères intellectuelles.

« Peut-être vous écrirai-je une fois encore, cela dépendra de vous, si mes lettres vous intéressent, cueillez une des roses blanches de votre jardinière et jetez-la sans regarder dans la rue, ce soir, à minuit, par la fenêtre...

« Celui qui vit en vous!

« L'ESPRIT DE LA FANTAISIE. »

— Certes ! se dit Hélène, je ne ferai pas ce qu'il demande, je le trouve bien audacieux, ce Monsieur, de me demander un pareil acquiescement.

Et la jeune fille, dans un bon mouvement, allait déchirer la lettre mystérieuse.

Tout à coup elle s'arrêta.

— C'est dommage, dit-elle, elle est si gentille, si élégante, si modeste, cette pauvre petite lettre que je froisse en ce moment et qui n'est pas la cause de tout cela ! et puis, que m'y dit-on? qu'on ne viendra jamais s'offrir à ma vue ! qu'on ne me demande rien qu'un oui ou un non, articulé sous la forme d'une fleur... Oui, mais je ne répondrai certes pas, on ne doit pas correspondre la nuit, même avec le Génie de la Fantaisie.

Et, s'armant de résolution, Hélène prit conseil de sa tante à laquelle elle conta sincèrement l'aventure tout entière.

— Tu crois que c'est un sylphe, dit la vieille dame, en mettant ses lunettes, pour mieux lire l'épître émouvante.

— Assurément, puisqu'il ne se fait pas voir.

— Et affranchit-il ses lettres?

— Oui, celle-là est venue par la poste sans rien coûter.

— C'est prosaïque, mais convenable.

— Que feriez-vous à ma place? chère tante.

— Mon bijou, dit la vieille dame, tu m'embarrasses très-fort.

— Pourquoi?

— C'est que les temps ont changé en fait de galanterie. Dans ma jeunesse, les romans, qui sont la peinture des mœurs, puisqu'on l'assure, étaient pleins de licences de ce genre. Des écharpes jetées au vent, des mouchoirs lancés dans les tournois, des petits vers reçus et appris par cœur, c'était la coutume du royaume de Tendre, cela se nommait des *sentiments*.

— Et aujourd'hui?

— Aujourd'hui cela s'appelle des *caprices*.

— Ah ! des caprices.

— La seule différence du *sentiment* avec le *caprice*, c'est que l'un est, assure-t-on, éternel, et que l'autre comme son nom nous l'indique, n'est qu'une boutade de curiosité et de coquetterie.

— Cela n'est guère moral.

— Pour une jeune fille dans le monde ordinaire, dit la tante, habituée à la lecture de la Bible de famille et au rigorisme des mœurs patriarcales, assurément, mais pour un *bas bleu* comme toi.

— Oh! le vilain mot!

— C'est l'expression technique qui définit les femmes auteurs. On prétend qu'elles portent des bas bleus pour ne pas laver leurs bas blancs... Les muses sont économes en matière de blanchissage, quoi qu'elles soient parentes par alliance de Neptune, le Dieu de l'eau.

— Ainsi, je puis avoir des caprices?

— Sous ta responsabilité personnelle. Tu as déjà eu un rébus imprimé dans le *Journal des Modes*, tu es majeure d'esprit et de volonté.

— A propos, chère tante, suis-je obligé de porter sans cesse votre immortelle? elle devient monotone!

— C'est notre convention.

— A l'exclusion des autres fleurs?

— Sans contredit; c'est le signe franc-maçonnique de ta profession. Le mépris des futilités de la toilette. Tu arbores ainsi ton pavillon, le désir de survivre à ta propre beauté. Qu'as-tu, d'ailleurs, à reprocher à cette fleur d'or?

— Je ne sais, il me semble que comme le paysan d'Aristippe je m'ennuie de la trouver toujours jolie.

— Caprice nouveau! chère amie; je vois que tu en es fournie. Allons, c'est moi qui te le dis, tu iras loin, mais ne te néglige pas; relis l'art poétique, fouille Vaugelas, apprends à jouer sur la langue comme sur un immense clavier afin d'y produire les symphonies littéraires les plus parfaites. Du courage, du travail, des nuits à l'œuvre, à la clarté de la lampe discrète, cela viendra.

Et, riant sous cape, la bonne tante partit comme un trait.

Demeurée seule, Hélène réfléchit à l'apprentissage littéraire qu'elle s'était imposé. Elle n'avait pas envisagé le produit de l'esprit réduit à ce travail de manœuvre ou de bénédictin. Ses joues étaient pâlies par les veillées, ses doigts mignons étaient sans cesse tachés de noir et les fleurs de son jardin semblaient se regarder d'un air étonné sur leurs tiges en voyant que la fade immortelle les remplaçait depuis un mois dans les plis de son corsage.

Je ne sais comment cela se fit, mais à minuit Hélène était à sa fenêtre ; il est vrai de dire que la nuit était en grande toilette, toute ruisselante des étoiles lumineuses qui lui servent de pierreries, toute bleue de l'azur du firmament, ayant le zéphyr pour éventail et la rosée pour rafraîchissement. Machinalement ses doigts distraits se portèrent sur les roses blanches qui s'épanouissaient à ses côtés, et elle cueillit l'une d'elles assurément par la force de l'habitude.

Puis, lorsqu'elle se fut aperçue de sa distraction, elle songea à l'Immortelle classique à laquelle elle était vouée, et elle rougit de cette infidélité involontaire qu'elle était prête à faire au symbole de la gloire et de la renommée. Esprit généreux, âme naïve, cœur sincère, elle ne voulut pas rester plus longtemps en état d'infraction à la foi jurée.

Elle jeta inconsidérément la rose blanche dans la rue.

— Mon Dieu ! dit-elle aussitôt, qu'ai-je fait ? J'ai encouragé sans le savoir, sans le vouloir, mon correspondant inconnu !

Et elle se retira promptement de la fenêtre.

— Bon soir, belle nièce, dit en entrant la tante en déposant un baiser sur le front de la jeune fille ; eh bien ! nous avons donc nos caprices tout entiers ?

— Pourquoi cela ?

Pour toute réponse, madame de Vitry montra le rosier veuf d'une de ses fleurs.

— Allons ! s'écrie-t-elle, te voilà lancée. Qu'est-ce que dira de cela ton mari, quand tu en auras un ?

— Mon mari ? Il s'en offenserait donc ?

— Sans doute ! Il sera jaloux de toi, de ton esprit comme de tes grâces ; mais c'est là qu'est le grotesque de la jalousie. Le mari d'une femme auteur, ma chère, est en enfer quand il aime sa femme.

— Vous écrivez bien, vous, ma tante.

— Moi, je suis vieille fille, ma chère; je coiffe sainte Catherine depuis quarante ans. Je puis avoir des caprices et jeter les roses avec leurs pots par la fenêtre, que les passants seuls auraient à s'en plaindre....

— Mais, alors, c'est affreux, ce que j'ai fait?

— C'est amusant.

— Mon mari, s'il l'apprenait..., il se fâcherait?

— Bah! le mari d'une muse, c'est son droit. Tu es au public, à l'art, à l'inspiration, à la fantaisie, et non à lui.

— Et s'il m'aime?

— Il sera malheureux.

— Et si, par hasard, je venais à l'aimer?

— Ah! pour le coup, ma chère petite, c'est différent. Tu rentrerais d'un bond, du domaine de la fantaisie, dans celui de la réalité, c'est fort bien; mais en ce cas les muses, qui sont comme moi célibataires, t'en voudraient, et tu trouverais plutôt un merle blanc qu'une rime docile. Mais je jase avec toi, et le sommeil, qui est exact à l'heure, s'en ira de mon chevet si je le fais trop attendre. Ainsi, de beaux songes, ma jolie capricieuse.

Cette nuit-là Hélène ne dormit pas, elle se reprocha d'avoir encouragé ce mystérieux soupirant à envoyer une nouvelle lettre, elle songea à son futur qui, tout bien considéré, était un beau jeune homme de trente ans, à la taille élégante, aux manières faciles et distinguées; bien qu'il escomptait des billets, et qu'il commanditait comme banquier des négociants, et elle chercha comment elle pourrait allier le silence qu'elle croyait devoir garder, sur cette aventure, à ses devoirs de femme franche et sincère.

Elle en était à se creuser la tête et à parlementer avec sa conscience qui semblait ne pas vouloir entendre raison sur ce chapitre de la non révélation et qui, dans ce parlement de la pensée intime, faisait au libre arbitre une vive opposition, quand ses yeux se portèrent sur l'amour de bronze doré qui, à cheval sur sa pendule, sonna une heure de la nuit. En cet instant, éclairé par les reflets de la lampe, il semblait cligner de l'œil à la jeune fille rêveuse, et tenait à la main : je vous le donne en dix, je vous le donne en cent, je vous le donne en mille.

Une lettre!...

Une lettre de l'inconnu!

Comment était-elle venue là ? ce n'était cette fois ni le facteur, ni la camériste, c'était donc véritablement un sylphe, un esprit invisible pénétrant partout sans être aperçu, il y avait bien là de quoi intimider une jeune fille dans son boudoir.....

— Monsieur le sylphe, murmura-t-elle, ce n'est pas bien et je vais me fâcher. J'aime la fantaisie, mais celle-ci est par trop indiscrète; entrer chez moi sans frapper, sans se faire annoncer, et écrire sur ma cheminée même, c'est un sans gêne inouï. Sortez! sortez vite! m'écoutez-vous!

Le sylphe ne répondit pas, on entendait uniquement le bruit du battant de la pendule que le petit amour semblait faire galopper plus vite, et le soupir des vents d'été qui enlèvent aux jacinthes et aux résédas leurs plus suaves parfums.

— Il ne répond pas, dit Hélène, il est donc parti?

La nuit était avancée, la pauvre enfant ne pouvait pas dormir, cette lettre était là, à son adresse, elle n'osait éveiller sa tante pour demander si elle devait la lire..... Que vous dirai-je, la curiosité peut-être, l'envie de savoir à quoi s'en tenir sans doute.....

Hélène brisa le cachet.

Voici ce qu'elle y trouva ·

« Merci, mille fois, ô ma blonde divinité! vous m'avez répondu, vous m'avez donné droit d'entrée dans votre cœur, que m'importe aujourd'hui votre mariage, je suis votre ami intellectuel, votre frère par la pensée, bien avant celui dont vous portez le nom, j'ai pris possession de votre imagination brûlante, j'y demeurerai gravé en traits de feu, je vivrai de votre vie.

« Votre époux aura contre lui le matérialisme de la vie, les soins des affaires, les ravages de l'âge et des soucis; moi qui vous aime, je serai toujours jeune, beau, galant, radieux, et caché dans mon invisibilité, ne me voyant jamais, je saurai prendre dans votre propre esprit les formes que vous aimez.

« Merci pour cette rose, blanche comme mes affections, elle ne me quittera pas, elle sera le seul gage matériel qui restera de notre sympathie. De ce jour je ne vous écrirai plus, car vous allez être femme mariée, et je ne veux pas vous faire manquer à vos devoirs en vous obligeant à recevoir des lettres qu'il faudrait cacher ; mais votre âme devinera mes pensées, et dictera les pages brûlantes que je ne pourrai plus tracer.

« Adieu! à compter de ce jour vous ne serez plus seule, il y aura une âme scellée à la vôtre, par le mystère. »

« Je ne crains pas la désillusion, je ne crains pas l'ennui, je ne crains pas l'abandon, je ne crains pas l'oubli : on ne se lasse que de ce qu'on connaît; on ne s'ennuie que de ce qu'on apprend; on n'oublie que ce qu'on a connu; on n'abandonne que ce qu'on a possédé, et j'ai, à l'exemple de Dieu, dont chacun se souvient, le plus grand privilége, le plus haut rempart contre toute satiété, toute indifférence, *l'invisibilité*. Désormais, malgré vous, malgré moi, par la force du romanesque et du mystère, je me mêle à vos jours, je me fonds dans votre destinée, je m'annihile et me perds dans votre gracieuse individualité ; j'ai pour moi la Fantaisie, cette reine des folles du logis, des gais châteaux en Espagne dont les tourelles et les clochers se dressent dans les fantasmagories de la pensée...

« Tout sera *moi* pour vous : la mélodie lointaine que l'écho vous apporte vous dira ma voix ; la prophétie mignonne de la marguerite bavarde vous dira ma constance ; le vent d'hiver qui pleure les soleils évanouis vous dira ma peine ; l'arc-en-ciel après l'orage déroulant son long ruban tricolore dont les anges semblent tenir les deux bouts, vous dira mon espoir.....

« Car cette rose tombée de votre fenêtre est tout un pacte, plus grave qu'un sacrement, plus charmant qu'une promesse de fidélité ; c'est un serment fait à la face de la nature dans cette langue des fleurs, idiôme odorant si cher aux Orientaux.

« Mariez-vous donc, ô ma belle amie! Le mariage ne nous désunira pas, car il n'est pas de barrières pour la pensée, pas de prison sur la fantaisie. Je jouerai dans les rosaces dentelées de votre voile de point d'Angleterre; je boirai dans le verre aux liqueurs vermeilles dans lequel vous rafraîchissez vos lèvres ; je chanterai à votre oreille émue le vrai couplet de noces, le cantique des chimères et des songes dorés.

« Adieu! et au revoir, puisqu'on dit que les esprits qui se sont cherchés dans ce monde se reconnaissent, se retrouvent et s'allient dans le monde immortel, ce séjour du vrai bonheur.

        « Votre ami,

     « L'Esprit de la Fantaisie. »

— Eh bien! dit Hélène, il n'est pas gêné ; il va se glisser partout, il va se mêler à tout et veut occuper ma pensée, il guidera ma plume et dictera les paroles qui sortiront de ma bouche; je ne suis plus moi, je suis lui, et demain je me marie ! C'est horrible, de n'être pas plus seule que cela : nous serons toujours trois sans que mon époux le sache...

Et la pauvre enfant passa le reste de la nuit dans une grande perplexité.

Elle attribua au sylphe tout ce qui arrivait. C'était le sylphe qui secouait la fenêtre sous la forme de la bise, c'était le sylphe qui dansait autour de sa tête, déguisé dans le beau travestissement doré du papillon de nuit; c'était le sylphe qui parsemait la mèche de la bougie de ces globules de feu que les bonnes femmes ont nommé des *nouvelles à la chandelle;* c'était le sylphe qui dessinait les plis fantasques des rideaux de son alcôve et qui faisait crier les meubles sous les baisers de la sécheresse. Il pouvait être partout, dans les plis d'une robe, dans les pages d'un livre, dans une cassolette, sous la simple forme d'une séduction, d'une pensée, d'un parfum; il devenait un antagoniste invulnérable.

Le lendemain, de grand matin, elle alla éveiller son oncle.

Elle trouva le bonhomme levé bien avant elle, et occupé à aligner des obélisques de chiffres, propres à effrayer l'Académie des sciences, section des mathématiques.

— Tu as donc couché avec l'aurore, belle nièce, lui dit-il, que tu te lèves en même temps qu'elle? Tu me vois en train de rendre mes comptes pour pouvoir solder ta dot ce soir même.

— Je ne me suis pas couché du tout, répondit la belle en se frottant les yeux.

— Et pourquoi ?

La pauvre nièce s'assit auprès du vieillard et tout en traçant d'une main distraite des figures capricieuses sur ses chiffres, elle lui raconta son aventure épistolaire.

— Eh bien! dit le banquier, tu me demandes avis?

— Oui, mon oncle.

— Qu'en dit ta tante ?

— Elle dit qu'une femme auteur est sujette à ces sortes de choses; que le célibat lui convient d'autant mieux qu'elle donne son esprit, sa pensée, sa grâce intellectuelle à tout le monde et que son mari n'a que le reste du public.

— Il y a du vrai, dit le financier : la littérature est un métier; l'esprit qu'on vend ne se donne pas pour rien. C'est un actif qu'on réalise, et le mari n'a qu'à se taire et souffrir.

— Souffrir, répéta Hélène; mais c'est affreux de rendre malheureux qui vous aime !

— Et il t'aime fièrement le mari que tu auras !

— En vérité ?

— Il faut bien qu'il t'aime pour te prendre avec tes caprices de grand poète, de lauréate des jeux floraux.

— Est-il possible?

— Sans doute, quel dommage ! me répétait-il hier, que la charmante Hélène ne renonce pas à ces excentricités dont sa beauté n'a nul besoin ; que ne dit-elle adieu à ses manies romanesques qui absorbent son intelligence, pour garder à son foyer ce charme de langage qu'elle possède à un si haut degré. La réputation d'une femme d'esprit n'a pas besoin pour se faire jour des éloges de la presse et du bruit des réclames; la conversation la recueille; la société, cette renommée nouvelle, d'autant plus influente qu'elle a plus de distinction, la propage, et son savoir, sa vivacité de pensée, son bonheur d'expansion font l'orgueil de sa famille et la joie de ses amis.

— Il a dit cela, murmura Hélène, en continuant à zébrer de zig-zags les chiffres de son oncle.

— Dis donc, chère petite, s'écria celui-ci, voici un nouveau caprice! tu illustreras tout à l'heure tellement bien mes additions que comme toi je ne saurai plus où j'en suis.

— Il est vrai que je suis bien embarrassée.

— Tu veux mon conseil ?

— Oui, mon oncle.

— Tout franc?

— Tout franc!

— Eh bien! moi je ne ferais ni une ni deux, je mettrais le sylphe et la fantaisie à la porte.

— Et comment?

— En avouant tout à mon mari, le jour de mes noces.

— Pas avant?

— Non!

— Pourquoi?

— Parce qu'il n'a pas encore qualité pour recevoir une pareille confidence.

— Et le sylphe qui a ma rose?

— Qu'il la fasse distiller s'il le veut.

— Et ma promesse?

— Tu seras en puissance d'époux; le Code civil ne reconnaît pas les dettes contractées avant le mariage.

— Et les lettres que j'ai reçues?

— Tu t'en feras des papillottes.

— Non, dit-elle, il n'aurait qu'à ensorceler mes cheveux.

— Tu as peut-être raison, c'est un peu près de la tête, eh bien! nous allumerons le punch avec, est-ce dit?

— Oui, mon oncle.

— Tu rompras avec la fantaisie?

— A tout jamais, puisque l'imagination expose ainsi les femmes à de dangereuses chimères, je dis adieu à la littérature, et.....

— Et, répète le vieillard.

— Je dirai tout à Leonce!

— Voilà qui est parlé, ainsi le sylphe a son congé?

— Sans doute! fit Hélène avec un léger soupir, c'est dommage, il écrivait si gentiment.

— Ma chère! ton mari a une bâtarde et une coulée magnifiques, dit le vieillard en riant.

— Une bâtarde?

— C'est très-commode pour les comptes courants.

Hélène soupira de nouveau, l'argot du commerce, les préliminaires de la tenue des livres, la calligraphie n'avaient pour elle rien de bien enchanteur.

— C'est égal, dit-elle, il est prosaïque, positif, mais bon et dévoué, je tâcherai de ne pas exiger l'impossible.

Et voilà comment il se fit que mademoiselle de Sivry se présentait quelques jours après, vêtue de blanc comme une communiante, à la mairie du deuxième arrondissement.

Son époux, timide et radieux, semblait ne pas pouvoir dissimuler son bonheur.

Son oncle, qui avait revêtu pour la circonstance son bel habit bleu barbot, à boutons d'or, se frottait les mains en signe de satisfaction.

Quand à sa tante, avec sa robe de soie moirée à la coupe antique et son vaste chapeau, elle avait l'air de madame Campan en promenade.

Pendant la cérémonie civile, Hélène regarda avec inquiétude le maire et son greffier, pour voir si le sylphe ne jouait pas avec leurs plumes ou ne leur enlevait pas leurs perruques; elle craignit aussi qu'il ne dérobât la page du livre des contrats, ou qu'il ne soufflât dans sa pensée un *non* injurieux. Mais les choses se passèrent de la façon la plus régulière : l'officier municipal conserva son toupet, le registre des actes demeura intact, et elle dit un oui retentissant quand on lui demanda si elle acceptait l'époux qui se pressait à ses côtés...

Le sylphe, à l'église, n'était point à craindre; esprit profane, il se fût brûlé à l'encensoir ou noyé dans le bénitier... Hélène put donc, avec sa piété habituelle, livrer son esprit tout entier aux solennelles préoccupations de la religion.

Quant l'hymen fut accompli, avant de se mettre à table, au moment où le bal se disposait, où le festin était tout prêt, où le bonheur, de recueilli qu'il était, allait se faire bruyant, Hélène attira son époux à l'embrasure d'une fenêtre :

— Monsieur mon mari, dit-elle, j'ai à me confesser à vous.

— A moi? dit le mari. Mais n'avez-vous pas d'avance toute absolution?

— J'ai été inconséquente, légère, inconsidérée.

— Mon Dieu! vous êtes donc bien criminelle?

— J'ai eu des caprices.

— C'est permis aux jolies femmes.

— Tiens! dit Hélène, ma tante ne m'avait pas dit cela!

— C'est qu'elle est moins indulgente qu'un époux.

— Ces caprices m'ont amené à recevoir des lettres.

— En vérité! des lettres..... intimes?

— De la plus grande intimité!...

— Voyez-vous cela, fit Léonce.

— Ces lettres, dit la jeune mariée en tendant d'une main tremblante les deux missives qu'elle avait reçues, les voici; je ne dois rien vous laisser ignorer.

L'époux prit les deux billets ambrés; mais, à la grande surprise de sa femme, il ne fut pas très-curieux d'en connaître le contenu.

— Lisez donc! lui dit-elle.

— A quoi bon, fit-il; je sais ce qu'elles contiennent.

— En vérité!

— Le sylphe de la fantaisie est une connaissance intime; nous ne nous quittons pas plus que le corps et l'ombre.

— Que me dites-vous là?

— Je vous apprends que votre génie familier ne m'est point étranger; car celui qui a écrit ces lettres, pour prouver que chaque homme, quelle que soit sa position, a sa part de fantaisie, de pensée et d'imagination, c'est moi, Hélène, votre ami, votre esclave dévoué.

— Eh bien! s'écria l'oncle, tu n'auras plus peur de ton tyran.

— Hélas! reprit l'époux avec modestie, j'ai peut-être eu tort de me faire connaître; je perds avec l'incognito le prestige de l'illusion éternelle.

— Le cœur et l'esprit ne vieillissent pas, répondit sa femme en se jetant dans ses bras.

— Me pardonneras-tu, dit madame de Surcy, d'avoir servi de facteur au lutin, et d'avoir glissé sa dernière lettre sur ta pendule?

— Qui aime le message, soupira Hélène, aime le messager.

— A propos, exclama sa tante, qu'as-tu fait de ton bouquet d'immortelles, ma jeune fantaisiste?

— Mon immortelle?

— Oui, vraiment, je ne la remarque pas, je ne vois que ta couronne de fleurs d'oranger; qu'est devenue la plante de la gloire?

— Ma tante, balbutia Hélène, je l'ai quittée.....

— Mais elle était pourtant précieuse, en raison de son éternité?

— Oui, mais elle avait un défaut.

— Encore un caprice, chère fille?

— Non! c'est une conclusion logique; l'immortelle avait un vice capital pour une fleur... elle manquait de parfum.

— Ma belle mariée, dit madame de Surcy, cette fleur est l'image de la femme auteur; elle vit dans la mémoire du monde, elle dure ce que dure le génie pendant des siècles; mais son intérieur est froid, sa vie monotone, son cœur vide, car elle jette au vent les trésors de sa pensée, et, comme l'immortelle, elle reste sans parfum.

— Monsieur le sylphe, s'écria gaiement l'oncle, les convives ont faim, les huîtres miroitent dans leurs écailles nacrées attendant le citron; si nous allions nous mettre à table; vivez-vous, esprit de la fantaisie, de l'air du temps? Est-ce encore un de vos caprices?

— Non, mon oncle, répondit Hélène, en passant son bras sous celui de son époux, nous vous suivons dans le palais de la Réalité.

SAINTE RUSTIQUE

OU

LES ENFANTS DE LA CHATELAINE.

LE LIVRE DE BEAUTÉ
Keepsake pour 1854.

Sainte Rustique ou les trois enfants de la Chatelaine

Les Beautés du coeur.

(L'Art de se faire aimer.)

SAINTE RUSTIQUE

ou

LES ENFANTS DE LA CHATELAINE.

Il existait il y a longtemps, dans la Touraine, une châtelaine si charitable, si avenante pour tous, que chacun à l'envie en avait fait une espèce de divinité. Elle était la providence du laboureur, l'appui de la glaneuse revenant d'une mauvaise récolte, elle levait les dimes pour pouvoir les rendre aux malheureux; les chevaux hennissaient à son approche, les chiens remuaient la queue au bruit de ses pas, on eût dit même que les oiseaux chantaient mieux et plus fort dans les bois quand ils voyaient sa gracieuse silhouette se dessiner, sur le sable des routes, dans les larges nappes d'or qu'y étendait le soleil.

Ses bontés, sa vie simple, ses vertus, son désintéressement, sa charité inépuisable l'avaient fait idolâtrer par le peuple : on l'appelait la Providence de la province.

Elle était veuve du baron de Guyon, un des grands capitaines du roi de France, veuve à vingt-neuf ans et mère de trois enfants charmants, deux filles et un garçon.

Ce dernier avait nom Hercule, c'était l'enfant gâté, le cadet de la famille ; sur sa tête reposait l'espérance de la souche ; il avait, malgré ses cinq ans, une telle assurance, un si merveilleux esprit d'audace qu'il eût entrepris sans aide les douze travaux de son athlétique homonyme.

Les filles s'appelaient Nina et Ninette. Nina, petite femme dont l'âge venait à peine de quitter les unités pour les dizaines, était la minerve du logis, la petite maman en l'absence de la grande ; quant à Ninette, c'était la gamine la plus timide, la plus peureuse, la plus craintive qui se pût voir. Elle demandait parfois si la lune était bien attachée, et s'il n'y avait aucun danger qu'elle ne brûlât son chapeau de velours en tombant sur sa tête.

La baronne de Guyon habitait un château situé dans ce sublime pays de la Touraine, cher à tous les beaux esprits, qu'aimât Balzac, et qu'a chanté Jules Janin ; c'était bien là le paradis terrestre de la France : l'horizon, le bois, l'air et l'eau en formaient une habitation modèle ; là, sous les yeux de la bonne mère, croissaient ses trois enfants.

Par une matinée d'automne, dans ce séjour si calme, tandis que la baronne contait à ses enfants quelque beau précepte appuyé d'une attrayante narration, un coup de fusil se fit entendre, puis il fut suivit de plusieurs autres.

— Qu'est cela ? demanda Nina.

— J'ai bien peur, dit Ninette en se rapprochant de sa mère.

— Je n'ai pas peur, moi, répliqua Hercule en levant sa tête juvénile.

La comtesse jeta les yeux de tous côtés et vit enfin un chasseur inconnu qu'accompagnaient deux chiens.

— Que faites-vous ici, monsieur, dit la baronne ; et qui vous a permis de tirer dans mon parc ?

Le chasseur était homme de bonne mine, son fusil était richement damasquiné, son vêtement de velours avantageait sa taille élancée et, malgré la simplicité de ce costume, on devinait un homme bien-né.

— Madame, dit-il en appelant à lui ses deux chiens, j'ai tort, et j'ignorais que je me fusse perdu dans une propriété particulière. Au reste, je ne fais pas de ma chasse métier ni spéculation, et je vous restitue ce qui en est le produit.

Et il étendit aux pieds de la châtelaine qui le regardait fixement les trois pièces abattues, un lièvre, une perdrix et une caille.

Tandis que Nina interrogeait de ses grands yeux noirs le chasseur, Ninette reculait à la vue du sang versé, et Hercule posait sa main liliputienne sur la tête du lièvre défunt.

— Pauvres bêtes! dit la dame sans perdre le chasseur du regard.

— Je vous les offre, reprit le nouveau venu; il y a une pièce pour chaque enfant.

— Pauvres bêtes! reprirent Ninette et Nina.

— Oh! dit le chasseur, elles ont toutes trois un défaut: le lièvre est poltron, la perdrix est vaniteuse, la caille est bavarde.

— Et pas de qualités, dit Nina.

— De solides, répondit le chasseur, mais à la broche, il est midi et je suis à jeun, si Madame votre mère veut me donner une part du repas, je vous raconterai l'histoire de ces trois bêtes en les mangeant.

La châtelaine sourit en fixant sans cesse l'inconnu, et les trépassés, envoyés à la cuisinière, furent accommodés immédiatement aux sauces les plus ragoûtantes.

Quand le chasseur eut déposé son chapeau à plumes et qu'il eut fait coucher ses deux chiens à ses pieds, il commença en ces termes:

— Il y avait une fois un petit garçon qui n'avait plus ni père, ni mère; obligé de gagner son pain lui-même, il se voua à l'agriculture et alla se promener dans les champs, croyant qu'il pourrait s'occuper; mais il était si petit, si faible, si délicat, que personne ne lui fit d'offre, et le soir on le trouva pleurant dans les genêts.

Au moment où il gémissait, une belle dame qui semblait être descendue d'une étoile, car sa robe blanche était éclatante dans les ombres, s'approcha et lui dit:

— Je suis Sainte Rustique, c'est ainsi qu'on me nomme, je préside aux labeurs agricoles, j'ai en vénération quiconque touche à la terre pour la rendre plus fertile, la main du travailleur fut-elle faible et ne fit-elle pousser qu'une fleur. Demain, à l'aube, occupe-toi bravement, arrache les mauvaises herbes du premier champ venu, ton déjeuner se trouvera tout seul.

Puis, après avoir posé sa main douce et parfumée sur les joues du petit désolé, elle disparut dans les buissons.

Le lendemain, après une nuit passée à la belle étoile, entre la terre et le ciel, notre enfant se hâta d'obéir aux conseils de Sainte Rustique, il se plaça à la suite des laboureurs et arracha toutes les vilaines herbes qui arrêtaient la levée du blé mûr et des légumes, espoir de la saison.

— Voilà! dit le maître, un garçon courageux... à qui es-tu?

— A personne.

— Que gagnes-tu?

— Rien.

— Comment vivras-tu?

— Je l'ignore... on m'a dit que tout travail nourrit son homme.

— Eh bien! veux-tu être à moi, je te nourrirai, je t'hébergerai et tu auras encore des gages.

— Avec plaisir.

— Tu travailleras bien?

— De grand cœur.

— En ce cas, compère, il n'est nul besoin de contrat, c'est marché conclu.

L'enfant travailla ainsi trois ans, et comme Sainte Rustique le lui avait prédit, ses forces augmentèrent, sa taille se forma et il devint agile et robuste.

Dès qu'il se vit ainsi, l'ambition le gagna, il se crut assez fort pour voler de ses propres ailes et il dit à son maître:

— Je veux voyager.

— Déjà?

— Oui, vous me devez les gages de trois années, payez-les moi.

— Chose convenue, chose due, répondit le cultivateur, trois ans à un liard par année combien cela fait il?

Le petit compta sur ses doigts.

— Trois liards, dit-il, après un calcul consciencieux.

— Les voici, je ne te demande pas de reçu, pars, marche et fais de ton argent un bon usage.

Notre ami se mit en route comme s'il eût eu le pactole en poche, et il arpenta courageusement la montagne en dépit des vents du nord qui semblaient décidés à lui barrer le chemin. Pourtant la tourmente devint si terrible qu'il s'arrêta tout penaud.

— Mon Dieu! que vais-je devenir? s'écria-t-il.

En ce moment Sainte Rustique lui apparut :

— Tu as trois liards? dit-elle.

— Oui.

— Veux-tu me les donner?

— Oh! c'est si peu de chose, et je n'ai que cela.

— J'y tiens, parce que le cuivre dont ils sont formés sort du flanc de cette montagne sur laquelle tu t'es imprudemment aventuré, donne-moi tes trois liards et je te donne trois souhaits à choisir.

— Comment! dit l'enfant, je pourrais désirer tout ce qui me passera par la tête?

— Trois fois seulement, dit Sainte Rustique.

— Et j'aurai ce que je demanderai.

— A l'instant même, mais si tu en abuses ils profiteront à celui qui en tirera parti. Il aura même trois souhaits en plus.

— Souviens-toi que si tu mésuses de ces trois souhaits, celui qui en profitera aura trois nouveaux souhaits à son profit, trois occasions nouvelles de faire son propre bonheur.

— Eh bien! Madame la sainte, c'est marché fait.

Et il donna les trois liards à la belle dame qui disparut.

A quelques pas de là le petit garçon aperçut une cabane, et il frappa, on ouvrit et on lui donna l'hospitalité.

— Y a-t-il quelque chose à manger? dit-il.

— Du lait et du pain.

— Oh! fit le gourmand! c'est peu.

— Et que souhaiteriez-vous? dit le paysan.

— Du lièvre, c'est si bon.

En ce moment un lièvre tomba sous mon fusil, car je suis sans le savoir l'instrument de la Sainte.

— Mazette! dit la paysanne, il est dodu comme s'il eût été nourri à la becquée. Quel pâté on ferait avec cela, s'il y avait seulement de la perdrix.

— C'est donc bon de la perdrix? demanda le petit gourmand.

— Très-fin.

— C'est dommage alors que nous n'en ayons pas !

Au même instant je lâchai mon deuxième coup de fusil, et la perdrix demandée tomba à la porte de la cabane.

— Il ne manquerait plus que la caille, dit le paysan en la ramassant, pour en faire une venaison complète.

— Tiens ! si nous avions une caille, fit imprudemment l'enfant.

Alors je tirai mon troisième coup de fusil, et, vous me croirez si vous voulez, mais une caille, grasse à lard, tomba rejoindre les deux premiers animaux.

Alors la réflexion vint au souhaiteur maladroit.

— J'ai perdu par défaut de méditation, par l'habitude de souhaiter des futilités, mes trois souhaits, tout cela pour satisfaire ma gourmandise ou pour étayer ma vanité en éblouissant ces braves gens.

— Homme, dit la villageoise à son mari, m'est avis que ce gars est un sorcier.

— Il se pourrait bien, répondit le laboureur.

— Chassons-le, lui et ses bêtes.

— C'est dit.

Là-dessus, l'homme et la femme prirent le pauvre diable par les épaules et le poussèrent hors du logis.

— Va-t-en, lui dirent-ils, toi qui as des charmes pour te procurer des choses en dehors du travail et de la peine. Nous comprenons la venaison quand elle est le fruit des courses du chasseur, mais tu chasses en paresseux, sans chien, sans fusil, tu es donc un diable déguisé.

Et faisant tous deux un dévot signe de croix, ils le poussèrent sur la route.

Puis ils jetèrent le gibier sur le chemin.

Comme je l'avais tué, je le cherchais partout, ignorant ce qui s'était passé, et mes chiens me le rapportèrent...

Voilà l'histoire des trois pièces de gibier que je vois servir sur la table et du garçon bavard, poltron et vaniteux comme elles.

— Et cet enfant, dit Nina, qu'est-il devenu?

— Il est retourné aux labourages dont il ne sortira plus; mais moi qui ai trouvé le produit des trois premiers souhaits, j'ai le droit de donner un souhait à chacun de vous; c'est le privilége concédé par la sainte.

— Et vous nous le donnerez? dit Ninette.

— Un à chacun, répéta le chasseur.

— Nous aurons ce que nous demanderons? fit Hercule.

— Assurément, reprit l'inconnu, en découpant le rable du lièvre.

— Ceci mérite réflexion, observa la mère de famille.

— Aussi ne veux-je pas presser leur décision. Je leur laisse huit jours, je reviendrai prendre leur réponse. Maintenant, Madame, que j'ai raconté l'histoire du contenu de la gibecière de chasse, laissez-moi vous dire celle du chasseur lui-même. Vous m'avez bien reconnu, n'est-il pas vrai? Madame.

— Oui, Monsieur, répondit la châtelaine.

— Je suis Louis, le frère de votre époux défunt.

— Louis, dit la châtelaine en rougissant....

— Oui, Madame, le même qui vous a écrit si souvent pendant ses voyages, car lorsque je me suis présenté un an après votre veuvage pour solliciter votre main, vous m'avez refusé en me disant : c'est trop tôt, je ne puis me décider à donner à mes enfants un beau-père, un étranger pour maître; d'ailleurs je suis aussi vieille que vous, et pour qu'une union soit assortie, il faut que le maître ait à la fois la force et la majesté de l'âge.

— Je m'en souviens, dit la châtelaine avec émotion.

— Partez! avez-vous dit ; visitez la terre entière à la suite de nos armées, soyez digne de notre nom, faites revivre la vieille renommée de mon époux et mon souvenir s'effacera de votre pensée, car je suis non à moi, mais à mes enfants, je leur dois mon intelligence, mon cœur, ma vie tout entière.

— Eh bien! Louis, dit la dame.

— Me voici revenu comme j'étais parti, aussi dévoué, aussi épris, aussi jaloux de vous plaire, belle-sœur si bien nommée, qu'à l'heure de mon départ. Ce n'est point l'intérêt qui me guide, car je suis riche aussi, plus riche que vous puisque j'ai fait moins de bien.... accordez-moi le bonheur, récompensez ma constance, laissez-moi espérer que je deviendrai votre mari.

La dame sembla lutter contre un tendre sentiment, puis elle répondit :

— Je ne suis pas moi-même, j'ai trois enfants pour lesquels vous êtes un étranger ; je dois me conserver pour eux.

— Nous les aimerons ensemble.

— Oui, mais vous aimeront-ils?

— J'en ai l'espérance, et ne vous demande pour y parvenir qu'une hospitalité de huit jours.

— Eh bien ! beau-frère, restez ici la semaine entière, aussi bien vous êtes notre parent. Le majordome vous fera préparer un logement convenable.

Le chasseur s'inclina, déposa un baiser sur la main qu'on lui tendait et se rendit dans le logis qu'on allait lui indiquer.

Cette semaine qui lui était accordée, il ne la perdit pas en occupations vaines — il la passa tout entière avec les trois enfants de la châtelaine. Il lisait avec la sérieuse Nina, jouait à la poupée avec Ninette et au militaire avec Hercule.

En vingt-quatre heures, il était adoré par la population enfantine de ce bienheureux château.

— Mon ami, disait huit jours après Hercule, qu'est-ce que je pourrais bien souhaiter?

— Ah! c'est juste, ton choix n'est pas fait.

— Si je souhaitais d'être général?

— Il faudrait attendre vingt ans, car on n'est soldat qu'à sa majorité.

— C'est bien long! Si je souhaitais tout de suite d'être grand, plus grand que toi, grand comme les maisons?

— Tu en as le droit, mais cela occasionnera des dépenses; il faudra faire élever les portes et les plafonds du château?

— C'est vrai! il faudrait que je me couchasse en attendant que ce soit fini, je vais encore réfléchir.

— D'ailleurs, tu n'as qu'un souhait! dépêche-toi, je pars demain.

— Demain! je ne veux pas.

— Il le faut pourtant; je n'ai que huit jours à rester.

A son tour, Ninette disait:

— Que penses-tu, bon ami, si je souhaitais que ma poupée pût parler et chanter en musique?

— Mon opinion est qu'elle courrait le risque de devenir bavarde.

— Tous ceux qui parlent sont donc bavards?

— Non! la langue est tempérée par la raison.

— Qu'est-ce que la raison?

— C'est le discernement du sens et du choix des paroles.

— Il faudrait alors souhaiter à la poupée la raison.

— Oui, mais cela ferait deux souhaits; et tu n'en as qu'un.

— C'est vrai.

— Dame! décides-toi, car demain je vais partir.

— Partir sitôt, dit Ninette; c'est impossible!

— C'est comme cela, petite blonde, ta mère ne m'a donné que la semaine.

— Mais je ne veux pas que tu partes!

— Il le faut. Je te le répète, on ne doit jamais abuser d'une faveur accordée.

— C'est bien malheureux, dit l'espiègle, en s'en allant tristement.

Le chasseur attendait à son tour Nina, la grande demoiselle de la maison, dans la gravité de ses dix années révolues; Nina, qui était une autorité avec laquelle il fallait, bon gré mal gré, compter; Nina, qui avait des idées plus mûries que ses frère et sœur.

Il la rencontra le soir même dans une allée de rosiers en fleurs.

— Hé bien! mademoiselle, dit-il, êtes-vous en train de souhaiter, pour ces roses, l'immortalité de la beauté?

— Non; ce que Dieu a fait est bien fait.

— Avez-vous conçu un désir?

— Peut-être.

— Que ne l'exprimez-vous?

— Je n'ose.

— Pourquoi?

— Je vais vous le dire! parce qu'il ne me concerne pas personnellement.

— Et qui touche-t-il?

— Ma mère.

— Ah! vraiment?

— Ecoutez! Vous êtes bon et vous m'inspirez toute confiance; je suis sûre, si je me confie à vous, que vous ne trahirez pas ma confidence.

— Merci de cette excellente opinion, ma charmante demoiselle; je saurai m'en montrer digne.

— Eh bien! sachez que depuis longtemps, quand elle est seule avec moi, ma mère est rêveuse.

— Rêveuse? dit le chasseur.

— Oui, elle est plongée dans de profondes réflexions, et elle soupire.

— Souvent?

— Très-souvent.

— Et ne lui avez-vous jamais demandé pourquoi?

— Pardonnez-moi.

— Qu'a-t-elle répondu?

— Elle m'a dit qu'elle pensait à quelqu'un qui voyage bien loin, bien loin, au-delà des mers, seul, exposé à bien des dangers, assailli par bien des chagrins.

— Et alors, ma douce belle, que pensez-vous souhaiter?

— Je voudrais, sauf votre avis, souhaiter que ce que ma mère désire d'heureux à cette personne lui survienne. Qu'en pensez-vous?

Le chasseur, ému, ne répondit pas.

— Pourquoi ne dites-vous rien?

— Je ne puis me prononcer sur ce sujet, dit-il avec dignité, et influencer un désir qui pourrait devenir définitif; car Sainte Rustique ne badine pas. Agissez en toute liberté.

Et il s'éloigna, vivement impressionné par ces enfantines confidences.

Le huitième jour était arrivé; le chasseur reprit ses grosses bottes de route, fit seller son cheval, appela ses chiens, saisit son fusil, et se présenta ainsi habillé, comme à sa venue, devant la châtelaine et ses enfants.

— L'hospitalité, dit-il, est une chose dont le voyageur ne doit point abuser sous peine de devenir indiscret. Une semaine tout entière s'est passée comme un seul jour sous ce toit fortuné, les heures ont été trop courtes. On dirait que le temps a fait une faute d'arithmétique en totalisant les minutes. Quoiqu'il en soit, je viens, Madame, prendre congé de vous et vous remercier de votre cordial accueil.

La châtelaine devint pâle, bien qu'elle cherchât à lutter contre ses sentiments les plus intimes; elle posa sa main sur son cœur, comme si elle eût craint qu'on en pût ouïr les battements précipités.

— Adieu! dit-elle, Louis, et en quelque lieu que vous alliez, rappelez-vous que le devoir seul retient certaines expansions de l'âme, certaines sympathies qui vous sont acquises.

— Et les souhaits? s'écria Hercule.

— Va-t-on nous tricher? dit Ninette.

— N'avons-nous pas l'héritage du pâtre, dit Nina.

— Assurément, répliqua le chasseur, je l'oubliais.

— Puisque vous nous avez promis qu'ils seraient exaucés, nous croyons en vous, dirent ensemble les trois enfants.

— Et vous faites bien ! Eh bien, que souhaitez-vous ?

— Moi, dit Hercule, je souhaite que mon bon ami le chasseur reste avec moi à jouer au militaire jusqu'à ce que j'aie l'âge de tenir un vrai sabre.

Puis, se tournant vers Louis :

— Il ne faudra pas faire élever les toitures pour accomplir ce souhait-là, murmura-t-il avec malice.

— Moi, s'écria Ninette, je souhaite que mon bon ami reste avec moi jusqu'à ce que ma poupée chante toute seule.

Puis, se tournant vers le chasseur :

— Comme cela n'arrivera jamais, nous te posséderons toujours.

Deux larmes d'attendrissement coulèrent sur les joues roses de la mère de famille.

Nina seule, la grande Nina était sérieuse.

— Ne souhaites-tu rien ? lui dit sa mère, d'un ton où perçait une vague inquiétude.

— Si, ma mère ; mais pardonne-moi si je suis indiscrète ou inconséquente.

— Et que désires-tu ?

— Je désire que tes souhaits relatifs à ce voyageur lointain, dont tu parlais sans cesse, soient au plus tôt exaucés.

— Madame, risqua le chasseur, les souhaits sont faits ; voulez-vous qu'ils ne se réalisent pas ? voulez-vous que la foi de ces enfants soit trompée, voulez-vous qu'ils doutent à l'avenir de l'influence de Sainte Rustique !

— Maurice, dit la châtelaine en abandonnant sa belle main aux baisers de son beau-frère, vous ne nous quitterez plus !

LES ENNUIS DE NIZZA.

Les Beautés de l'âme.

(L'Économie.)

LES ENNUIS DE NIZZA.

> *Earth's happiness is but a dream.*
> (LORD BYRON.)

Nizza était nonchalamment couchée sur un sofa de velours ; sa belle tête, ornée de magnifiques cheveux noirs, était inclinée vers la terre, ses bras étaient croisés sur sa poitrine, et ses pieds d'enfant reposaient sur un tabouret de tapisserie; les plis irréguliers et capricieux de sa robe dont la soie était froissée par ses mouvements continuels, donnaient à cette belle figure rêveuse quelque ressemblance avec les statues de la sculpture moderne, où ces délicieux portraits échappés au pinceau de Boulanger, le peintre regretté.

Je ne faisais alors aucune attention à elle; je me promenais de long en large dans ce salon embaumé de fleurs odorantes et orné de riches lambris et de meubles magnifiques. De temps en temps j'interrompais ma rêverie pour lancer au hasard la capricieuse bouffée de fumée qui venait à s'échapper d'un cigare de tabac du

Levant, et qui allait s'engloutir dans l'espace, emportée par le vent du matin... De temps en temps encore, je contemplais le magnifique point de vue qui s'offrait à mes yeux, cette belle campagne de la Touraine, ces sites romanesques et si coquets, puis ce ciel d'or, cette verdure délicieuse.... Je regardais toutes ces merveilles avec autant d'indifférence que si je n'eusse eu sous les yeux que le tableau repoussant d'une rue étroite de notre brumeuse capitale; j'avais l'esprit préoccupé d'autre chose.... J'étais plongé dans cet état de léthargie morale qu'un philosophe célèbre a appelé le sommeil de l'âme.

J'avais déjà fait vingt ou trente fois le tour de l'appartement, lorsqu'une sorte de plainte s'échappa du canapé; je tressaillis, et sans m'arrêter dans ma marche, je demandai à Nizza :

— Souffres-tu ?

— Oui ! me répondit-elle sans s'émouvoir...

— Et qu'as-tu donc? fis-je en continuant mon exercice autour des carrés et des triangles du tapis, qu'as-tu donc, mon ange ?

— Je m'ennuie !

Je m'arrêtai ; mon âme était plongée dans un doute affreux, car cette voix si chère à mon cœur venait de faire entendre la même plainte que celle que je cachais au fond de mon être, car moi aussi je m'ennuyais...

Je regardai longtemps cette angélique figure que la tristesse et l'abattement rendaient plus belle encore. Je jetai mon cigare... j'en allumai un second; puis je continuai ma promenade.

Après avoir fait quelques tours, je pris un fauteuil, et m'approchant de cette pauvre affligée, je lui pris la main, une de ses blanches et charmantes mains, et je lui dis avec passion :

— Dis-moi, Nizza, pourquoi tu es triste, dis-moi pourquoi tu t'ennuies?

— Je ne sais, répondit-elle avec impatience, il me semble que... ah ! mais ce n'est qu'une idée... Il me semble que je ne t'aime plus autant !

— Eh bien ! lui répondis-je froidement en cherchant à rallumer les cendres de mon cigare éteint, te l'avouerai-je, je t'ai longtemps caché mon ennui, mais après cette naïve confession, je veux tout t'apprendre à mon tour ; je crois que, comme toi, mon amour a bien diminué.

— Tiens, le petit sournois, fit-elle avec un dépit d'enfant, moi qui croyais qu'il allait s'alarmer. Au fait, écoute, cela vaut mieux, Léon, que tu ne sois plus amoureux de moi ; cela m'aurait fait de la peine de te voir prendre mon indifférence à cœur ; comme cela, les parts sont compensées. Mais dis-moi, mon ami, comment il se fait que ce violent amour soit parti aussi vite ?

— Cela se comprend, lui dis-je, lorsque, après des refus et des obstacles, j'obtins l'assentiment de ton père à notre mariage, nous résolûmes d'un commun accord de ne vivre que l'un pour l'autre, de nous consacrer chacune de nos existences, de nous retirer dans cette maison de campagne comme des avares jaloux de leur propre félicité. Nous avons accompli ce dessein romanesque, nous nous sommes aimés pendant trois mois, nous avons épuisé tout d'un coup les prestiges de ce sentiment si tendre et si délicat, et un beau jour nous nous sommes réveillés l'un et l'autre, las de cette existence monotone, ennuyés de ces caresses et de ces prévenances mutuelles, et tous deux alors nous nous sommes demandé : Ne l'aimerais-je plus ?

— Et que faire dans cette position ? me demanda Nizza.

— Ah ! que faire ? demandai-je à mon tour.

— Voir le monde chacun de son côté, dit ma vieille tante qui venait d'entrer ; sortir de cette solitude, et demeurer d'accord d'avance sur les sentiments qui vous agitent en ce moment.

— Oh ! vrai d'honneur ! je ne t'aime pas, dis-je sérieusement à Nizza.

— Ni moi, répondit-elle en riant.

— Eh bien ! redevenez des gens du monde, vivez comme des amis, de bons et vrais amis, et cherchez chacun de votre côté, dans les distractions et les plaisirs de la société, le moyen de chasser le spleen qui vous dévore.

Nous applaudîmes fort le projet de notre bonne tante; le lendemain nous étions à Paris.

Un grand événement venait d'avoir lieu : des fêtes se préparaient de toutes parts, et les invitations pour bals, soirées et concerts venaient se ranger par enchantement sur les tables de l'antichambre. J'étais ravi de rentrer dans cette classe joyeuse de jeunes fous que j'avais délaissés depuis mon mariage : quant à Nizza, en préparant sa robe et ses guirlandes de bal, elle sautait de joie comme une jeune fille qui vient de remporter un premier prix à la distribution solennelle de sa pension.

Le soir même nous étions chez l'ambassadeur d'Autriche. Je me sentis heureux de pouvoir me lancer de nouveau au milieu de cette foule errante où se trouvaient confondus âges, rangs, jeunes et vieux, femmes et fleurs ; mes yeux se promenaient éblouis sur ces gracieux quadrilles, mon regard courait de visage en visage, ébloui par les feux des rivières et des colliers qui scintillaient au front des reines de cette magnifique fête, je m'abandonnais déjà à cet entrain de gaîté et de plaisir, déjà mon cœur battait au son des instruments, à la cadence langoureuse de la valse, lorsqu'en me retournant j'aperçus Nizza, que j'avais quittée à mon entrée au bal, et qui donnait sans façon sa main gantée à un cavalier fort bien tourné, sur mon âme !....

Je ne puis décrire ce qui se passa en moi, un accès furieux de jalousie se glissa dans mes veines, mes mains se crispèrent violemment et semblèrent chercher une arme pour punir le téméraire qui osait toucher à ce trésor de jeunesse et de beauté. Et pourtant cette femme, qui excitait ainsi ma fureur, cette femme, je ne l'aimais plus, ou du moins j'avais cru ne plus l'aimer, hélas! je l'aimais plus que jamais !....

Dès ce moment le bal n'eut plus de charme pour moi; je souffris comme un damné tant que durèrent les danses : ces visages tout à l'heure encore si frais, si riants, si joyeux, me semblaient des masques perfides et astucieux, cachant de livides figures et des traits difformes ; les fleurs si belles et si attrayantes avaient perdu à mes yeux leurs grâces et leurs attraits; j'attendis dans d'horribles transes la fin de cette soirée et j'emmenai vivement ma femme, qui me suivit, encore toute joyeuse des émotions et des plaisirs qu'elle venait de goûter.

A mon arrivée à l'hôtel, je la quittai brusquement et je fus me précipiter aux pieds de ma tante, cette vénérable et maligne confidente de mes chagrins.

— Te voilà, me dit-elle en riant, comme quand tu étais enfant, et que tu venais m'annoncer un pensum ou une privation de sortir du collège; voyons, parle, Léon; qu'as-tu ce soir? et pourquoi cet air sinistre et ce front soucieux?

— Ma bonne amie, lui dis-je en l'embrassant, je suis bien malade, allez !

— Mais encore faut-il savoir où est le siége de cette terrible maladie, me répondit-elle d'un ton demi-moqueur et demi-affectueux.

— Je n'ose pas le dire.

— Allons! pas d'enfantillage, tu vas finir par m'alarmer, réponds bien vite, bien vite...

— Eh bien! ne vous moquez pas de moi... je suis jaloux...

— Jaloux... et mais de qui donc?

— De Nizza, ma tante.

— Mais, tu l'aimes donc encore? petit sot !

— Oh! plus que jamais, et je sens que je ne puis vivre sans son amour?

— Allons, venez, monsieur l'inconstant, venez avec moi, suivez mes conseils, ne faites pas le désespéré, ne vous drapez pas dans votre douleur comme un tyran de mélodrame, et croyez-moi, votre cause n'est pas encore perdue.

Huit jours après, nous étions de nouveau au milieu des fêtes et du monde élégant, mais cette fois je m'étais chargé d'un rôle pénible et difficile à remplir; j'eus la force pourtant de suivre les conseils de ma sage protectrice jusqu'au bout ; je fus gai, enjoué, galant durant toute cette soirée; loin de danser avec ma femme, je m'éloignai d'elle, je m'attachai assidûment à une jeune marquise italienne d'une rare beauté et d'une extrême coquetterie ; j'étais tellement exaspéré que je poussai l'esprit de mon rôle plus loin que je ne l'aurais voulu ; car, après quelques contredanses, la belle Vénitienne me crut éperduement occupé d'elle. Oh! c'est que j'étais heureux, heureux du succès de notre ruse, c'est qu'à son tour Nizza avait suivi mes mouvements, c'est que ses beaux yeux avaient remarqué mon assiduité. J'étais au comble de la joie, j'avais touché le but que je m'étais proposé.... Nizza aussi était jalouse....

Oh! qu'il me fallut de force et de courage pour ne pas la presser sur mon cœur, lorsque je la vis de retour de ce bal, cacher furtivement les larmes qui glissaient indiscrètement à travers ses cils! qu'il me fallut de contrainte pour lui cacher la vérité!... mais mon amour-propre était en jeu, je voulais être certain de mon triomphe...

Le lendemain, nous étions tous trois, Nizza, ma tante et moi, réunis dans la salle à manger, tous trois pensifs, et sous l'influence d'une idée fixe.

Tout à coup Nizza, qui avait jusqu'alors su cacher ses impressions, éclata en sanglots et se jeta dans mes bras,...

— Qu'a-t-elle donc? demanda finement ma tante, rusée comme le sont toutes les vieilles femmes d'esprit.

— Oh! ne lui demandez pas, lui dis-je en couvrant de baisers le front de celle qui pleurait sur mon sein, ne le demandez pas, ma bonne amie, et pardonnez-nous, car nous avons été de grands enfants!...

— Tu savais donc que j'étais jalouse? demanda ingénument Nizza en soulevant son joli visage noyé par les larmes.

— Et n'étais-je pas jaloux moi-même, ma chérie, lui répondis-je, n'ai-je pas senti aussi cette cruelle passion! Va! tu m'as aussi cruellement puni d'avoir pu croire que je ne t'aimais plus.

— Oh! dit Nizza, dans l'expansion de son bonheur, retournons bien vite, mon ami, dans notre villa de la Touraine.

— Non, mes enfants, reprit gravement ma tante, ne retournez

pas encore à la villa, restez dans ce monde où vous appellent votre rang et votre fortune, ménagez ce tendre sentiment qui vous anime; abandonnés à vous-mêmes, l'ennui vous reviendrait bientôt, tandis que vous sentirez davantage le prix du bonheur de vivre ensemble, quand, pendant quelques heures, vous aurez été séparés l'un et l'autre par les exigences et l'étiquette de la société.

L'OMBRE ET LA RÉALITÉ.

Les Beautés physiques.

(Les Erreurs de la vue.)

L'OMBRE ET LA RÉALITE.

Le mécanicien Gomès à la Duchesse.

Vous me demandez, ma belle amie, pourquoi Ophélia, votre filleule, qui ne vous a pas revue depuis son baptême, est si éloignée de l'union qui doit la donner à Trilby, son cousin? Pourquoi elle s'obstine à le repousser, pourquoi j'ai autorisé ses assiduités en attendant qu'elle sorte du couvent? Je vous raconterai tout cela à votre arrivée.

Sachez seulement qu'Ophélia, la plus excellente fille qui se puisse trouver, a un défaut, défaut d'autant plus capital qu'il a perdu Ève, la mère du genre humain..... Elle est curieuse.

Oh! mais curieuse comme une soubrette de comédie italienne; elle cherche à saisir le mot qu'on murmure à voix basse, elle cherche à deviner la pensée qui étincelle dans les regards intelligents; si elle était directrice de la poste royale, elle violerait le secret des lettres.

Vous me direz, madame la duchesse, avec votre indulgence habituelle pour celle qui ne vous connaît que par vos bienfaits, que la curiosité, qui est un vice, peut être travestie en vertu, et devenir le désir de s'instruire. Je ne me fais pas à ce point illusion sur ma pupille; elle veut trop savoir, et j'ai le plus vif désir de la corriger de ce travers.

Arrivez vite, avec votre compagnon fidèle, votre beau cavalier brun, mentor précieux dont je vous ai garanti le dévouement, et qui pourra nous être utile pour le dénoûment que nous rêvons.

En attendant l'honneur de vous voir,

Je baise humblement vos mains,

GOMÈS,

Mécanicien, à Tolède (Espagne).

Ophélia à Trilby.

Cessez, monsieur, votre folle correspondance; vous finirez par m'afficher aux yeux de mes compagnes. Venir ainsi, le soir, sous les murs de mon couvent, grimper sur le talus, au risque de vous rompre le cou... — C'est fort mal, *savez-vous?* — Et puis cette idée de me jeter des bouquets... qui renferment des lettres — que je ne devrais jamais lire... Une dernière fois, on peut voir briller le manche de votre poignard aux lueurs de la lune; le chien de notre jardinier peut vous mordre et aboyer; ne revenez pas... ne revenez jamais.

OPHÉLIA.

A Ophélia.

Oh! ne gronde pas, mon bel ange aux cheveux d'or!—Pardonne! — c'est la dernière fois... — Le musulman qui s'éloigne de la Mecque jette une dernière prière au tombeau du prophète... le banni que la loi chasse jette un dernier regard sur sa patrie. N'es-tu pas mon prophète? ma patrie n'est-elle pas le lieu où tu respires, où l'on peut entendre le doux son de ta voix, où reluisent les étincelles d'azur de tes yeux charmants?

Ophélia, la rose qui contiendra ce billet sera la dernière que le pauvre Trilby jettera à tes pieds... Tu ne veux pas de son amitié, tu ne veux pas de ses lettres, écrites d'une main tremblante; — soit, — j'obéirai; — mais demain, quand la lune reviendra argenter l'horizon, quand le rossignol se taira devant l'ami fidèle, persévérant comme lui... si je ne puis te voir sur ce mur, à travers les orangers odorants qui le tapissent... si je ne puis voir ton ombre penchée sur la fenêtre, attentive et bienveillante divinité, si ce dernier bonheur m'est ravi, tu n'entendras jamais parler de moi...

Il y a à Tolède, dans un vieux coin de la rue de la Cathédrale, un homme qui se nomme Sparsatri, un duelliste dangereux qui a tué plus de dragons du roi que tu ne toucheras de cœurs, *bella alma mia* : demain, pour la première cause venue, pour le temps qu'il fait, pour la couleur de son pourpoint, pour le parfum de son chocolat, je le provoquerai à la lutte, au combat, nous croiserons le fer, et alors...

Alors, Ophélia, il ne tombera plus sous les fenêtres de ton jardin des roses dont les feuilles parfumées cachent ces petits papiers honnis; alors le manche de mon poignard ne brillera plus d'une lueur indiscrète dans les ténèbres de la nuit, et si le chien du jardinier aboie, ce sera le hurlement de malheur qui annoncera une âme qui part, un flambeau qui s'éteint..... car je ne viendrai plus sur le mur du couvent, Ophélia : je serai mort.

TRILBY.

Orphélia à Étolie.

Ma belle, douce, bonne et tendre sœur,

Juge de mon effroi, — de ma douleur : — Trilby, ce jeune poète qui m'envoyait des sonnets au couvent.... Trilby, ce gentil cousin qui soupirait si délicieusement des romances sous ma fenêtre, Trilby s'est allé faire tuer — par amour-propre, — comme un vilain qu'il est. — Oh! c'est mal... c'est très-mal.

Et dire pourtant qu'il demandait si peu pour son bonheur... — une violette morte dans mon bouquet, étouffée au milieu de ma guimpe..... — un geste amical dans l'ombre, un sourire clandestin... en attendant ma main. Et je n'ai rien accordé à ce beau suppliant.

Pourquoi? me diras-tu.

Je vais te répondre.

Ce n'est ni la peur de la supérieure, ni celle des punitions qui me retient... Non, Etolie, je n'ai pas le caractère craintif; j'ai au contraire, et notre vieux tuteur le sait, un esprit très-romanesque, une tête très-folle... J'aurais donc bravé les grilles du monastère, la mine grondeuse de notre père adoptif, et peut-être... qui sait? les reproches de ma propre conscience, ce véritable tuteur de la femme seule... si je n'avais eu au cœur une autre pensée...

Oh! une pensée que rien ne saurait détruire, que rien ne viendra détrôner.... une idée charmante de mystère et de mélancolie que rien ne dissipera... — Va, notre honoré tuteur a beau faire, il me présentera tant qu'il le voudra des hidalgos aux pourpoints brodés d'or, des militaires aux panaches de pourpre, des juges à la robe d'hermine et de velours... je refuserai tout... je ne veux que LUI... lui seul, entends-tu bien?

Son nom... je ne peux te le dire :

Je l'ignore.

Sa demeure, je n'ose pas te l'indiquer... permets-moi de garder ce secret... Qu'il te suffise de savoir, Etolie, que c'est l'être le plus bizarre, le plus entouré de mystères que l'imagination d'une femme puisse rêver..... Moi, la tête la plus espagnole de toute l'Espagne, j'en suis frappé de vertige!...

Je l'ai vu deux fois. Il était sans cesse immobile, il a l'air malheureux. Il suit une grande dame dont il doit être le parent et qui l'enferme sans cesse — jamais il ne sort.... je ne l'ai aperçu qu'à la fenêtre.

Adieu, ma sœur. As-tu toujours des fleurs de marguerites dans tes cheveux noirs? fais-tu toujours des résilles garnies de rubans?

— Coquette ! cela te va si bien que tous les cavaliers, en te voyant le soir, te prennent pour la déesse Flore, descendue sur la terre dans une pluie de fleurs...

Mille baisers. OPHÉLIA.

Trilby au mécanicien Gomès.

Maître, indique-moi un moyen rapide et sûr de mourir... car je ne puis en finir avec la vie.... et le suicide me semble une lâcheté... Je suis méprisé et foulé aux pieds comme les pierres du chemin.

Tu le sais, c'est avec ta permission que j'ai été derrière les murs du couvent d'*Annunziata* voir la gentille Ophélia, ta pupille. — Va, mon garçon, m'as-tu dit, va, au milieu de l'ombre et du mystère, surprendre ce cœur qui est bon et aimant, mais que tu n'auras qu'en flattant un cerveau brûlant, gâté par la lecture des romans de chevalerie et des ballades des trouvères. — Je t'ai obéi ; — J'ai appelé au secours de mon amitié pure toutes les séductions du langage, toutes les perles de la poésie, tous les rubis de l'imagination... J'ai chanté ayant sur ma tête pour dais les étoiles de Dieu brillant dans le ciel d'azur... ayant pour orchestre tous les rossignols des bois aux voix douces et mélodieuses ; j'ai passé des heures entières caché dans les épineux buissons pour surprendre un regard ; j'ai escaladé les murs les plus escarpés pour offrir la fleur nouvelle et en faire un symbole d'union !.... Hélas !... je n'ai rien obtenu... pas un sourire, pas une larme, pas un regret.

J'ai dit alors, mon maître, adieu à l'inhumaine, et je suis allé à Tolède m'attabler à l'auberge du Tauréador, y attendant Sparsatri, le terrible Sparsatri, l'effroi des beaux de la contrée. Ce soir-là, maître, j'eus encore du malheur : Sparsatri, d'ordinaire sombre et farouche comme s'il entendait gémir autour de lui les âmes de ses victimes... Sparsatri entra le sourire sur les lèvres, le bonheur au front... il donna à tous sa puissante main à serrer, et nous invita à boire le Xérès à la santé de Jacinthe, sa jument favorite.

Quand tous les verres furent pleins, Sparsatri, élevant le sien, dit d'une voix forte :

— A Jacinthe, la plus belle coureuse des courses.

Alors je me levai, pâle et tremblant comme un homme qui sent approcher sa dernière heure ; je saisis mon verre, et le brisai à terre en cent morceaux.

— Quiconque proclame Jacinthe la plus belle coureuse a menti, c'est une rosse sans jambes et sans poumons, que Don Quichotte lui-même aurait envoyé à la réforme.

Chacun des assistants s'écria :

— C'est Trilby le poète !... Comme il est blanc !...

Sparsatri se souleva pâle comme un mort... pourtant, en voyant ma faiblesse, il résolut de se contenir, et me dit :

— Qu'a donc ma Jacinthe pour te déplaire ?

— Elle a le cou gros, les jambes arquées, les flancs haletants, la robe graisseuse, la bouche dure et le pas irrégulier. C'est un cheval de rebut, une haridelle !

— Tu en as menti !

— Je te prouverai la vérité de ce que je dis l'épée à la main.

— Quand ?

— De suite.

— Où ?

— Au bois de Casa-Mayor.

— Partons.

Nous arrivâmes bientôt au lieu indiqué. Sparsatri prit l'une des épées, et, me regardant sans colère :

— Trilby, me dit-il, j'ai peine au cœur de tuer un bon et gentil poète comme toi. Que dira ton père, un vieux et brave seigneur, riche et généreux, aimant et aimé, quand il saura que j'ai frappé à mort son fils unique pour une question de haras ! Bah ! tiens, tout considéré, enfant, je ne me battrai pas.

— Tu ne te battras pas ! m'écriai-je.

— Non !

— Mais ta jument est laide.

— Soit.

— Elle est couronnée comme un cheval de fiacre.

— Bien dit.

— Ah! c'est trop! Sais-tu qui tu es toi-même? ajoutai-je.

— Moi! que suis-je?

— Tu es un lâche, car tu refuses de te battre...

Un éclair passa dans les yeux du brave..... il saisit son épée.

— En garde! s'écria-t-il.

— En garde! répondis-je.

Je m'élançai pour recevoir le coup qui devait me donner la mort; mais le spadassin, qui ne s'attendait pas à cette détermination, n'y était pas préparé, et se jetant sur moi... il s'enferra jusqu'à la garde et tomba inanimé.

On m'a fait mille ovations; on ne parle que de moi dans Tolède; mais je suis très-malheureux. La mort, la mort même, cette duègne dont les bras décharnés sont ouverts à tous, elle n'a pas voulu de moi, et je suis encore demeuré sur cette terre, un désespoir dans le cœur, un cadavre à mes pieds.

Que dois-je faire? De grâce, réponds-moi!

TRILBY.

Etolie à Ophélia.

Reviens, petite sœur; le temps est beau, l'air est chargé des [pa]rfums de l'œillet et de la rose; reviens vite dans mes bras, [l'h]eure des vacances a sonné; laisse là tes sœurs au grand chapelet [d'é]bène; nous t'attendons; [pars], la voiture et le muletier Pietro [at]tendent.

ÉTOLIE.

La sœur Diva à Ophélia.

Vous êtes partie, mon ange; vous avez quitté la maison des filles du Seigneur, et nous toutes, femmes simples et aimantes de cœur, nous croyons que vous avez emporté notre bonheur avec vous. — Qu'est devenue cette espiègle qui rompait en sautant le fil de son rosaire, qui chantait des boléros au milieu de nos hymnes pieuses, et qui ornait malgré nous nos fronts de couronnes de bleuets et de primevères? C'était fort mal, tout cela : danser, chanter des airs mondains, donner de la coquetterie à des nonnes!... Oui; mais la coupable était si bonne et si gracieuse que l'on regrette le temps de ses joyeuses folies.

Voilà ce que nous nous disons. — Du reste, tout est au même point que lorsque vous êtes partie. — La sœur tourière est toujours aussi exigeante, et la supérieure aussi douce que par le passé. — Aimez-nous, bel ange d'un autre ciel, au milieu des bals, des joies, des fêtes; songez à vos sœurs de l'Annonciation.

Sœur Diva.

Ophélia à la sœur Diva.

Que parlez-vous, ma douce amie, des joies du monde et des ennuis du cloître?... Est-ce une raillerie?—Le matin, il est vrai, vous allez à matines; mais c'est l'heure à laquelle toute femme s'éveille... l'heure où la fauvette salue la venue dorée de l'aurore, où l'abeille aux ailes nacrées s'échappe assouvie du sein vermeil des fleurs... Vous jetez sur vos admirables épaules la robe de bure... et après une méditation remplie de religieuse poésie, vous regagnez votre couche paisible. Là, vous ne dormez pas, souffrez que je vous le dise, car je sais vos secrets. Vous mêlez à l'eau transparente de la fontaine l'essence orientale qui la parfume, pour ensuite en adoucir votre brillante peau... Votre costume sévère, dont vous vous plaignez, fait ressortir encore l'éclat de son albâtre. Vos mains mignonnes, perdues dans ces grandes manches à la religieuse, semblent plus petites encore. Toute votre existence n'est qu'une continuelle sanctification de vous-même que les soucis d'autrui ne viennent pas troubler.

Mais moi, parvenue de nouveau au seuil de ce monde, moi, pauvre oiseau longtemps captif, et qui songe encore à sa cage!...

si tu savais combien ce cœur fou, cette tête folle auxquels tu fais la guerre, m'ont donné de douleurs!

Je suis arrivée chez mon tuteur comme une reine, entourée par les vassaux de mes domaines. — Ma sœur m'a sauté au cou et m'a présentée à son époux, car elle est mariée, la sensible Etolie. Pendant tout ce soir ce ne furent que chants, que baisers et que fêtes; mais la nuit vint.

La nuit... ma douleur, mon tourment recommencèrent.

Diva, ma bonne, ne t'ai-je pas parlé d'un rêve insensé dont je suis la proie, qui m'obsède le jour, qui vient s'asseoir à mon chevet la nuit? Ce rêve a reçu cette nuit-là un nouvel aliment; il s'est fortifié d'une nouvelle curiosité...

Jamais je n'ai dit à femme qui vive ce secret, le plus important de ma vie.

Mais tu es bonne et discrète, Diva, je veux tout te conter.

La chambre qui m'est réservée chez mon tuteur est un délicieux boudoir tendu de soieries roses, sur lesquelles on distingue des bergers jouant de la flute et de jeunes filles lavant leurs pieds aux ruisseaux d'un vallon... Vis-à-vis de mes fenêtres il y a deux fenêtres semblables; le jour elles sont toujours couvertes par d'épais rideaux de velours rouge, à travers lesquels nul ne peut voir... Mais, Diva, le soir, quand la douzième heure a sonné, ma fille, quand la lune comme une frileuse sortant du bal s'enveloppe dans son manteau de nuages... les rideaux se tirent, les fenêtres s'ouvrent, et l'œil peut plonger dans ce mystérieux logis.

C'est une femme tout habillée de noir qui tire les rideaux... une femme de quarante ans à peu près... Elle a dû être belle, mais son visage est sévère..... œil singulier..... comme elle me regarde... me connaît-elle? Mais là, au fond de la chambre, c'est *lui*, oui lui, l'objet de ma curiosité... toujours le même, toujours dans le même maintien!!...

Car tu le sauras, Diva, ma bonne sœur, c'est lui que je rêve; je l'ai vu il y a un an, dans cette même chambre, dans cette même attitude, l'apparence de la plus profonde méditation...

Cette femme noire tourne autour de lui; cela ne l'émeut pas, — Comment se nomme-t-il? — Qui est-il? — Pourquoi occupe-t-il un appartement dans notre château? — J'ai fait ces questions vingt fois... mon tuteur m'a sans cesse répondu :

— Que vous importe cet homme! vous voilà encore avec vos rêves romanesques; cessez de vouloir percer un mystère qu'il ne vous sied pas d'approfondir, — cessez surtout de vous réveiller la nuit pour regarder cet inconnu... ou je ferai mettre des verres sombres à vos fenêtres.

Cette menace m'a fermé la bouche, mais elle n'a fait qu'accroître ma curiosité... Quel est ce jeune homme... pourquoi habite-t-il toujours cette chambre! Pourquoi ne sort-il jamais?

Au revoir, Diva, ma belle, demain je t'écrirai encore, car j'ai besoin de t'écrire, une douleur partagée est moins lourde à supporter.

Ta toute chère,

Ophélia.

Le tuteur Gomès à Trilby.

Mon pauvre désolé, vous avez bien fait de tuer votre homme; mais gardez caché votre bonheur, partez par les champs, faites courir à Tolède le bruit de votre mort, cela vous rendra intéressant. — Ne m'écrivez pas, *on* reconnaît votre écriture, et vous le savez, les morts n'ont pas une réputation bien grande dans la calligraphie. — Ne vous inquiétez de rien; je vous écrirai quand il en sera temps.

Votre bien sincère,

Antonio Gomès.

Ophélia à Diva.

Ma sœur, j'en tremble encore. — Figure-toi ce qui m'arrive... Hier matin, on m'avertit qu'il y aurait un déjeuner *paré*. Je m'habillai de mon mieux... J'avais une robe de gaze rose à petits points d'argent, et des branches de verveine dans les cheveux : je faisais avec soin les honneurs du salon, quand on introduisit une dame invitée.

En la voyant, je poussai un cri!...

C'était la dame... sa dame à Lui!...

Elle était splendidement habillée; sa robe de velours, étincelante, de l'éclat du jais, faisait ressortir la magnificence de son corps et de ses bras; elle fut reçue par tous avec une grande déférence.

— Comment se nomme cette dame? dis-je à mon cavalier, qui était à ma gauche.

— Comment! vous ignorez son nom?

— Oui.

— Oh! chacun ici le sait : c'est une Française, c'est la *duchesse au mentor*.

— Est-elle mariée?

Mon interlocuteur ne me répondit pas, mais il sourit d'une façon étrange.

— Parlez donc, lui dis-je.

— Non, elle ne l'est pas, répliqua-t-il, elle est veuve.

— Mais elle a chez elle, avec elle, un jeune homme qui porte des habits de velours?

— Comment... mademoiselle... vous savez cela?

— Sans doute, un beau cavalier, qui a une taille de petite pensionnaire.

— Eh bien! c'est vrai; c'est son sigisbé, son porte-respect, son **mentor**.

— Est-ce possible! m'écriai-je; et est-ce avec son consentement?

— Je crois, ajouta mon interlocuteur, qu'il ne l'a jamais donné.

— Plus de doute, pensai-je, c'est une victime, une victime affreusement persécutée... Oh! je le sauverai!

Je prétextai un oubli d'une pièce d'orfèvrerie nécessaire à la symétrie du dessert, et je montai précipitamment dans ma chambre. O surprise! les rideaux rouges étaient ouverts!...

Le pauvre jeune homme était seul... la tête penchée dans ses mains... dans sa position favorite, la main sur son cœur...

J'allais peut-être lui parler... lui demander s'il souffrait... que sais-je quand la voix des convives me rappela.

La duchesse s'approcha de moi.

— Ma toute belle, me dit-elle, vous voilà revenue du couvent?

Cette femme me faisait peur... Je balbutiai quelques syllabes.

Elle se mêla alors à la conversation générale, parla des voyages qu'elle avait été obligée de faire.

— Heureusement, ajouta-t-elle, que j'ai pour me défendre Linder.

— Quel est ce Linder? demandai-je.

— Un parent! répondit mon tuteur.

— Un jeune homme qui me sert de maintien dans le monde, ajouta-t-elle sans le moindre embarras.

Mon tuteur lui fit alors signe de se taire.

— Et quand partez-vous pour la France? balbutiai-je.

— Hélas! demain.

— Avec Linder? il vous intéresse, à ce qu'il paraît.

— Avec Linder.

Je sentis à ces mots peser sur mon cœur un poids de cent livres. Il partait seul avec cette affreuse femme! et je restais seule avec mon incurable intérêt!

La nuit vint, chacun se retira, non sans remarquer sans doute ma profonde tristesse... Je me jetai tout habillée sur mon lit, mais je ne pus dormir, comme tu le penses; j'ouvris ma fenêtre..... L'orage grondait... des éclairs blancs sillonnaient le ciel... Vis-à-vis, chez la duchesse noire... j'aperçus alors un spectacle affreux...

Cette femme s'approcha de lui, de Linder... Elle le prit par l'épaule et appuya de toutes ses forces sur son bras droit... Alors Linder tomba à la renverse et ne bougea plus!

Il ne dit pas un mot, il ne proféra pas une plainte!

—Bien, mon bel ami, s'écria intelligiblement la duchesse; mais ce n'est pas de cela qu'il s'agit.

Et serrant alors son bras gauche, elle dut agir immédiatement sur cette organisation, car ses membres, tout à l'heure étendus, se resserrèrent sur son corps, ses jambes prirent la même attitude... il avait l'air d'un homme mort; il chancela...

Alors la dame impérieuse découvrit une grande boîte en bois d'ébène, elle en leva le couvercle, puis elle y plaça Linder...

O douleur! il était toujours immobile... La boîte se referma, la lumière s'éteignit, les rideaux rouges se tirèrent comme d'eux-mêmes, et je n'entendis plus que la grande voix des tempêtes que répétaient par cris sinistres les échos de la nuit.

Je tombai presque évanouie.

. . . .
. . . .

Quand je revins à moi, je me trouvai couchée dans mon lit, entourée de mon tuteur, d'Etolie, ma sœur, de mes femmes; au pied du lit un jeune homme priait.

Je reconnus Trilby, le fidèle poète qui chantait la nuit sous les fenêtres de mon couvent.

—Où suis-je! m'écriai-je en cherchant à rappeler mon souvenir.

Personne ne me répondit; seulement mon tuteur sourit, ma sœur m'embrassa, et Trilby, à genoux, la guitare à la main, chanta la romance favorite que mon tuteur aime tant.

A Ophélia.

Pourquoi chercher, pauvre Poète,
Pauvre rêveuse, âme inquiète,
  Dans un ciel noir,
Ce doux parfum de toutes choses,
Des âmes, des cœurs et des roses,
  Qu'on nomme espoir.

De nuages formant leurs voiles
Quand la lune et ses mille étoiles,
  Astres du soir,
Vont s'éteindre dans les ténèbres,
Pourquoi, sous leurs manteaux funèbres
  Chercher l'Espoir?

> L'Espoir, c'est le soleil qui brille,
> La rose en fleurs, la jeune fille,
> L'azur du ciel ;
> C'est d'un ami la douce étreinte :
> Oui, l'espoir, c'est l'amitié sainte
> Baume immortel.

Ces vers pleins de sentiment, cette morale dictée par la suave voix du chanteur me touchèrent.... Après ma longue insensibilité, après les tourments que je venais d'éprouver, Trilby m'apparaissait comme le symbole de l'amitié pure et mélancolique, plein de mysticité, plein de douceur et de charme ; mais l'image de Linder venait sans cesse se placer entre nous.

— Mon ami, dis-je à mon tuteur, cette Française, la duchesse étrangère.....

— Eh bien ?

— Elle est partie ?

— Non, elle part dans une heure.

— Qu'elle vienne, je veux lui parler !

— A elle-même ?

— Sans doute, et devant tous.

Puis élevant la voix.

— Mon tuteur, m'écriai-je, faites entrer tous les cavaliers qui déjeunaient hier ici ; toi, Etolie, jette-moi ce châle du Thibet sur les épaules ; que tous viennent, ce que j'ai à dire à cette femme doit être public.

Sans répliquer, on se conforma à mes désirs, et dès que je fus habillée, une foule d'invités et de subalternes se pressait autour de moi.

En ce moment la porte du fond s'ouvrit. Une femme entra.

C'était la duchesse.

— Madame, lui dis-je, qu'avez-vous fait de Linder ?

— Je l'emporte avec moi en France, n'en ai-je pas le droit ? n'est-ce pas à votre tuteur, ce brave mécanicien Gomès, que je dois 'honneur de sa connaissance ? et après les services qu'il me rend, ne serai-je point ingrate de m'en séparer ? Sans lui, en Espagne, en

Angleterre, en Italie, j'aurais été insultée ; une femme seule est si exposée.... Linder m'a servi de mentor, à sa vue tous les respects m'ont été acquis et j'ai traversé ainsi sans le moindre obstacle toute la surface de la terre, satisfaisant à la fois mon goût pour les voyages et mes appréhensions féminines.

— Cet homme, avez-vous à vous en plaindre ?

— Aucunement, il est sage, doux, réservé, silencieux, il me garde et me protège tous les soirs.

— Eh bien ! c'est cet homme que vous avez frappé cette nuit.

La duchesse fit entendre un rire sec et malin.

— Puis, ajoutai-je, quand il a été privé de vie, vous l'avez caché dans un coffre ; est-ce vrai ?

— C'est si vrai, dit la duchesse, que le coffre.... le voilà.

Deux valets le déposèrent à mes pieds.

— Tête folle ! imagination de fée ! s'écria mon tuteur ; ouvrez-le vous-même ce coffre ténébreux.

Je soulevai le couvercle !.... Linder, Linder lui-même, était couché dans ce nouveau cercueil....

Je touchai sa main, elle était froide comme le marbre.

— Oh ! toi dont le sort m'intéresse et me touche, m'écriai-je, est-ce ainsi que je devais te rencontrer ?

— Si vous n'avez pas d'autre passion au cœur, dit mon tuteur, elle sera bientôt guérie.

Et soulevant Linder, il pressa sa main sur son bras droit, comme je l'avais vu faire à la duchesse la nuit précédente.

Linder se leva alors, fit deux pas en avant, étendit ses bras vers moi comme il le faisait chaque fois que je l'avais épié !

— Vous voyez, dit mon tuteur à la duchesse, qu'il est obéissant ; mais il me semble que la régularité de sa pose est un peu dérangée.

— J'en ai pourtant eu bien soin, dit la voyageuse.

— Nous allons examiner ce qui manque, ajouta Gomès, je ne suis pas son père pour rien.

— Son père ! m'écriai-je.

— Oui, puisque je l'ai créé.

En disant ces mots, Gomès arrêta Linder, et lui tirant la main... il lui ôta un bras!...

Puis un autre bras!...

— Le vice n'est pas ici, dit-il, mais dans le grand ressort.

Et il lui enleva la tête!....

O Diva! ma belle, je n'eus point peur, je ne m'évanouis pas, je ne poussai pas des exclamations de terreur.... Je rougis seulement de honte et de dépit.

Linder, le beau Linder, cet ami si souvent immobile, qui ne savait que mettre la main sur son cœur!...

C'était un automate!!!...

— Me prendrez-vous encore pour madame Barbe-bleue, ma jolie filleule? me dit la duchesse.

Je me jetai confuse sur le sein de ma noble marraine.

— Ma belle enfant, ajouta-t-elle alors, cet automate, invention de M. Gomès, votre tuteur, a été fait pour moi, par mon ordre. Dans toutes les villes où j'ai passé je le faisais entrer avec moi, enfermé dans son étui, puis je le mettais devant ma croisée dès que j'étais seule. Cet innocent compagnon a toujours fait respecter celle au désir de laquelle il devait l'existence. — C'est à mon dernier voyage que vous l'avez vu pour la première fois. J'avais bien remarqué, quoique je n'eusse pas le plaisir de vous connaître, l'attention que vous lui portiez, j'aurais bien désiré vous tirer de votre erreur, mais votre tuteur n'a pas voulu.

— Non, reprit alors Gomès; j'ai désiré, par une salutaire leçon, réprimer les folies romanesques de ma pupille, afin qu'elle pût distinguer la différence qui existe entre l'amour pur et sincère et les erreurs de la première vue, les chimères de l'imagination.

Comme mon tuteur finissait, j'aperçus, au milieu de toutes ces figures souriantes, un visage d'enfant soucieux... C'était Trilby... Je lui tendis ma main, qu'il couvrit de baisers.

O ma bonne Diva! je suis la plus heureuse des femmes.

Ophélia.

Lettre de Trilby à maître Sparsatri, le duelliste.

Je suis heureux, mon brave, de la nouvelle que l'on me donne... Au moment où vos témoins et les miens vous ont cru mort, vous avez fait un mouvement.... une saignée vous a soulagé..... On sauvera vos jours ; que Dieu en soit loué ! Vous ne deviez pas périr, vous, lame à trois tranchants, par la main d'un écolier.

Comme votre convalescence sera longue et que les services de la Faculté ne sont pas gratuits, je vous prie de recevoir le petit cadeau que contient cette lettre : c'est une rente viagère de cinq cents ducats.

Ce n'est pas tout à fait un présent ; je craindrais, mon brave, de froisser votre fierté : c'est le prix de leçons futures. — Vous m'apprendrez les armes, afin que j'en sache assez pour.... ne plus tuer personne à l'avenir.

Tous mes compagnons de Séville vous ont raconté mes aventures et celles de l'automate... Aujourd'hui je suis heureux, j'épouserai bientôt la douce Ophélia.

Trilby.

N. B. J'oubliais de vous dire que, dans ma pensée, Jacynthe est la plus belle jument croisée de toute l'Andalousie.

Sparsatri le duelliste, à Trilby.

Monseigneur,

C'est avec joie que j'accepte votre présent. — Vous êtes un bon et brave gentilhomme, pas fier, qui avez été six mois avec le peuple sans vous croire déshonoré. — Je serai votre maître d'escrime, et quand il le faudra je me ferai tuer à votre service.

Vos aventures nous intéressent au fond du cœur ; l'automate surtout est impayable. — Quel rival vous aviez là, un rival qui se démonte, qui peut mettre sa tête dans sa poche à volonté ; c'est une redoutable concurrence.

L'ami qui vous remettra cette lettre, vous dira que ma blessure se ferme ; elle m'a fait faire des réflexions. N'est-ce pas surtout pour les maîtres d'armes qu'il est écrit dans l'Évangile : *Celui qui se sert de l'épée périra par l'épée ?*

CIRCULAIRE A TOUTES LES RELIGIEUSES DE L'ANNONCIATION.

La signora Ophélia de Valdès a l'honneur de vous faire part de son mariage avec il signor Trilby Palentio de Bos ; vous êtes priées d'assister à la bénédiction nuptiale qui leur sera donnée par Monseigneur l'archevêque de Tolède, dans le monastère ci-dessus désigné.

CHASTE COLOMBE.

LE LIVRE
Keepsake pour 1854.

Chaste Colombe

Les Beautés de l'esprit.

(Le Charme du savoir.)

CHASTE COLOMBE.

C'était par un beau soir d'été. Le soleil descendait l'horizon et se couchait dans la mer dont il teignait de pourpre les ondes mugissantes... Le colibri, au gai plumage, cherchait, dans les arbres épanouis, un lit à l'abri des vents orageux ; les lumières s'éteignaient ensemble dans toutes les demeures de Constantinople. On ne pouvait distinguer à cette heure que les clartés douteuses des astres naissants et les pâles rayons qui annonçaient dans l'azur du ciel l'arrivée de la reine des nuits.

Une seule lumière n'était point éteinte, c'était celle du sérail. Au milieu des jardins du sultan s'élevaient les murs de cet édifice, dont nul mortel ne connaissait l'intérieur. Si notre lectrice avait pu voir les femmes endormies qui se trouvaient dans la salle des grâces, elle eût dit que toutes les beautés de ce monde s'étaient réfugiées dans ce coin de l'Orient.

Treize dames, vêtues d'habits magnifiques, dormaient d'un sommeil profond, ou paraissaient dormir, leurs belles têtes brunes et blondes étaient ensevelies dans des coussins de satin blanc, ornés de dentelles d'or. Il y avait là une fille de la Georgie, une arménienne au doux regard, une blonde enfant de la campagne de Chypre, une grecque aux cheveux d'ébène, une espagnole aux yeux à feu, une nubienne, fine coquette aux énivrants parfums; une circassienne, modèle de grâce et de beauté, une anglaise, tendre bachelette aux gestes timides, à la peau blanche comme le lait... il y avait là... mais, que disons-nous, pourquoi ce détail?.... peut-on peindre tant de perfections.

Au moment où ce récit commence, le plus grand silence régnait dans la salle des grâces. Il fut interrompu par l'arrivée d'un sombre personnage, petit, bossu et borgne. Il portait à son côté un cimeterre nu et tranchant. Son turban était noir, sa veste était également de couleur lugubre. Il était chef des gardes du sérail et se nommait *Aragne*, en raison de ses yeux sans cesse ouverts.

Aragne s'avança avec précaution vers les jeunes sultanes, et regarda si personne ne s'était glissé auprès d'elles.

— Je ne sais, dit-il, après cette inspection faite, ce qui peut alarmer Noureddin, mon collègue, mais je ne vois rien ici que de fort ordinaire : toutes ces filles dorment d'un sommeil calme et paisible.

Au moment même, l'autre chef des gardes entra. Il était aussi aid qu'Aragne, quoique plus jeune, ses cheveux étaient roux; ses yeux étaient verts comme ceux d'un chat, et ses doigts semblaient armés de griffes. On l'appelait Noureddin.

— Salut! qu'Allah soit avec ton esprit; frère, dit Noureddin, n'as-tu rien découvert?

— Rien, fit Aragne, en rajustant son cimeterre. Tu as été mal informé en supposant que ces treize femmes se lèvent, qu'elles causent entre elles au feu scintillant des étoiles, et qu'elles se demandent compte de leur position sur cette terre.

— Eh bien! dit Noureddin, dorment-elles?

— Oui! paisiblement! du moins, tout est calme. Il faut exécuter les ordres du sultan.

— Quels sont-ils?

— Tu sais, continua Aragne, comment naquirent ces filles, elles sont enfants de notre puissant souverain et de treize épouses. Elles naquirent le même jour. L'oracle consulté sur leur destinée, déclara que pour qu'elles fussent heureuses, l'une d'elles devait mourir à son dix-neuvième anniversaire, afin de braver la terrible influence du chiffre 13.

— Eh bien! reprit brusquement Noureddin, c'est aujourd'hui! il faut donc tirer au sort pour savoir qu'elle est la victime. Allons, as-tu des dés? cette mauvaise action me répugne.

— En voici deux.

— Eh bien! jouons, et celui qui gagnera choisira celle qui doit être mise à mort.

Les dés furent jetés et Aragne amena le point le plus fort.

— La chance m'est favorable, dit-il ; eh bien! je choisirai pour victime Chaste Colombe, la blonde, celle qui soupire en ce moment au milieu de ses rêves.

Chaste Colombe, condamnée au supplice, dormait alors du sommeil de l'innocence. Elle était espiègle et enjouée comme la française, qui fut sa mère. Il fallait la voir, riche de ses dix-neuf printemps, vêtue à l'européenne, d'une jupe de soie blanche, d'un corsage lacé par des fils d'or, le maintien modeste, jouant avec les deux tresses immenses qui ruisselaient sur ses épaules. Un jour, elle avait jeté à Aragne, qui voulait la faire rentrer dans ses appartements, un bouquet de grenades à la face en l'appelant bossu.

Aragne dissimula sa rage. Il attendit avec impatience l'heure de se venger; elle venait de sonner.... il en profita.

Prenant la charmante Chaste Colombe endormie, dans ses bras musculeux, il lui lia les pieds et les mains avec des cordes qui blessaient ses membres délicats. La pauvre fille du sultan, offerte en holocauste pour le salut de ses sœurs, se réveilla par la douleur qu'elle ressentit. Elle frémit en se voyant seule avec Aragne, son plus implacable ennemi, car Noureddin avait fui, ne voulant pas être témoin du supplice de la gentille princesse. Aragne voyant qu'elle essayait de lui résister :

— Écoute, lui dit le vindicatif chef des gardes, et apprends le mystère de ta naissance. Le sultan Aboul-ad-Kadigi, qui règne en ce moment sur les croyants, demeura longtemps privé d'une fille. Ses épouses ne lui donnaient que des enfants mâles. Désolé de cet état de choses, il alla consulter un vieux derviche qui, depuis cent ans, vivait au haut d'une grande montagne; cet homme lui dit : Lumière des rayons du Très-Haut, étoile fille des étoiles du firmament, commandeur des croyants, tu veux avoir une fille dont la voix douce charme tes oreilles, dont la main douce caresse et parfume ta barbe, dont l'âme douce parle à ton âme?

— Je le veux! dit le sultan.

— Eh bien! reprit le derviche, prends treize femmes appartenant à treize pays divers, ayant treize noms différents, possédant treize genres de beauté auprès desquelles toutes les autres femmes paraîtront laides; épouse-les devant Mahomet, la main gauche étendue sur le Coran, et, avant que le soleil ait fait cinq cents fois son tour journalier, il te naîtra treize filles.

A ces mots le sultan ne se sentit pas de joie, ajouta Aragne, il jeta au derviche une bourse pleine de séquins, et s'apprêtait à repartir lorsque ce dernier lui lançant des regards pleins de colère, lui dit :

— Monarque présomptueux, que viens-tu de me donner? de l'or, pour payer le don de prophétie? Eh bien! je veux te punir de ta témérité! je t'ai promis treize filles, tu les auras; mais si tu veux conserver douze de ces enfants, il te faudra faire périr la treizième à sa dix-neuvième année.

— Grâce! grâce! s'écria le commandeur des croyants.

— Point de grâce! quand tes treize filles seront endormies, tu enverras deux soldats dans leurs chambres; ils joueront à qui sera le meurtrier : celui que le sort désignera aura droit de choisir sa victime et de la tuer ou faire tuer de la façon qui lui conviendra le mieux, pourvu que jusqu'à ce jour, le moyen de destruction ait été infaillible. Pars, va, rentre dans ton palais, et rappelle-toi qu'on offre à un derviche en prières des herbes sacrées de l'occident, des bois qui préservent de la fièvre et du tonnerre ; mais non de l'or, métal qui ne sert qu'à corrompre les hommes....

Le sultan votre père rentra chez lui ; il prit treize femmes, comme l'avait voulu le derviche, toutes différentes par le nom, le pays, la beauté, toutes treize du même âge ; et le jour où naquit la première fleur de la saison il eut d'elles treize filles, belles comme les houris du paradis que nos yeux éblouis croient voir parfois à travers les nuages, quand le soleil se couche et quand le ciel est pur.

Vous êtes l'enfant de l'une d'elles ; une française charmante, qui était devenue, par la grâce de son esprit, la sultane favorite.

— Depuis dix-neuf ans, madame, continua Aragne avec un affreux sourire, en parlant toujours à la pâle Chaste Colombe, toute la terre a retenti de la renommée de vous et de vos sœurs. Tout musulman tombe à genoux chaque fois qu'il voit à travers les orangers en floraison flotter un coin argenté de vos voiles, chaque musicien fait retentir son luth en chantant les louanges, de vos yeux qui font oublier le diamant aux éclairs de feu, et l'émeraude aux reflets verts ; de vos cheveux les uns noirs comme le crin des plus belles cavales de l'Arabie, les autres ressemblant aux fils brillans de la robe du prophète. Enfin, jusqu'à ce jour terrible qui vient de luire, pour vous la vie a été rose, l'air embaumé, le ciel riant, l'avenir joyeux, le cœur tranquille.

Aujourd'hui qu'il faut satisfaire le derviche pour sauver vos sœurs, apprêtez-vous, Chaste Colombe, à la mort.

Nicola se jeta aux genoux d'Aragne ; elle embrassa le fourreau de son poignard déjà levé sur elle ; elle le saisit par le bras et demanda la vie avec instances.

— Aragne, lui dit-elle, ne versez point encore mon sang pour obéir à une prophétie barbare. Voyez, regardez-moi ; je suis jeune ! je n'ai jamais vu ce que l'on nomme le monde, ce qui bourdonne au-delà des murs. Je ne connais que les jardins du sérail, où j'ai vu dix-neuf fois croître et mourir les marguerites aux feuilles blanches. Donnez-moi encore quelques mois, quelques jours de vie, je me livrerai ensuite au destin qui m'a condamnée.

Aragne secoua la tête en signe de refus, et, levant son cimeterre, il dit à Chaste Colombe de le suivre hors de la chambre de ses sœurs.

L'infortunée fille du sultan obéit en silence ; ils arrivèrent tous deux sur une plate-forme éloignée de toute habitation. Là, Chaste Colombe se mit à genoux... elle releva ses blonds cheveux, afin qu'ils n'empêchassent pas la lame de couper les veines de son cou ; elle rangea pudiquement ses vêtements sur ses épaules afin de rester, même après sa mort, dans un costume aussi sévère que ses mœurs, puis, après avoir baisé trois fois la terre en signe d'humilité et fait une courte prière, elle tendit son cou, blanc comme celui d'un cygne, au glaive étincelant de son bourreau.

Aragne aiguisa son cimeterre sur une pierre du mur ; puis après s'être assuré qu'il coupait en faisant voler en deux la tige d'une plante qui croissait sur la plate-forme, il leva le bras, fit trois fois le moulinet pour exercer son poignet et abattre la tête de sa victime.

Pendant qu'elle promène ses regards sur les objets qui l'entourent, attendant le coup fatal, retournons au gai dortoir où dorment ses douze sœurs le sourire sur les lèvres, la joie au cœur.

Toutes les douze s'éveillèrent en sursaut aux cris plaintifs que la malheureuse Colombe avait proférés pendant qu'on l'arrachait à ce paisible séjour ; dès qu'elles virent ce qui s'était passé, ces pauvres enfants cherchèrent à découvrir, par tous les moyens possibles, le lieu où leur sœur avait été enfermée ; comme on le pense les ordres du sultan avaient été précis, on ne répondit point à leurs questions.

Alors Amynthe la Georgienne, belle ange aux yeux de jais, dit à ses sœurs :

— Voici un filet qui me fut donné par la princesse georgienne, ma mère. Mon enfant, m'a-t-elle dit, si jamais tu désires quelque éclaircissement dans ta vie, tu n'auras qu'à jeter ce filet à l'eau et tes craintes se dissiperont..... Essayons ce moyen de savoir où se trouve notre sœur, peut-être mettra-t-il un terme à nos chagrins.

Aussitôt les douze sœurs cherchèrent une fenêtre qui donnait sur l'eau, et elles y jetèrent le filet.

Pendant longtemps elles sentirent que le filet était demeuré vide; aucun poisson n'était venu s'y prendre; elles craignirent que ce moyen ne fut infructueux; tout-à-coup un poids sensible se fit sentir, elles eurent toutes les peines du monde de tirer à elles le filet. Enfin il fut mis sur le sol de l'appartement où elles se trouvaient, et elles en tirèrent un coffre d'ébène.

On brisa la serrure de ce coffre : il contenait une bouteille de forme bizarre, sur laquelle étaient écrits ces mots : *Liqueur d'imagination.*

— Que ferons-nous de ceci? s'écrièrent les jeunes sultanes.

— Attendez, répondit Amynthe.

Et débouchant le flacon, elle but à longs traits le liquide inconnu.

Dès qu'elle eut achevé le contenu de la bouteille, Amynthe devint gaie, son teint s'anima, sa mémoire s'agrandit.

— Amies! dit-elle, dans nos recherches nous avons oublié la plate-forme.

— C'est vrai, répondirent ses sœurs.

— Courons au plus vite, et tâchons, si cela est possible, de sauver notre sœur bien-aimée.

. . . .

Dix minutes après, les sultanes gravirent la plate-forme au moment où le cimeterre de l'inflexible Aragne était levé.

Quand les douze sœurs entrèrent, en tirant la porte qui ne s'ouvrait qu'au dehors, elles virent la pâle Chaste Colombe étendue aux pieds du cruel. Ses pieds et ses mains avaient conservé les liens dont il les avait garottés. Celui-ci après avoir repassé la lame de son sabre, l'avait levé sur sa victime.

— Ah! dit-elle en voyant ses douze sœurs, vous venez à moi; c'est bien. J'ai grand peur, je ne vois déjà plus personne; maintenant, ma vue est affaiblie par l'effroi.

— O Allah! ô Mahomet! dirent les jeunes filles, que faire!

— Princesses! s'écria le meurtrier, qui vous a donné l'envie de venir en aide à cette fille! Retirez-vous ou je vais vous rendre comme elle... mortes! mortes!.....

Les sœurs de Chaste Colombe auraient bien essayé de terrasser le farouche soldat, mais il était d'une force athlétique que sa fureur doublait encore. Elles tentèrent un autre moyen.

Amynthe la Géorgienne s'adressant à Aragne :

— Chien de mécréant! lui dit-elle, valet de mort! oses-tu insulter ton souverain dans les filles bien-aimées, dans la joie de ses vieux ans! Ton pouvoir ne s'étend pas au-delà de Chaste Colombe que ta haine a choisie; si tu ne consens à ce que nous demandons, demain, insolent esclave, nous te dénonçons, comme coupable d'irrévérence envers nous, au sultan notre père.

Aragne s'arrêta indécis à cette menace. Il y avait là douze témoins de son impudence. On lui avait ordonné de tuer, mais non pas d'insulter sa victime. Il résolut de faire une transaction.

— Que demandez-vous? dit-il enfin.

— Nous voulons donner un peu de force à la malheureuse.

— En quoi faisant?

— En lui administrant un cordial qui la soutienne dans cette terrible épreuve.

— Faites! mais hâtez-vous.

Alors Amynthe, approchant le flacon d'eau d'imagination des lèvres de la pauvre persécutée, lui fit boire un grand coup.

Chaste Colombe, après avoir bu, se sentit forte, gaie, enjouée.

— Je veux parler, dit-elle.

— Que voulez-vous dire?

— Un conte!

— Un conte! exclama le farouche Aragne tout surpris.

— Accordez-lui, firent les douze sœurs, cette faveur dernière.

— Quel caprice, dit le soldat, à cette heure suprême?

— Je veux, lui dit Chaste Colombe, vous raconter une histoire pour charmer ce qui nous reste de cette dernière nuit.

— Une histoire, répéta Aragne!

— Oui, et elle ne laisse pas que d'être assez bizarre; si vous voulez me permettre de vous la narrer, vous verrez qu'elle vaut la peine d'être citée.

Le farouche esclave regarda Chaste Colombe avec un sourire de profond mépris et lui dit :

— Crois-tu, fille de la terre, pauvre feu follet, que je sois homme à prêter l'oreille à tes contes, fades et sottes narrations bonnes à endormir les vieillards? Non, je suis de bronze, vois-tu, et en entrant dans ce séjour, j'ai laissé au dehors toutes les sensations du monde, tous les plaisirs humains.

Et il retourna son grand sabre, et en montra la lame au bout de son grand bras nu et desséché.

— Faites ce que vous voudrez dans une heure, dit Chaste Colombe, qui s'était relevée ; mais permettez seulement à votre servante de dire à ses compagnes le conte qu'elle a sur le bord des lèvres.

Aragne qui ne voulait pas fâcher les douze sœurs, répondit :

—A ton aise, belle fille des jardins du palais ; je ne suis même pas fâché que tu amuses tes compagnes jusqu'au bout. Les jolis récits n'empêchent point une pointe de percer, ni une veine de saigner longuement ; sois donc éloquente dans ton récit, mon beau perroquet aux yeux bleus, jusqu'au moment de ta mort.

Chaste Colombe, commença en ces termes :

— Il y avait autrefois une jeune fille nommée Deryabar.

— Deryabar, répétèrent les douze sœurs attentives.

— Oui, reprit Chaste Colombe, c'était son nom ; elle était née à Bagdad, de parents pauvres, mais considérés. Elle était la cadette de trois sœurs, mais elle était aussi la plus jolie. Un soir la sœur aînée de Deryabar, lui montra dans la rue, un inconnu qui regardait la maison avec une grande attention. Cet homme était de haute taille, sa barbe était fort belle et son air doux. Il fit le tour des murs sans savoir que les deux jeunes filles le regardaient par un coin de la fenêtre ; il considéra leur hauteur, leur épaisseur, puis après un long examen, il fit une longue croix blanche sur la porte.

Ici la narratrice s'interrompit pour voir ce que faisait le soldat. Il avait oublié ses projets homicides et écoutait avec avidité.

— Continuez, dit-il.

La pauvre Deryabar et ses deux sœurs furent, comme vous devez le penser, fort intriguées de ce qui venait de se passer. Elles résolurent d'en instruire leur père; elles le trouvèrent à travailler de son état de cordier, il avait les larmes sur les joues.

— Mes enfants, leur dit ce pauvre homme, le commerce va mal, je suis ruiné, les vaisseaux ne me prennent plus de cordages, mes mains ne font plus que de l'inutile besogne, et je dois tout le chanvre que j'ai acheté au Caire, sans pouvoir donner la vingtième partie d'un sequin à mes fournisseurs; je suis un homme désespéré, il ne me reste plus qu'à m'étrangler avec mon turban.

Quand le cordier eut fini, sa fille aînée lui dit :

— O mon père, vous qui êtes mon Seigneur et maître, vous que je respecte le plus après Dieu et son prophète, vous que j'aime mieux que la rose de mai et les tissus dorés de cachemire, écoutez votre enfant, qui ne veut que votre bonheur et votre tranquilité, sachez que tout à l'heure, à la tombée de la nuit, un homme est venu; il a marqué notre maison d'une croix à la craie, et il a manifesté le désir de revenir.

— Est-ce du malheur qu'il nous apporte? dit la cadette.

Le cordier répondit :

— Dans notre fatale situation, il ne saurait rien arriver qui nous rendit plus malheureux que nous ne le sommes, or donc, mes filles, couchez-vous, je ferai bonne garde cette nuit, et m'occuperai seul de recevoir ce mystérieux étranger.

Les trois sœurs après avoir baisé le pan de la robe paternelle, se retirèrent, mais Deryabar ne se coucha pas. Elle demeura attentive à la fenêtre de la chambre qui donnait sur la rue, ayant soin de se tenir sans cesse abritée sous son voile de satin rouge.

A minuit, elle vit tout à coup arriver l'étranger. Il chercha la croix que sa main avait tracée, et frappa à la porte.

Le cordier lui ouvrit et lui dit :

— Allah! le prophète soit avec les vôtres.

L'inconnu entra et suivit le cordier dans son atelier.

— Que voulez-vous de votre serviteur? dit le cordier. Voulez-vous des cables assez forts pour descendre une montagne, je vous en fournirai; voulez-vous des lacets assez fins pour tromper l'œil de l'animal le plus rusé, vous serez servi à loisir, parlez seigneur, et je jure sur le Coran, ce saint livre des croyants fervents et soumis, que je ne vous demanderai pas une pièce d'argent de trop.

L'inconnu regarda le cordier quelques instants sans lui répondre; puis il ouvrit son manteau pour avoir plus de liberté dans les gestes.

Le cordier poussa alors un cri d'admiration. La veste de l'étranger avait des boutons en diamants, d'une seule pierre et d'une grosseur énorme. L'étoffe était d'or lissé, relevée par des nœuds de rubans, auxquels un habile ouvrier avait attaché des grappes de topazes d'un éclat admirable. Son turban, d'une toile aussi fine que celle de l'araignée, était blanc, à grandes raies d'argent, et se fermait par un rubis d'une incommensurable grosseur. Son poignard était orné de ciselures magnifiques, et enfin le reste de son accoutrement, ne déparait pas les vêtements splendides que je viens de décrire.

Après que le cordier eut habitué ses yeux à soutenir l'éclat de tant de pierreries, il attendit que l'étranger lui parlât. Celui-ci s'exprima en ces termes :

— Cordier, dit-il, tu es pauvre, ce n'est pas ta faute. Les enfants de la terre ne peuvent pas tous dormir sur des duvets parfumés, au son des instruments et des voix harmonieuses; ils ne peuvent pas tous avoir cent esclaves à genoux pour chasser avec des éventails de plumes de colibri, les abeilles qui viennent se poser sur leurs couronnes de fleurs; ils n'ont pas tous des compagnes dont les yeux sont de radieux miroirs où scintille la lumière; il faut donc se contenter de son destin.

— Seigneur, dit le cordier, à votre brillant costume, je vois que le prophète vous a pris sous sa garde, et je l'en bénirai; mais moi, j'ai été violemment maltraité par le sort. Il y a un mois entier que nous vivons simplement d'eau claire et d'amendes sèches; aussi, regardez, j'ai déchiré ma robe en signe de deuil.

A ces dernières paroles, les yeux de l'étranger brillèrent d'une joie bien visible et qui n'échappa pas au cordier.

— Puisque tu es si malheureux, dit-il au cordier, pourquoi ne meurs-tu pas ?

Le cordier resta silencieux un moment, puis il dit :

— Qui prendra soin de mes trois filles ?

— Moi !

— Vous, seigneur.

— Ecoutez, si vous voulez consentir à mourir à la dernière heure de cette nuit, vos enfants vivront heureuses et estimées.

— Vous le jurez ?

— Je le jure sur le tombeau de Mahomet.

— De quelle mort périrai-je ?

— Vous serez pendu !

— Avec une corde ? ajouta le bonhomme piteusement.

— C'est le trépas le plus prompt.

— Il est fâcheux de périr par sa propre marchandise. Ah bah ! au fait, je vais la fabriquer moi-même d'ici à l'heure de mon trépas, cette corde fatale. Les aspérités du chanvre tissé seront moins rudes au pauvre cou du fils de ma mère.

L'inconnu se leva alors, s'enveloppa de nouveau de son grand manteau, puis il dit :

— A la dernière heure de la nuit actuelle, dès que la dernière prière aura été dite par le dernier croyant éveillé, deux muets viendront te chercher, les suivras-tu ?

— Je les suivrai, dit avec force le cordier.

Et il s'inclina; quand il releva sa tête pensive, l'étranger avait disparu.

—Pendant que cette conversation avait lieu, dit Chaste Colombe qui contait toujours, tandis que ses douze sœurs et le farouche Aragne, écoutant d'une oreille attentive, ne laissaient pas échapper une seule des paroles qu'elle articulait, Deryabar avait tout vu, tout entendu, et dès que l'étranger fut parti, elle alla précipitamment se coucher sans avertir les sœurs assoupies.

A peine fut-elle étendue sur son lit de feuilles sèches, qu'elle entendit des pas. La porte s'ouvrit ; elle fit alors semblant de dormir et de fermer les yeux en retenant son haleine, elle vit entrer son père.

Le pauvre cordier la regarda longtemps avec délices ; de grandes larmes tombaient sur ses joues amaigries par le chagrin et la misère.

Il se mit la face contre terre au pied de la couche de Deryabar, sa fille préférée, et dit :

— O essence des essences, Divinité créatrice de toutes choses ! voilà celle qui fut l'orgueil de ma vie ; voilà ma perle fine, mon étoile du matin, le blanc lys de mon jardin. Avec moi, cette fleur chérie périrait : O siége de toute croyance, permets que j'arrose de mon sang sa tige si délicate, afin qu'elle puisse fleurir aux rayons du soleil et doter la terre de ses parfums.

Après avoir prononcé ces mots, le cordier sanglotta comme un enfant, et embrassa le front blanc et rose de Deryabar. Nul doute, si elle eût été endormie pour tout de bon, que ces sanglots ne l'eussent réveillée ; mais, comme elle feignait un profond assoupissement, elle n'eut garde de remuer, afin de laisser son père dans son erreur.

Une fois qu'il eut payé son tribut à la douleur, le cordier essuya ses yeux avec un pan de sa robe, et descendit dans son atelier.

Alors la gentille Deryabar se leva dans une terrible angoisse. Elle chercha partout les moyens à employer pour empêcher son père de suivre la route fatale que l'inconnu était venu lui indiquer. Tout à coup, elle se souvint d'un pouvoir qui lui était connu, pouvoir qu'ignoraient ses deux sœurs.

Sa mère, avant de mourir, l'avait appelée et lui avait donné une boîte de poudre, qui avait la vertu de plonger les personnes qui en étaient atteintes, dans un état entièrement semblable à la mort. Elle songea que le seul moyen de sauver son père, consistait à faire croire à son décès, ce qui surtout aurait l'avantage de l'empêcher de suivre sa propre volonté.

Deryabar prit donc la boîte à poudre avec précaution pour n'en être pas atteinte elle-même ; elle la tenait toujours enfermée dans un sac de peau de serpent qu'elle portait sous ses vêtements. Armée de ce talisman, elle en jeta par un trou du plancher quelques grains sur la tête de son père.

Celui-ci poussa alors de grands soupirs et tomba à terre à la renverse ; sa figure devint livide ; il ne donna aucun signe de vie.

Déryabar prit alors un flambeau, et se hâta d'aller dire à sa sœur aînée, que seule elle éveilla, ce qu'elle devait faire.

— Sœur, dit-elle, promets-moi sur ce tout ce que tu as de plus sacré au monde, d'accomplir demain, au point du jour, ce que je te dirai ?

— Pourquoi cette fantaisie ? lui dit l'aînée en se frottant les yeux.
— Que t'importe ! me refuserais-tu ?
— Non ! tu es notre guide. Je jure d'obéir.
— Eh bien ! promets-moi de laver, à la pointe du jour, avec du jus de champignons vénéneux de notre jardin, le front et les tempes de la personne qui se trouvera dans les ateliers.

— Je le jure, sœur, répliqua l'aînée, mais en vérité tu es folle !

Satisfaite, Déryabar se hâta de remonter chez elle ; le jus de champignons était le remède pour faire revenir de suite à la vie tout individu touché par la poudre. Déryabar alla chercher une vieille robe et un turban, que son père ne portait plus, elle s'en revêtit ; et quand les agents de l'inconnu frappèrent, elle ouvrit.

Elle vit deux nègres muets, qui lui firent signe de les suivre, la prenant pour le cordier. Elle croisa les bras sur sa poitrine, prête à obéir.

Alors ils déposèrent dix sacs remplis d'or sur la table et se saisirent ensuite de la jeune fille qui cachait son visage dans les plis de sa robe.

Elle marcha longtemps à leur suite. Enfin, ils arrivèrent tous trois, dans un lieu désolé et désert, où l'on ne voyait, ni le ciel, ni

la terre, ni les hommes, un immense poteau était élevé dans cet endroit, les nègres firent monter Déryabar sur une planche, et lui passèrent la corde au cou. . . . .
. . . .

Cependant la fille aînée se levant de bonne heure allait chercher les champignons pour plaire à sa sœur, capricieuse, selon elle, dans ses volontés ; quand elle trouva, affreux spectacle, son père inanimé, étendu sur le sol ! ! !

A ses cris, chacun accourut. Le voisinage parla longtemps des sacs d'or trouvés à ses côtés, de sa mort subite, de la disparition de sa cadette, les uns crurent qu'il avait eu quelque commerce avec les génies malfaisants qui voltigent la nuit dans les airs lorsque le brouillard tombe ; d'autres, se contentèrent de faire des vœux pour les deux jeunes filles qui survivaient. . . . .
. . . . , . .
. . . .

Quant à Déryabar, lorsqu'elle fut sur la planche et que la corde fut fixée à son cou, un des nègres lui couvrit les yeux en proférant un grognement sourd, et alors..... elle sentit..... l'autre nègre enlever la planche qui soutenait ses pieds . . . .

— Alors la gentille fille du cordier !...
. . . .
. . . .

— Mais, dit Chaste Colombe, s'arrêtant à cet endroit du récit, voici le jour, et je ne conte que la nuit.

— Par ma barbe et mon cimiterre, s'écria le sombre Aragne, je veux savoir la fin de cette narration ; cette fille du cordier, que devint-elle ? Et sa sœur qui doit employer ce jus de champignons vénéneux ? et l'inconnu, quel sera son dessein ? je veux le connaître !

— Que votre miséricorde épargne encore jusqu'à la fin de la nuit prochaine ma triste vie, dit la conteuse, et je finirai mon récit.

Aragne ne répondit pas. Il enferma Chaste Colombe dans une orangerie voisine de la plate-forme, l'exhorta au silence, lui donna quelques figues pour la journée, puis recommanda aux douze princesses un silence absolu.

Quand la nuit suivante fut arrivée, le soldat qui brûlait de savoir la fin du conte, dont on l'avait forcé à écouter le commencement, demanda à Chaste Colombe la suite des aventures de la fille du cordier. Nul doute que si la pauvre narratrice n'eut eu que les vivres de la veille, elle serait indubitablement morte de faim. Déjà, vers le coucher du soleil, elle se sentit une grande défaillance d'estomac; mais Amynthe, qui était destinée à être sa providence dans son malheur, lui versa sur les lèvres une seule goutte d'élixir d'imagination. Cette larme du breuvage merveilleux, rendit à la malade sa gaîté et ses forces, comme si elle eut fait un splendide repas. Cet incident révéla à Amynthe une propriété de la liqueur d'imagination, qui lui était jusqu'alors inconnue; celle de permettre à un mortel, un long jeûne, sans que ce jeûne put altérer ses facultés physiques et intellectuelles.

Dès qu'Amynthe eut entendu la demande de son sombre gardien elle lui répondit que sa sœur était prête, et demanda une faveur.

— Parle, enfant maudit! jeune vierge des jardins terrestres, parle, et, si je le puis, j'exaucerai ton vœu.

— Ma sœur chérie, Chaste Colombe, que vous garrottâtes hier pour la tuer, est demeurée dans le même état depuis l'heure où elle vous fut amenée; laissez-la libre, brisez ses liens...

Le sombre garde fronça le sourcil en signe de mécontentement, puis il sembla chercher des yeux son sabre... Après quelques instants d'hésitation, il répondit :

— Écoute, fille aux contes couleurs de rose et d'ébène, bouche d'or où brillent trente-deux perles à rendre la mer jalouse; écoute bien! Si la suite de ton récit répond à ma curiosité, je te délivrerai momentanément de ces liens, bien que tu m'aies souffleté avec un bouquet de grenades; mais si ce que tu as encore à me raconter ne distrait pas mon esprit en touchant mon cœur, je te mettrai à mort, enfant que l'on destine à la vie éternelle.

En prononçant ces paroles d'un ton brusque et décidé, Aragne s'étendit tout de son long sur le banc de pierre qui bordait la plate-forme. Chaste Colombe commença en ces termes :

— Quoique la pauvre Déryabar eut bien recommandé à sa sœur de frotter les tempes de son père avec du jus de champignons vénéneux, celle-ci, troublée par la mort subite de cet ami unique qu'elle possédait sur la terre, oublia entièrement sa promesse. La vive douleur qu'elle ressentit lui causa une telle commotion que, pendant plusieurs jours, elle perdit complètement l'usage de la raison.

On fit placer le corps, d'après les usages du pays, sur un lit de repos, et, pour obéir aux volontés souvent exprimées par le défunt; on l'ensevelit à la manière de l'Occident, dans un vieux manteau qui devait se trouver au fond de sa cave.

Ce furent ses voisins qui descendirent dans cette cave pour prendre le vieux manteau. Ils le trouvèrent à terre, traînant comme une guenille inutile, ils s'en emparèrent, et se hâtèrent d'en couvrir le corps du cordier; puis, en signe d'amitié, et afin de prouver combien ils avaient d'estime pour son caractère, ils brûlèrent autour de son corps, de l'aloès et des bois parfumés.

Quand le temps de porter le mort en terre fut venu, on le mena au cimetière, et, après avoir creusé une fosse assez grande pour coucher le corps dans toute sa longueur, on l'y déposa en disant les versets du Coran, intitulés : LES ANGES QUI REÇOIVENT LES AMES; puis on le couvrit de terre, et tout fut dit.

. . . .

Cependant la sœur de Déryabar étant un peu plus calme, sentit le souvenir revenir dans sa tête. Elle songea quelque temps après l'enterrement du cordier, son père, à la recommandation de sa sœur. Aussitôt elle accosta tout le monde, en disant :

— Menez-moi vers ce pauvre homme qui n'est plus, que je le frotte avec le jus de mes champignons vénéneux.

Chacun la crut aliénée et se détourna avec pitié.

Quand la pauvre fille vit qu'elle ne pouvait pas appliquer aux tempes de son père, le jus des champignons qui devait le faire renaître à la vie, elle se livra à un sombre désespoir, elle parcourut longtemps les places de la ville, arrêtant les étrangers.

— Ma sœur, criait-elle, m'a recommandé de frotter ses tempes pour qu'il put ressusciter! Eh bien! je suis une vile créature, indigne de ramasser la boue des chemins, indigne de voir le soleil, de revêtir la robe de l'innocence. J'ai tué mon père! j'ai tué mon père bien-aimé!

Il y avait déjà quelque temps qu'elle faisait ainsi retentir les airs de ses cris; lorsqu'un soir, sur le pont de Bagdad, comme elle se livrait à ses douleurs habituelles, s'arrêta un étranger. D'ordinaire, on écoutait pendant quelques moments la pauvre folle, puis on passait son chemin; mais cette fois, l'étranger l'écouta tout du long. Il sembla prendre beaucoup de plaisir à l'entendre, puis quand elle eut fini, il lui dit :

— Belle fille, au lieu de pleurer et de gémir ainsi, pourquoi ne pas prendre cette nuit une torche, afin d'aller au cimetière avec ton jus de champignons. La tombe de ton père est de date récente, elle n'aura pas encore été livrée à la destruction par les génies de la mort; tu pourras appliquer ton remède, et, qui sait si ton père, revenu à la force de l'existence, ne reviendra pas avec toi sain et sauf au logis.

A ces paroles, la sœur de Déryabar ne se sentit pas de joie; elle saisit l'étranger par la robe, avec laquelle il cherchait à se couvrir le visage, et la secousse qu'elle lui donna en ayant dérangé les plis, elle reconnut l'étranger mystérieux qui était venu visiter son père la nuit même de sa mort.

Comme la sœur de Déryabar, la pauvre fille n'avait point été témoin de l'offre faite par l'inconnu d'une grosse somme d'or pour prix d'une mort subite; elle n'avait point, comme Déryabar, écouté aux portes. Elle se souvint seulement que l'étranger avait rôdé autour des murs le soir, et que durant cette même nuit son père avait péri.

Aussi, au lieu de remercier l'étranger de son avis, comme elle en avait d'abord l'intention, la jeune fille lui dit:

— Va, serpent de la mer, fiel affreux, enfant des noires puissances du chaos, chien lâche et malade, va, sois maudit!... Je te reconnais, tu as tué mon père.

Elle eût continué longtemps ce long chapelet d'injures, mais l'étranger avait disparu.

La prétendue folle rentra chez elle; dès qu'elle fut seule, elle se mit à réfléchir à la proposition de l'étranger. Plus elle y pensait, plus elle était obligée de convenir que son moyen était bon. Décidée à tout tenter pour rendre la vie à son malheureux père, elle s'informa avec détail du lieu de sa sépulture, et, le soir, armée d'une bêche et d'une torche, elle se glissa dans le champ de repos.

En avançant dans ce champ des morts, elle ne put s'empêcher d'éprouver un effroi involontaire. Elle avait d'abord traversé de long en large le cimetière des juifs et des chrétiens; ce passage était celui dans lequel on était le moins exposé à rencontrer les gens du cadi. Cette promenade au milieu des trépassés avait glacé son cœur d'effroi; elle écoutait en tremblant le bruit des saules qui pleuraient au milieu des vents et les cris des oiseaux des nuits, qui chantaient en voyant les planètes.

Quand elle arriva à peu près au lieu où était enterré le corps de son père, la lune, qui jusqu'alors avait éclairé de ses pâles rayons ce triste champ de repos, se voila la face de nuages bruns. Alors tout devint tellement sombre que la pauvre fille trébucha contre un caillou jeté sur son passage. O douleur! en se relevant, elle s'aperçut qu'un malheur était survenu.

Elle venait de casser la fiole qui contenait l'essence de champignons vénéneux préparée d'avance par ses mains.

Elle tomba évanouie de douleur et d'effroi.

Cependant l'air froid de la nuit la tira bientôt de son état léthargique. Elle se leva, s'aperçut qu'il lui restait encore un peu de jus de champignons dans les débris de la bouteille et s'avança d'un pas ferme vers l'endroit où dormait son père.

Ce lieu était un tertre marqué d'une grande pierre noire. Armée de sa bêche, la fille aînée du cordier enleva plusieurs pelletées de terre, ne se laissant intimider ni par la voix lugubre des vents en furie ni par la terrible majesté de cette éternelle solitude ; bientôt, à force de travaux, elle arriva au niveau de la fosse.

Mais, surprise extrême, désappointement nouveau!... Le corps du cordier avait disparu.

— Pourtant, dit à cet endroit de son récit Chaste Colombe, il n'est pas juste de laisser vos esprits dans l'inquiétude relativement à la belle Déryabar. Après avoir parlé de la manière dont sa sœur avait rempli ses dernières volontés, il est juste que j'abandonne un instant cette infortunée devant la fosse où elle ne trouva plus le corps de son père, pour voir comment s'accomplit la destinée de cette fille cadette, pendue par les deux noirs de l'inconnu.

Dès que l'un des noirs eut tiré sur ses yeux le bonnet fatal et que l'autre eut enlevé la planche qui soutenait ses pieds, Deryabar se sentit serrée au cou, puis elle ne sentit plus rien ; elle avait cessé de prendre part au mécanisme des choses animées, il y avait une lacune dans sa vie.

Tout-à-coup elle sembla sortir d'un songe, et se trouva sur un lit magnifique de bois des îles incrusté d'or ; ses couvertures étaient de brocard, ses draps du lin le plus fin de la contrée ; des rideaux d'étoffe de pourpre retombaient de chaque côté, comme pour protéger la belle Déryabar des ardeurs du soleil.

Elle porta alors les mains sur elle-même, et poussa un cri de surprise; elle avait une robe de tissu de cachemire à fleurs ; ces fleurs étaient le chef-d'œuvre de l'art : les lys étaient en diamants, les marguerites en perles ; les roses en rubis et les pensées en améthystes. Il y avait également des feuilles de laurier en émeraudes et en turquoises. Son voile était tout entier de fils d'argent, et une couronne d'or massif était placée près d'elle, sur un coussin parfumé.

— Où suis-je? dit-elle. Suis-je dans le paradis de Mahomet?

Au même instant, plusieurs jeunes filles entrèrent; elles étaient toutes d'une rare beauté. Elles commencèrent par effeuiller des roses blanches sur la couche de Déryabar, en chantant :

« Gloire à celle dont les yeux sont beaux, dont la vertu est grande, et qui viennent régner parmi nous. »

A ces mélodieuses cantatrices succédèrent cent hommes en habits magnifiques, étincelants d'or et de pierreries. Ils vinrent tous au pied du lit de la fille du cordier, déposèrent des fleurs et des bouteilles de parfums liquides, puis se retirèrent avec les marques du plus profond respect.

A ces cent cavaliers succédèrent cent autres plus brillants encore que leurs devanciers. Ils avaient des robes couleur des étoiles et des turbans dont les aigrettes étaient tellement étincelantes que l'on ne pouvait longtemps en soutenir la vue. Autour de ces cent cavaliers, parurent dix nouveaux chœurs de musiciens qui chantèrent les louanges de Déryabar, et sept jeunes filles blondes armées de sept éventails en perles qui chassèrent de sa charmante figure les papillons qui venaient s'y poser, la prenant pour une fleur...

Au milieu de ces cent cavaliers aux habits couleur de feu, Déryabar aperçut avec étonnement un homme portant les plus affreux haillons; sa robe était composée de mille pièces et trouée en divers endroits; son turban était graisseux et noir, sa barbe était pleine de poussière, et ses sourcils en désordre. Ses sandales étaient tellement usées qu'il marchait sur la plante de ses pieds; enfin, tout en lui annonçait une grande misère qui contrastait avec la magnificence des compagnons qui l'entouraient.

Les chœurs et les cavaliers couleur du soleil s'approchèrent du lit de Déryabar et se courbèrent jusqu'à terre.

Alors celui qui était vêtu comme un mendiant vagabond, se mit tout près de la fille du cordier et lui montra son visage pâle et ému.

Elle reconnut l'inconnu si magnifique qui avait voulu acheter la vie de son père, le mystérieux étranger par les noirs duquel elle avait été pendue à la place de l'auteur de ses jours...

En ce moment, les rayons du jour dardèrent sur la plate-forme où écoutaient les douze sultanes. Chaste Colombe se tut tout-à-coup; Aragne, vivement impressionné, se leva de son divan, puis, sans mot dire, sans éprouver ni dédain ni satisfaction, il délia les cordons qui garrottaient la gentille Chaste Colombe.

Puis se tournant vers les douze sœurs, il dit :

— Le charme du savoir est invincible, l'esprit augmenté par la science et la grâce est un puissant défenseur. Je veux laisser vivre votre sœur jusqu'après le récit achevé. Qu'elle existe encore, cachée par vous comme hier, mais gardez le silence sur cet atermoiement. Que dirait le sultan s'il pouvait se douter que ses ordres n'ont pas été religieusement exécutés !

— Merci ! Aragne ! dirent les princesses. Si tu es sensible aux séductions de l'esprit c'est que ton cœur n'est point encore totalement endurci ; ta tolérance ne te sera pas fatale.

Chaste Colombe qui, comme nos lecteurs le savent, avait laissé son récit à l'endroit où l'inconnu se courbait en haillons devant Déryabar, attendit le soir avec confiance. En effet, Aragne, tout entier aux charmes d'écouter ces contes, avait oublié ses projets sanguinaires, et il fut le premier, la nuit venue, à dire à la narratrice :

— Belle fille à la voix douce, apprends-nous vite comment la fille du cordier passa de la mort au triomphe; dis-nous pourquoi l'inconnu si brillant jadis était couvert de guenilles ; dites-nous ce qui arriva à la sœur aînée de Déryabar lorsqu'elle trouva vide la fosse de son père, et je pardonnerai les grenades jetées à ma face.

Chaste Colombe recommença ainsi :

Déryabar, excessivement surprise de l'apparition si subite et si étrange de l'inconnu, allait exprimer de vive voix son étonnement, lorsque celui-ci s'inclinant lui dit :

— Sourire du vrai Dieu? image de la perfection sur terre! tout ce qui t'environne, toutes ces pompes dont tu es entourée, tous ces esclaves qui te servent à genoux sont à toi ! Moi, le plus indigne de tes serviteurs, je demande que tu me laisses l'honneur de te voir une heure chaque jour ; mais avant il est de mon devoir de te dire une noire nouvelle ! ton père n'est plus !...

Ici l'étranger raconta le décès et les funérailles du cordier, et la visite infructueuse de la sœur aînée au cimetière.

— Malheur! dit Déryabar, vous êtes l'assassin de mon père! C'est ma disparition forcée avec vos noirs qui a fait oublier à ma sœur les champignons tant recommandés qui devaient seuls lui rendre l'existence.

L'inconnu baissa la tête.

Alors Déryabar le regarda avec plus d'attention qu'elle ne l'avait fait jusqu'alors. Elle vit que les traits de son visage étaient d'une harmonieuse régularité et d'une rare distinction, elle vit que malgré ses haillons, sa taille était noble et bien prise, et sa marche pleine de majesté.

— Seigneur, pensa-t-elle, faut-il que le cavalier qui plaît le mieux à ma vue soit celui contre lequel doit s'élever mon ressentiment.

Ce qui se passa dans l'âme de la jeune fille fut peut-être aperçu par l'inconnu, car il fléchit de nouveau le genou et dit :

— Madame, ordonnez de mon sort.

— Ai-je sur toi aussi droit de vie et de mort, soupira la jeune fille, se redressant pâle et haletante sur sa couche.

— Oui, répondit l'inconnu.

— En ce cas, ajouta Déryabar, qu'on apprête le festin de mort de mon père, que les mets les plus exquis, les bananes les plus douces, les épices les plus parfumées soient disposées pour mon régal et celui de toute ma suite. Puis, quand je frapperai sur la table, que cet homme, cause de ses malheurs, soit immolé à sa mémoire; qu'il apaise ses mânes, je le dis! je le veux!

L'étranger en écoutant son arrêt, au lieu de trembler d'effroi, devint d'une joie extrême. Ses yeux brillèrent de bonheur. Il croisa ses bras sur sa poitrine et répond à Déryabar:

— Ange du firmament, auquel Dieu conservera dans l'autre monde sa forme terrestre, s'il veut charmer les esprits immortels, écoute mes remontrances. Je t'aime, je sais que jamais ton âme ne répondra à la mienne, car tu ignores un secret qu'il m'est interdit de divulguer, je t'ai fait monter au gibet, et j'ai pris une part dans l'infortune de ta famille; mais cela était écrit! Je vais mourir par tes ordres, et je bénis ma destinée, s'il m'est permis en mourant de baiser un des plis de ta tunique, qui traînent dans la poussière.

Déryabar, en proie à une grande émotion, résolut de faire cesser au plus tôt cet entretien pour ne se rappeler que de son devoir filial. Elle songea que son père, dont la mort était venue désoler son âme, devait attendre de sa fille une éclatante réparation, et qu'Allah lui-même ordonnait qu'un châtiment fut infligé par la force de sa volonté.

Mais une chose l'occupait surtout! où était-elle? qui avait ainsi transporté son corps dans ce nouvel Eden? quel rang y possédait-elle? quel était le rôle de ce mystérieux inconnu, d'abord visiteur bizarre, puis marchandeur de vies humaines, et enfin ami soumis, tendre et respectueux!... pour obtenir quelques renseignements, elle interrogea en vain toutes les jeunes filles, tous les beaux cavaliers, il lui fut répondu :

— Nous ne devons ouvrir sur ce point notre bouche !

Ce que voyant, Déryabar passa toute pensive dans un brillant salon de toilette où l'attendaient vingt jeunes nymphes couronnées de violettes, et portant dans des vases d'or l'eau de rose et les riches parures.

Tandis que Déryabar s'apprête, il est bon de dire ce que l'on entend par la fête des funérailles. Vous savez, mes sœurs, que lorsqu'un mort est en terre, on fait préparer, en Turquie, un repas auquel on invite tous ses amis et ses proches. Là, au milieu des chants et des rires, on célèbre le décès du juste et son bonheur éternel, auquel ses vertus lui ont donné des droits incontestables.

C'est à ce banquet que Déryabar va présider. Il n'a pu avoir lieu dans la maison du cordier, puisque la fille aînée est restée longtemps privée de sa raison, mais Déryabar consacrera le premier moment de sa puissance à l'accomplissement de cette obligation sainte.

En attendant que les nymphes aient revêtu la fille du cordier de la pourpre et de la couronne éblouissante préparée pour elle, voyons ce que fit sa sœur, lorsqu'elle vit que la terre ne contenait plus les restes inanimés de son père.

Pendant longtemps, l'aînée de Déryabar resta étendue sans connaissance à l'ouverture de la fosse. Le vent des nuits avait éteint sa torche; ses facultés étaient épuisées; elle demeura ainsi jusqu'à l'aube dans un état voisin de l'insensibilité, ce fut alors que le gardien du cimetière la trouva :

— Que faites-vous là? jeune fille, lui dit-il, allez vous interroger le sol pour y ramasser les bagues des belles dames du temps passé?

La sœur aînée de Déryabar ouvrit alors les yeux, elle sentit ses forces revenir; un verre d'eau que le bon gardien lui donna ranima ses sens, aussitôt qu'elle put parler elle lui dit :

— Emmenez-moi chez le cadi ; j'ai un crime à dénoncer ! un crime qui demande une prompte vengeance.

— Ce crime, dit le fonctionnaire, quel est-il ?

— Regardez cette fosse vide, ce trou béant, une profanation a eu lieu, le coupable doit être puni !

Son interlocuteur voyant que la jeune fille avait raison, l'encouragea, la prit à son bras pour soutenir sa marche chancelante, et la mena devant le cadi.

Celui-ci écouta la pauvre enfant avec bonté.

— O vous qui rendez la justice! s'écria-t-elle alors, jamais vous n'aurez trouvé une meilleure occasion de punir l'injuste et de défendre l'opprimé. Un mortel, inspiré sans doute par le noir esprit des ténèbres, s'est introduit dans le champ de repos et a enlevé le corps de mon père!

— C'est singulier, dit le cadi ; votre père le cordier n'avait rien qui pût tenter les voleurs? pas de bijoux, de talismans?

— Non, dit le fossoyeur.

— Si, répondit la jeune fille ; il avait été enseveli selon sa demande dans un vieux manteau qui ne valait pas un grain de blé, mais qui, à ses yeux, était très-précieux.

— Pourquoi? demandèrent le cadi et le fossoyeur fort intrigués.

— Parce qu'un derviche, qu'il avait reçu sous son toit, lui avait prédit qu'il lui porterait bonheur, s'il s'en servait comme dernier vêtement dans sa tombe. La croyance de mon père était fort connue et même fort partagée. Beaucoup de croyants fidèles disaient que ce manteau donné par le derviche ouvrait les portes du paradis de Mahomet. Il ne serait pas étonnant que cette valeur attachée au manteau eût tenté les voleurs qui en ont voulu tirer bon parti.

A peine la sœur aînée eut-elle achevé ces mots qu'un cri partit de la bouche du gardien.

— Attendez, dit-il ; le manteau n'est-il pas criblé de trous, parsemé de pièces?

— Oui.

— Eh bien ! j'ai vu une bande d'individus, l'autre nuit, qui emportaient ce même manteau : quatre d'entre eux avaient un sac long et lourd qu'ils soutenaient sur leurs épaules.

— Hélas ! hélas ! dit la jeune fille avec désespoir.

— Et tenez, ajouta-t-il, le chef de cette bande, je le connais de vue, un mystérieux coquin, que je vous montrerai ce soir, à minuit, derrière la mosquée, se cachant comme un loup dans l'ombre.

— Ami, dit le cadi, ce soir trouve-toi à l'endroit indiqué, et, si le coupable est là, la justice fera son devoir.

Or, la fille aînée du cordier, le gardien et le cadi n'eurent garde de manquer au rendez-vous. A peine étaient-ils arrivés avec une troupe d'hommes de police, que parut un homme qui cherchait à éviter tous les regards.

— C'est lui, je le reconnais! s'écria le dénonciateur.

Aussitôt les dix hommes du cadi saisirent le lugubre promeneur par son manteau.

— Par le prophète ! s'écria celui-ci d'une voix de tonnerre, que voulez-vous de moi ?

La lune ayant alors éclairé le visage du promeneur, le cadi et ses dix hommes tombèrent la face contre terre.

— Mais, dit Chaste Colombe, pendant que je vous parle de la fille aînée du cordier, j'oublie que sa sœur cadette, la gracieuse Déryabar, est prête à commencer le repas funèbre préparé par ses ordres. Couverte de pourpre, précédée de chœurs et de danseuses, la belle

Déryabar entra dans la salle préparée pour le festin. Chemin faisant, elle cherchait à s'expliquer pourquoi cet inconnu, que son cœur chérissait, et que son devoir lui ordonnait de haïr, était venu lui-même lui annoncer la disparition des restes de son père et les malheurs de sa famille, pour faire de la sorte peser sur sa tête la responsabilité de douleurs encore si vives.

— Mon Dieu! disait-elle, si seulement il cherchait à défendre ses intentions! peut-être n'avait-il pas le désir de tuer mon père? Je suis ou du moins je crois bien être vivante; mon père, s'il eût suivi les deux noirs, aurait peut-être eu le sort brillant qui m'est en ce moment échu en partage; si je pouvais écouter en sa faveur un moment de compassion? Mais non! j'ai ordonné publiquement son supplice : il aura lieu, l'arrêt est prononcé!

En ce moment, elle prit place au banquet; tous les mets les plus riches, tous les fruits les plus doux, toutes les liqueurs les plus exquises furent servis. Les mêmes chanteurs célébrèrent, dans les vers les plus beaux, le talent modeste et les vertus civiques du cordier; enfin, au milieu du repas, on amena l'inconnu, le condamné; il était couvert d'une grande pelisse noire, et marchait d'un pas ferme et assuré.

Quand le criminel fut arrivé à dix pas de Déryabar, celle-ci frappa avec force sur la table, et dit : Mon père, sois vengé!

Alors des hommes habillés de rouge, faisant l'office de bourreaux, levèrent leurs poignards.

Tout à coup le rideau immense qui masquait le fond de la salle se déchira en deux, et l'on vit :

Qui?

Le cordier en personne, enveloppé de son vieux manteau, qui alla se jeter, très-vivant et très-dispos, dans les bras de sa fille.

Alors le condamné, écartant les plis noirs de sa pelisse, fit voir qu'il portait un costume magnifique, tout parsemé d'or et de pierreries. Il s'avança vers le cordier et lui dit :

— Ami, j'avais voulu essayer ton courage et ton cœur; on me répétait sans cesse que la générosité avait fui la demeure des hommes;

je suis allé chez toi t'offrir, en échange de ta vie, le bonheur de tes enfants.

— Oui, répondit Déryabar, mon père avait accepté le marché; c'est pour l'en garantir que je l'ai jeté à l'aide de ma poudre dans une léthargie semblable à la mort, pour pouvoir me dévouer pour lui, et si ma sœur n'avait point oublié ma recommandation, il n'eût point été inhumé.

— Oh! reprit le cordier, son oubli ne m'a point été fatal; c'est à ce seigneur que je dois la vie; il m'a tiré lui-même du lit de terre, où j'eusse été étouffé, pour me mener ici, où je suis environné de la toute puissance; c'est lui qui a frotté mes tempes avec le jus de champignons qui devait me rendre au bonheur!

— C'est comme moi, dit Déryabar, j'ai passé du gibet au sein des richesses et des plaisirs. Expliquez-nous donc, ô mystérieux bienfaiteur, ce secret inexplicable.

— J'ai voulu, après vous avoir éprouvés, vous le père, vous la fille, vous récompenser dignement: au chef de famille qui donne son sang pour ses enfants, honneur et gloire! à la fille vertueuse, qui se dévoue pour son vieux père, respect et félicité! si vous voulez, tous deux vous trouverez ici le prix de vos vertus.

— Mais, dit Déryabar, pourquoi, vous le souverain maître en ce lieu, dont nous ignorons le nom, avez-vous revêtu les haillons de la misère?

— Je vous aime, Déryabar, et je n'ai voulu devoir une touchante réciprocité qu'à la sympathie de nos cœurs et non à mon rang. Puis-je espérer que vous me permettrez de reconnaître par l'offre de ma main votre piété filiale?

Déryabar rougit de plaisir et donna sa main à l'inconnu.

— Mais mes deux autres filles, dit le cordier, c'est aujourd'hui que je dois les revoir!

En ce moment, les sœurs de Déryabar furent introduites; elles parurent éblouies des lumières et du luxe qui régnaient dans l'assemblée, mais quand l'aînée eut aperçu son père vivant, et qu'elle eut regardé l'inconnu, elle s'écria:

— Voilà l'homme que le cadi a voulu faire arrêter comme voleur des morts.

— Le cadi a fléchi le genou devant moi, dit l'étranger, comme je fléchis le genou devant votre sœur. Il a prosterné son front devant ma puissance, comme j'incline le mien devant sa beauté.

— Qui êtes-vous, reprit la sœur de Déryabar, vous qui m'avez rencontrée sur le pont de Bagdad, et qui m'avez conseillé de déterrer mon père, alors que déjà vous l'aviez recueilli chez vous; vous qui rodez la nuit et qui faites trembler la police et les magistrats; vous qui échappez enfin à la compréhension humaine?

L'étranger jeta alors un regard de domination sur l'assemblée et dit:

— Je suis Aboul-ad-Kadigi, calife de Bagdad.

Le mariage de la vertueuse Déryabar et du calife se célébra avec une pompe extraordinaire. Pendant trente jours, ce ne fut que joies, que fêtes, que réjouissances. Ses sœurs épousèrent des princes de Tyr et de Perse, et leur père, le cordier chargé de fonctions éminentes dans la marine, fonctions qui coïncidaient avec son premier état, et qu'il remplissait avec une probité des plus remarquables et une capacité des plus grandes, disait à tous ses amis de cour, en leur montrant son vieux manteau troué et raccommodé à l'aide de pièces, qu'il conservait avec soin et dans lequel il avait été inhumé :

— Le derviche avait ma foi raison : ce manteau m'a donné du bonheur après mon enterrement.

La narratrice se tut alors, car on entendait, de toutes parts, dans le sérail, un bruit de voix confuses qui fit tressaillir Aragne. Des torches allumées jetaient leurs rayons mourants sur les lambris, et la troupe des gardes cherchait de toutes parts.

Et tous les échos ne répétaient qu'un cri unique, vibrant, douloureux, obstiné.

— Aragne! Aragne! Aragne!

Le soldat tressaillit en s'entendant nommer; il fit cacher la condamnée dans l'orangerie, et supplia les douze sultanes de rentrer dans leurs dortoirs respectifs. Il voyait déjà le visage courroucé du sultan s'il venait à savoir que le supplice de Chaste Colombe avait été retardé, et il s'attendait à de terribles destinées.

Dès qu'il eut caché la malheureuse princesse dont le gai savoir avait seul sauvé les jours menacés, il se présenta dans les salles du palais; en apercevant le sultan entouré de son conseil, il tomba, la face contre terre, pétrifié d'anxiété et d'effroi.

— Aragne, dit le sultan, lève-toi et réponds!

Le garde souleva alors sa face pâle.

— Qu'as-tu fait de ma fille?

— La princesse Chaste Colombe? dit Aragne.

— Oui, reprit un personnage, assis à la droite du sultan, et qui portait le costume de derviche, n'as-tu pas joué avec Nourreddin?

— C'est vrai.

— N'as-tu pas gagné le droit sanglant de mettre à mort une princesse?

— C'est encore vrai.

— N'as-tu pas choisi la princesse Chaste Colombe? continua le derviche.

— C'est toujours vrai, j'ai exécuté les ordres qui m'avaient été donnés.

— Jusqu'au bout? ajouta le sultan.

Aragne ne répondit pas.

— Hélas! dit le commandeur des croyants, vous le voyez, saint homme, ma fille est morte, j'ai été esclave et elle a été victime de la parole que je vous ai donnée jadis, de mon respect à la foi jurée. O mon enfant! mon enfant bien-aimée!

Et le sultan allait déchirer ses habits en signe de douleur.

— Arrêtez! dit le derviche, la religion dont je suis l'interprète éprouve les hommes et ne les blesse pas inutilement, votre respect pour une promesse sacrée, absout la faute commise par vous, en m'offrant de l'or. Votre fille existe.

— Serait-il vrai? dit le sultan... Aragne, réponds!

Aragne retomba la face contre terre.

— Tu ne l'as donc pas tuée, dit le sultan impatienté, réponds! mais réponds donc!

— Seigneur! dit Aragne, je n'ai pas pu... Elle sait de si belles histoires.....

Pendant que le sultan se livrait à sa joie, on vit arriver Chaste Colombe escortée de ses douze sœurs qui l'embrassaient tour à tour.

Le sultan la reçut dans ses bras.

— Vous avez conté une très-belle histoire, dit tout bas Aragne, vous pourriez me jeter à la face toutes les grenades des campagnes de Bagdad ou du Caire que je ne m'en fâcherais plus.

— Ce qui l'a sauvée, dit Amynthe, c'est la liqueur d'imagination.

— La liqueur à laquelle vous attribuez tant de prix, répondit le derviche, n'est qu'un extrait de fleurs de cerisier, un cordial assez ordinaire que j'ai placé moi-même au bord de la mer, dans votre filet, pour vous rendre l'espérance. Ce qui a sauvé votre sœur, c'est sa grâce d'érudition, sa richesse d'esprit, son éducation précoce qui lui ont fait connaître, à un âge si peu avancé, les plus belles chroniques de l'empire. Ce qui a désarmé, ainsi que cela était écrit par le destin, ce bourreau brutal et sanguinaire, c'est le charme du savoir.

DOROTHÉE

ou

LA CRUCHE MIRACULEUSE.

LE LIVRE DE BEAUTÉ
Keepsake pour 1854.

Dorothée, ou la cruche miraculeuse.

Les Beautés du cœur.

(La Générosité.)

DOROTHEE

ou

LA CRUCHE MIRACULEUSE.

Aimez-vous, comme moi, l'Allemagne avec ses mœurs primitives, ses écoliers blonds et ses filles brunes, soit qu'on les visite en touriste, le bâton de voyage à la main, soit qu'on s'y rende en fashionable, par train spécial, pour y prendre les eaux médicinales? L'Allemagne, voyez-vous, est le pays des ballades et des chants pittoresques; le conteur lui doit ses plus riches canevas, ses plus émouvantes péripéties.

En effet, on dirait que le Rhin, ce fleuve géant qui croît à l'abri des vignes, jette avec ses ondes fertilisantes des flots de poésie sur ces rives aimées de Dieu. Quelle ligne coquette de villes mignonnes se pressent sur ses bords, curieuses de le voir et de l'admirer; depuis Liége jusqu'à Mayence, c'est toute une confédération de cités blanches et vertes qui se mirent orgueilleusement dans ses eaux.

Dorothée était née près de Cologne; Dorothée était la plus belle fille de la contrée, bien qu'elle fût simple comme une fleur des champs. C'était une nature droite, honnête, innocente, qui ne soupçonnait pas le mal n'ayant jamais eu la pensée de le commettre. Sous son casaquin lacé par devant à la manière allemande, sous son bonnet sans garniture, elle paraissait ingénue comme une enfant, grave comme une mère de famille.

Sa mère dormait depuis bien des années sous un chèvre-feuille du cimetière ; elle était morte en laissant sa fille à l'âge de dix ans, n'ayant d'autre soutien que maître Mayer, son père, charpentier fort habile, mais qui avait le malheur de se griser plusieurs fois dans la semaine.

Dans le temps où commence notre récit, Mayer avait, à force d'inconduite, perdu tout son ouvrage ; la confiance des entrepreneurs lui avait été retirée, il ne lui était plus possible de trouver, malgré sa capacité, un pouce de sapin ou de frêne à raboter dans toute la ville de Cologne.

Devant ce désastre, Mayer devint furieux ; il se confondit en blasphèmes, accusa la Providence d'un abandon dont son incurie était la cause unique, et s'emporta jusqu'à menacer la pauvre fille, qui était pourtant très-innocente de tous ces malheurs.

Une nuit, après avoir brisé de fureur la plupart des meubles de son intérieur, il s'était jeté de désespoir sur sa couche, épuisé et haletant.

— Au moins, s'écria-t-il, si j'avais à boire ! boire, c'est oublier.

Il y avait dans les environs une citerne renommée à dix lieues à la ronde, car son eau était limpide et elle avait un goût de noisette admirable, les femmes prétendaient même qu'elle donnait la santé et la fraîcheur aux plus souffrants et qu'elle allongeait le terme ordinaire de la vie.

Dorothée, voyant que son père avait une soif fiévreuse, résultat de ses accès de fureur, alla sans rien dire remplir sa cruche à la citerne renommée, puis elle en approcha les bords des lèvres du frénétique.

— Qu'est-ce que cela ? s'écria-t-il après en avoir goûté

— Mon père, c'est pour boire.
— Quel est ce poison ?
— C'est de l'eau !
— De l'eau ! dit-il, de l'eau ! ce que boivent les chevaux et les canards ; le rebut de la nature, le résidu du ciel orageux. Oh ! maudit soit le sort qui me force à avaler ce breuvage nauséabonde !

— Mais, dit Dorothée, cette eau est la meilleure qui soit au monde.

— Retire-là, misérable ! s'écria son père en démence.
— Elle guérit toutes les maladies.
— Tu persistes ! continua le forcené, tu veux m'astreindre à goûter cette horrible matière ; eh bien ! tiens, vois le cas que j'en fais !

Et saisissant sa pauvre fille, il la renversa à terre d'un vigoureux revers de bras.

Dorothée chancela, et la cruche, cause de tout ce différend, alla se briser contre le mur.

Ce spectacle irrita davantage encore Mayer ; il prit un bâton et allait le casser sur le dos de celle qui pleurait, toute meurtrie par sa chute, quand on frappa à la porte...

La nuit était venue, sombre, menaçante, nuit d'été toute sillonnée de blancs éclairs traversant ses ténèbres.

— Qui va là ? dit Mayer.
— Que vous importe ! répondit une voix stridente ; vous n'avez rien à voler.
— Que voulez-vous ?
— Un couvert pendant la pluie.
— Allez au diable ! s'écria Mayer.
— C'est tout fait, répondit la voix.
— Je n'ouvre pas.
— C'est dommage ! j'ai un fardeau qui me pèse et dont vous pourriez avantageusement me débarrasser. J'ai une outre gigantesque pleine de vieux vin de Johanisberg qui ferait trinquer un mort avec son fossoyeur.

Mayer, à ces mots, leva l'oreille.

— Tu as du vin? dit-il.

— Un nectar, digne de figurer à la table de l'empereur.

— Eh bien! Dorothée, fainéante, pleurnicheuse! ouvre à ce nectar la porte à deux battants, il ne faut pas le laisser à la pluie; je n'aime pas le vin coupé...

La jeune fille, avant d'obéir, leva un regard timide sur son père.

— Il est bien tard pour ouvrir, dit-elle, et surtout à un inconnu

— Radoteuse! que dis-tu?

— Rien, mon père, murmura l'enfant qui grelottait de peur.

— Ouvre donc, malheureuse! et ne raisonne pas!

Dorothée en pleurant tira le loquet et l'inconnu entra.

C'était un bizarre cavalier que le rôdeur de nuit. Il était roux, de grande taille au point d'être obligé de se courber pour franchir la porte, et son regard était si perçant qu'il semblait regarder de deux côtés à la fois. Son corps était emprisonné dans un étroit pourpoint de drap noir, ses pieds étaient chaussés de souliers démesurément pointus, et sur sa tête il avait une toque surmontée d'une plume de hibou.

Il traînait après lui, comme il l'avait annoncé, une outre large et toute humide à l'extérieur.

— Tu as dit vrai, s'écria avec joie Mayer, en apercevant la charge bachique.

— Je ne mens jamais, répliqua le voyageur, le mensonge n'est pas le péché des orgueilleux. Ah! ça, bonhomme, puisque tu veux bien m'abriter dans ta bicoque, dis-moi si tu as des verres?

— Plus de verres que d'écus, répondit l'Allemand. Eh! Dorothée, marmotte! drôlesse! sers deux tasses devant sa seigneurie.

La jeune fille tira du dressoir deux vases et les plaça devant les convives.

— Buvons! dit l'étranger.

— Buvons! reprit Mayer.

L'outre fut débouchée et laissa s'échapper un vin d'une couleur admirable vert et or, et d'un bouquet ravissant, sentant les fleurs les plus ambrées, ayant ce goût de pierre à fusil que l'on recherche tant dans les vignobles du Rhin.

Mayer but à longs traits la liqueur enchanteresse.

— Par mon salut, dit-il, voilà qui est fameux.

— Il est bon? demanda l'étranger.

— Excellent!

— Buvons encore! puisqu'il vous plaît.

Et ils doublèrent la rasade.

— Ah! ça! mon hôte, s'écria Mayer, qui devenait pourpre, qui êtes-vous donc?

— Tiens, reprit le voyageur, il faut avoir un passeport, à ce qu'il paraît, pour trinquer avec vous; mais vous-êtes donc le bourgmestre?

Mayer rit aux éclats.

— Moi, bourgmestre! je suis... je suis charpentier.

— Mauvais métier! s'écria l'inconnu.

Et il versa de nouveau à boire.

— En avez-vous un meilleur? dit Mayer.

— Oui.

— Et lequel?

— Je suis marchand d'âmes.

— Ah! bah!

— Oui, je fais ce commerce depuis longtemps, et je m'en trouve bien.

— Ah! vous achetez des âmes?

— Au meilleur prix possible.

— Et combien payez-vous une âme?

— Cela dépend; une âme d'homme fait, de vieillard, de comédienne, de danseur, de philosophe, cela n'est pas très-cher.

— Et mon âme, à moi?

— Une âme d'ivrogne! fit l'inconnu avec dédain.

— Eh! dites-donc, l'homme aux cheveux rouges! j'aime le vin; mais je ne souffre pas qu'on m'insulte.

— Bah! vous voilà comme tous les mortels, vétilleux sur les

mots, cynique sur les choses; buvez, cela vous rendra la logique plus claire.

— C'est cela, reprit Mayer en se radoucissant, buvons, eh bien! moi qui n'ai rien, si je voulais vendre mon âme?

— Vous voudriez savoir ce qu'on vous en offrirait?

— C'est cela.

— Dam! je vais vous dire.... C'est Lucifer qui dans mon commerce est bailleur de fonds, et il n'entend pas qu'on place mal ses capitaux.

— Qu'entendez-vous par-là, demanda Mayer en inclinant l'outre à laquelle il avait déjà fait une copieuse saignée.

— J'entends que, comme il y a grande chance que tôt ou tard votre âme lui reviendra, il serait bien bon d'acheter cher ce qu'il espère gratis.

— Ah! bon! bon! dit l'ivrogne, monseigneur Lucifer compte m'avoir sans bourse délier.

— Parbleu! n'aimez vous pas le vin?

— Démesurément.

— Eh bien! le vin qui ôte la raison, qui éteint l'intelligence, qui alourdit l'esprit et paralyse le corps, quand il est pris en trop grande quantité, le vin, dis-je, vous livrera à mon maître malgré vous.

— Et si je m'en corrigeais?

— Bah!

— Si je ne buvais que de l'eau?

— Je vous en défie.

— Et vous avez raison... comme cela il n'y a pas moyen de faire affaire.

— C'est difficile, dit le grand homme roux; mais, à propos, comment se fait-il que cette belle enfant ne trinque pas avec nous?

Dorothée, qui ramassait les morceaux de sa cruche brisée, répondit sans cesser son travail de recherche:

— Merci, je n'ai pas soif.

En ce moment un coup de tonnerre déchira la nue.

— Diable! fit Mayer aviné.

— Vous m'avez appelé? dit l'inconnu.

— Moi, non, je dis *diable*.

— C'est bien pour cela, vous venez de prononcer mon titre.

— Ah! reprit Mayer, vous êtes un diable inférieur; j'ai le diable chez moi comme je l'avais déjà dans ma bourse, eh bien! ma foi tant mieux, d'autant plus qu'il est bon vivant. Bonne venue à l'ambassadeur du noir séjour et qu'il se mette à l'aise dans mon logis.

Et s'étourdissant de plus en plus, Mayer chanta ce refrain si connu chez les Allemands:

> Le diable est vraiment un bon sire,
> Sur ma foi,
> Il a plus de force et d'empire
> Que le roi;
> Puisqu'il sait chanter, rire et boire,
> Ce luron.
> Que chacun de nous ose boire
> Au démon.

— Ma foi, mon hôte, dit le sombre voyageur, vous êtes gai convive et je veux faire quelque chose pour vous.

— Vous voulez m'acheter quelque chose?

— Oui.

— Mon âme!

— Non.

— Quoi donc?

— Celle de cette jeune fille.

Dorothée tressaillit et chercha instinctivement son rosaire à ses côtés.

— Oh! la bonne idée, fit l'ivrogne.

— Mon père! s'écria l'enfant suppliante, y consentiriez-vous?

— Tais-toi, dit Mayer, ai-je le droit de disposer de ton âme!

— N'êtes-vous pas son père? répondit l'homme roux.

— Assurément.

— En ce cas, comme vous en répondez devant Dieu, vous pouvez en faire ce qu'il vous plaira sous votre responsabilité particulière.

— Eh bien! qu'en offrez-vous?

— Ce n'est pas à celui qui achète à faire son prix, mais à celui qui vend.

— Dam! c'est que je ne connais pas le cours... si c'était du hêtre ou du noyer, je ne dis pas... mais des âmes... je n'en ai jamais vendu.

— Il y a des prix établis, cinq mille écus d'or pour une jeune fille.

— Très-bien, dit Mayer.

— Mais mon père, soupira Dorothée, j'ai à peine dix-huit ans.

— Mineure! s'écria le démon, mineure! c'est mille pièces d'or de plus.

— Mais mon père, je suis de la congrégation de la Vierge!

— De la congrégation! continua le noir messager, c'est alors dix mille écus en tout.

— Dix mille écus? hurla Mayer.

— Dix mille écus, répéta le commis voyageur du Tartare.

— Topez-là, c'est chose faite, l'âme est à vous.

— Un instant, fit l'acheteur, en tirant un parchemin tout zébré de caractères rouges, signez ceci.

— Qu'est-ce que cela?

— C'est l'acte de vente de l'âme de votre fille. Je vais vous en donner lecture.

Et de sa voix stridente il lut ce qui suit:

« Je soussigné, Nicolas Mayer, sain de corps et d'esprit, cède au démon qui l'accepte et en donne quittance, l'âme de demoiselle Dorothée, ma fille, dont je suis le père et tuteur, pour lui en faire l'usage qu'il lui plaira, et ce à ses risques et périls. Le tout moyennant dix mille écus d'or que j'ai reçus comptant. »

Quand il eut achevé sa lecture, l'homme aux cheveux roux tendit la plume à Mayer, qui dormait debout, chancelant dans son ivresse croissante.

— Signez! dit-il.

— Un instant, balbutia l'ivrogne... et mes dix mille écus?

— On ne voyage pas par une nuit d'orage avec une pareille somme... je vous les enverrai.

— Nenni, mon convive! pas d'argent, pas d'âme, donnant donnant.

— Qu'à cela ne tienne, vendeur défiant, vous allez être satisfait.

Et tirant alors de sa ceinture un cor de fer, il sonna une fanfare retentissante.

Un son analogue répondit dans l'immensité du bois, puis on entendit des pas de chevaux pressés par l'étrier, puis des voix confuses, puis un peloton de cavaliers fit halte devant la maison.

— Belle demoiselle, dit le diable, voici mon escorte, ouvrez.

Dorothée ne répondit pas, transie qu'elle était de frayeur.

— Ouvre donc, dit son père, de ce que tu n'as plus d'âme, n'as-tu plus de jambes?

— D'autant plus, dit le démon, que mes camarades n'ont pas, quand ils sont en ville, leur costume infernal.

Dorothée leva le loquet pour la seconde fois à l'un des cavaliers.

— Ma bourse! demanda le voyageur.

On lui tendit un grand sac qui contenait dix mille écus d'or et qu'il posa devant Mayer abruti.

Soit que la vue de ce trésor eut augmenté encore la fatigue de sa tête brisée, soit que le sommeil que cause l'apoplexie vineuse fut arrivé à son comble, Mayer n'eut que la force de s'emparer du sac, de le serrer sur sa poitrine, puis il retomba profondément endormi.

Dorothée, pendant ce temps, regardait en sanglottant les cavaliers qui entouraient la porte, ils étaient neuf, des sabres étincelaient sous leurs manteaux, des casques luisaient sur leurs têtes, d'épaisses moustaches couvraient leurs lèvres.

Quand elle fut revenue de la surprise que lui causait cette vue, elle vit le démon près d'elle. Il avait jeté sa perruque rousse, et revêtu d'un habit de velours noir orné de perles de jais, il semblait avoir trente ans à peine.

— Dorothée, lui dit-il, votre âme est à moi.

— Rendez-la moi, monsieur le démon, je l'avais promise à Dieu tout entière, à la vierge, mère des sept douleurs, rendez-la moi et je travaillerai jour et nuit pour vous en payer la rançon.

— Non! fit le démon! d'ailleurs, que craignez-vous de moi? suis-je encore aussi laid?

— Non, sans doute.

— Eh bien! pourquoi pleurez-vous cette âme qui passe à l'ennemi sans avoir eu la peine de combattre et qui n'a même pas la responsabilité de sa désertion.

— Mais mon père sera damné!

— Qu'importe, il l'eût été sans cela.

— Maudit vin, dit Dorothée, liqueur traîtresse, c'est toi qui es la cause de toutes nos douleurs!

L'ambassadeur de Satan regarda la jeune fille avec attention en entendant les paroles qu'elle venait de proférer. — Il semblait se complaire dans l'examen de ses grâces naïves.

— Vous tenez donc bien à votre âme, dit-il?

— Plus qu'à ma vie.

— Et vous détestez donc bien le vin?

— Puisqu'il plonge ceux qui se confient à lui dans un semblable état, mon aversion est légitime!

Et elle montrait Mayer qui dormait d'un sommeil convulsif.

— J'ai pourtant bien soif, dit le démon, et l'outre est vide; je donnerais bien quelque chose pour boire un coup à mon tour.

— Vous le voyez, le vin est dangereux, il altère.

— Oh! nous autres démons, nous buvons beaucoup — voyez vous, nous vivons dans les pays chauds, cela sèche la langue, et quand nous adoptons la forme humaine nous sommes exposés à ses infirmités.

Dorothée regarda l'étranger d'un air suppliant, cherchant à découvrir en lui quelque sentiment de bonté.

— Si vous voulez me recéder mon âme, dit-elle, je vous désaltèrerai?

— Vraiment.

— Avec l'eau la plus pure qui soit au monde.

— Mais un verre d'eau ne vaut pas les dix mille écus d'or sur lesquels maître Mayer ronfle en ce moment.

— Aussi ne veux-je qu'une partie de mon âme à la fois.

— Cependant il faut être logique, une âme ne se divise pas comme une pomme d'api, vous ne pouvez pas, comme Proserpine, passer votre vie moitié au ciel, moitié en enfer.

— Il n'y a donc aucune combinaison possible, dit Dorothée.

— Il en existe une unique.

— Pour regagner mon âme !

— Oui, pour annuler le marché.

— Dites-la moi, monsieur le démon?

— Oui, pour une cruche d'eau.

— C'est conclu ! mais hélas ! j'y pense ! je n'ai plus de cruche.... mon père me l'a brisée.

— Ah! c'est qu'il n'aime pas l'eau, lui, il est un amoureux de la vigne, celui-là. Il préfère son torse vert, ses grands bras noueux, ses grains bleuâtres et musqués aux sources les plus pures ; alors, comment faire ? J'ai une soif d'enfer !

— Je vais aller à la citerne avec une tasse, et, si cela ne suffit pas, j'y retournerai plusieurs fois.

Après avoir pris cette résolution philanthropique, Dorothée se mit en route et par trois fois elle passa devant les sombres cavaliers pour porter aux lèvres du démon le liquide rafraîchissant.

Pendant ce temps, Mayer dormait toujours....

— Eh bien ! dit la jeune fille, après que le noir esprit se fut désaltéré, votre promesse !

— Tu veux savoir ce qu'il faut faire pour revendiquer ton âme !

— Je vous serai bien obligée.

— Marie-toi !

— Me marier !

— Oui, tu tomberas en puissance d'époux et s'il est bon chrétien, il se battra contre nous pour ton salut.

— Me marier ! répéta la jeune fille, je le voudrais bien.

— De plus! je suis bon diable et je veux te faire un cadeau.

— Un cadeau du démon, s'écria Dorothée, je n'accepte pas.

— Tu le feras bénir par le curé, cela lui fera de l'ouvrage, il ne demandera certainement pas mieux. Adieu, jeune fille, demain tu recevras mon présent, mais marie-toi vite si tu veux échapper à notre pouvoir.

En achevant ces dernières paroles, le noir esprit s'élança lestement sur un cheval que les cavaliers tenaient en laisse et disparut avec eux dans les bois.

— Me marier, soupira Dorothée, demeurée seule ; j'y songe depuis bien longtemps...

En ce moment une voix fraîche et vibrante se fit entendre, elle chantait la *chanson de l'eau*, ce refrain des bateliers du Rhin.

Et la voix disait :

> Vive l'eau! ce cristal limpide,
> Diamant aux mille couleurs ;
> Vive l'eau! ce brillant liquide
> Que le ciel grossit de ses pleurs ;
> Vive l'eau! qui donne à nos voiles
> La blancheur du lin le plus pur ;
> Vive l'eau! miroir des étoiles,
> Qui reflète le ciel d'azur.

— Frantz! exclama Dorothée, c'est mon cousin Frantz, le batelier ; quelle providence ! lui qui veut m'épouser malgré mon père.

La voix continua.

> Vive l'eau! murmure la plaine,
> Béante sous ses verts gazons ;
> Elle vient attiédir l'haleine
> Des vents d'été dans mes sillons.
> Vive l'eau! répond la colline,
> Quand elle coule sur mes flancs,
> Il sort de sa liqueur divine
> Les pins noueux, arbres géants !

— Il s'approche, continua la jeune fille de la citerne ; mon Dieu ! pourvu que mon père ne s'éveille pas !

Et la voix chantait encore :

> Vive l'eau! dit la jeune fille,
> L'eau qui tombe du paradis,
> Vive l'eau! qui me rend gentille,
> Je m'y vois et m'y rafraîchis;
> Vive l'eau! l'élément suprême,
> Flot d'argent tombant de l'autel,
> Qui m'ôta, lors de mon baptême,
> Le vieux stigmate originel.

— Il se dirige vers ces lieux, dit encore Dorothée ; c'est le ciel qui l'envoie ; écoutons, il se rapproche.

Et la voix disait plus distinctement :

> Foin du vin! breuvage perfide,
> Dans lequel périt la raison.
> Raisins meurtris, traître liquide,
> Pour l'homme tu n'es qu'un poison!
> Eau divine! où rit la lumière,
> Mère des perles, du corail
> O! viens réfléter dans mon verre,
> Tes mondes d'azur et d'émail......

— Entrez, maître Frantz, murmura-t-elle en levant le loquet pour la troisième fois; vous à Cologne! vous avez donc quitté votre barque?

— J'ai huit jours de congé, dit Frantz, en ôtant la toque qui couvrait ses cheveux blonds.

— Eh bien! répondez-moi, avant de vous asseoir, avant que mon père ne s'éveille; m'aimez-vous toujours?

— Plus que jamais, dit le jeune homme.

— Et si je n'avais plus d'âme!

— Quelle folie! vous, le modèle des vertus et des grâces.

— Silence! reprit Dorothée.

Et tout bas elle raconta au marin ce qui venait de lui arriver. Frantz n'eût pas un moment d'hésitation.

— Je t'épouse! dit-il, maintenant que tu appartiens aux sombres esprits, nous n'avons plus besoin de la permission de ton père.

— Vous m'épousez sans âme!

— Je me la ferai rendre.

— En êtes-vous sûr ?

— On n'est pas marin pour rien, demain le curé nous unira.

Il paraîtrait que le vin de Johanisberg était bon, car maître Mayer dormit douze heures sans s'éveiller. Quand il sortit de son long et bachique assoupissement, le jour était radieux, et il aperçut par la fenêtre une noce joyeuse.

— Qu'est-ce que cela ?

— C'est votre fille Dorothée qui vient de se marier, lui répondit-on.

— Sans mon aveu.

— Elle n'en a plus besoin, a dit le curé, en donnant sa bénédiction aux époux, car vous avez vendu vos droits.

Alors, Mayer jeta les yeux sur le sac aux écus d'or, et le souvenir de la nuit précédente revint à son esprit.

— Misérable que je suis, dit-il, j'ai damné mon enfant !

Cependant, au moment où les époux sortaient du presbytère, le prêtre dit à la mariée :

— J'ai un cadeau à vous remettre de la part d'un inconnu.

— Ah ! je sais, dit-elle, je ne dois pas le prendre.

— Acceptez, reprit le digne prêtre, je prends tout sur moi.

— En ce cas, je n'ai plus de scrupule !

Et elle tendit ses deux mains mignonnes.

Le curé lui remit alors le présent annoncé.

C'était une cruche !.....

Rien qu'une poterie de grès allemand, blanche et à raies noires, avec une anse contournée.

— Une simple cruche ? dit Dorothée.

— Pour remplacer celle que l'on vous a cassée : vous avez donné à boire à un voyageur altéré il vous l'offre en récompense de votre charité.

— Il n'est pas généreux ? dit l'époux.

— Attendez, il vous donne en toute propriété la citerne où l'eau a été puisée par vous, vous pourrez vous faire payer un droit vous consentez à y laisser puiser les gens de la commune.

— Mais c'est impossible, fit observer le marié, la citerne appartient au seigneur?

— L'inconnu a dressé le contrat en forme, voici l'acte de cession signé et légalisé en votre nom.

— Allons! dit tout bas Dorothée en prenant la cruche, le diable fait bien les choses, c'est dommage qu'il soit si méchant.

Et pendant deux jours, sur un ordre venu on ne savait d'où, la citerne fut interdite aux habitants du pays.

Maître Mayer, demeuré seul, sentit avec la solitude le remords entrer dans son âme; tout le village fuyait son approche; il avait beau vouloir se servir de son or, chacun refusait les pièces brillantes, craignant de se brûler les ongles. On le montrait au doigt, on le maudissait, on le conspuait...

— Voilà, disait-on, le mécréant qui a vendu l'âme de son enfant pour boire.

Il vécut ainsi pendant deux jours, avec les provisions qui lui restaient; mais bientôt la famine se fit sentir, et personne ne voulait rien lui vendre, ses pièces étaient regardées comme susceptibles de porter malheur, ou tout au moins de se changer en feuilles de chêne dans les mains du vendeur.... non-seulement il ne put boire ce vin dont il était si gourmand, mais encore le pain, le lait, la lumière lui manquèrent tout à coup; et le propriétaire de sa maison refusa de toucher le prix des loyers arriérés, et vint lui signifier son congé.

— Pitié! disait le malheureux.

— Pas de pitié! répondait-on; pour le méchant qui a vendu l'âme de sa fille.

— Prenez mon trésor, mes dix mille écus, mais rendez-moi le moyen de vivre.

— Votre trésor est mal acquis et frappé au coin de Lucifer, répondit-on, personne n'en acceptera même une parcelle.

Affamé, abattu, desespéré, Mayer appela à grands cris dans la forêt l'inconnu à la générosité duquel il devait attribuer ses douleurs, il le chercha dans tous les ravins, il interrogea tous les bûcherons, demandant si on n'avait pas vu passer un homme noir suivi de neuf cavaliers.... Chacun demeura muet sur son passage et l'écho plaintif répondit seul à ses lamentations.

Dans cette situation désolante il eut un retour sur lui-même. Il se rappela que parmi toutes ces maisons hermétiquement fermées à sa prière, il en était une qui jamais ne refusait accès au malheureux. Là, le mendiant tremblant, le pécheur repentant, le coupable pleurant sa faute, étaient accueillis avec bonté et renvoyés avec de douces consolations.

C'était la maison du curé.

— Monsieur le curé, dit Mayer, en se jetant aux pieds du prêtre, je viens vous dire que, si vous ne me venez en aide, je me meurs.

— Mon fils, répondit l'abbé, vous avez mal agi, vous avez vendu ce qui vous avait été confié comme un dépôt. Tout père de famille répond devant Dieu de l'âme de ses enfants.

— J'étais ivre, objecta Mayer.

— Vous aimez donc bien le vin?

— Je ne l'aime plus! rendez-moi le repos de la conscience et je n'en boirai plus de ma vie.

Le bon prêtre sourit.

— Il ne faut pas médire des bienfaits de la création parce qu'on en a mésusé, dit-il; le vin a comme l'eau sa valeur, c'est une force, mais dont il ne faut pas exagérer l'emploi.

— Monsieur le curé, ne puis-je pas rentrer en grâce? revenir à des sentiments meilleurs, retrouver l'amitié de mes voisins?

— Peut-être.

— Que dois-je faire? parlez, j'obéirai.

— Y a-t-il huit jours que le marché est signé?

— Non!

— A votre place, je me dédirais.

— En quoi faisant?

— En jetant, dit le prêtre en riant, ce trésor à tous les diables; il retournera à sa caisse primitive.

— Et où le jetterai-je?

— Où vous voudrez. Ce sacrifice, ce dédain pour le prix d'une mauvaise action suffisent pour enlever l'odieux de votre action criminelle... Comme cela, ce sera une véritable expiation.

— Merci, monsieur le curé; mais si je dis que j'ai fait cela, on ne me croira pas. Voulez-vous vous charger de ce soin.

— Volontiers.

— Tenez, voilà le sac de l'inconnu au complet; les jaunets reluisent comme s'ils avaient été frappés d'hier; ils ont une couleur fauve comme les cheveux de celui qui me les a comptés... Prenez bien garde de vous brûler les doigts.

— Je n'ai pas peur, dit le prêtre; mes mains ont touché trop souvent l'eau bénite pour que les démons y puissent faire venir même une engelure. C'est entendu, dans une heure j'aurai jeté ce trésor comme un maléfice.

Maître Mayer sortit soulagé d'un poids immense.

Or, pendant ce temps le ménage de Dorothée s'était installé dans une maisonnette près de la cure, et chaque matin elle allait seule puiser l'eau limpide à la citerne avec la cruche de l'inconnu.

Un jour, l'eau était tellement basse qu'il lui fallut quelques efforts pour remplir son vase. Elle se rendit chez elle surprise que son poids fut plus lourd que d'ordinaire.

— Verse! lui dit Frantz en tendant son verre; j'ai soif, et l'eau est le nectar du pauvre et la providence du marin.

— Celle-ci surtout est si bonne!

— Et elle nous appartient exclusivement.

Dorothée versa... ô surprise! le verre rendit un son argentin et des kreuzers d'or apparurent en foule.

— Miracle! dit Dorothée.

— La cruche est enchantée! reprit son époux.

— Il y a des pièces d'or en quantité! fit la jeune mariée, et tout cela est à nous...

— Devons-nous nous en servir? objecta Frantz avec réserve.

— Mes enfants, dit le curé leur voisin, qui fumait sa pipe à la porte du presbytère, et qui suivait toute la scène, cet argent est bien à vous, vous pouvez le dépenser sans crainte, bénite est la cruche, bénits sont ses produits.

Le village entier sut bientôt que la citerne était pleine de pièces d'or et que l'eau en était enchantée. Ce fut une consternation dans toutes les familles; la raison en était simple. Il fallait faire une lieue pour trouver de l'eau à la source, et on pensait bien que Dorothée, maîtresse d'un semblable trésor, ne permettrait pas qu'on le partageât avec elle.

— Qu'avez-vous, mes amis, demanda Frantz aux habitants réunis chez le bourgmestre, et pourquoi êtes-vous si tristes?

— Nous n'avons plus d'eau.

— N'avez-vous pas la citerne?

— Elle contient des pièces d'or.

— Eh bien! l'eau coule pour tout le monde, me croyez-vous un avare! un malhonnête homme, un cœur dur! Pensez-vous que, par cupidité, je laisserais mourir de soif ou dépérir de fatigue les jolies filles de ce canton?

— Mais il faudra payer une redevance énorme, répliquèrent les commentateurs de l'endroit.

— Pas une obole! Tant mieux pour qui pêchera de l'or, ce sera à lui; j'en ai déjà moi-même de quoi vivre heureux toute ma vie.

— Bien, Frantz! bien, Dorothée! exclama le curé, vous êtes de vrais chrétiens, des enfants aimés de Dieu!

— Ah! monsieur le curé, répondit Frantz! vous croyez que je ne sais pas arracher une âme au démon; moi, qui ai tué des requins et des baleines, par la sainte Barbe! vous verrez bien.

Or, de ce jour, la citerne fut un lieu de véritable pèlerinage, surtout quand ses eaux étaient basses; chacun y trouvait quelques-unes de ces bienheureuses pièces d'or qui allaient répandre l'abondance au sein de la pauvreté, et en peu de temps la commune ne posséda plus d'indigents.

Mayer lui-même, l'ivrogne, converti à de meilleurs sentiments et qui s'était mis avec bonheur au régime de l'eau, eut involontairement sa part de la citerne enchantée. Seulement, ce qui l'étonnait c'est qu'il croyait avoir déjà eu ces monnaies en sa possession.

Frantz avec les pièces miraculeuses sorties de l'eau pure de la citerne, s'affranchit des obligations qui le liaient à la navigation du Rhin pour le compte d'autrui. Il avait de quoi payer son indépendance, il l'acheta. Son beau-père, devenu sobre, recherchant le travail comme une consolation, lui construisit un bateau léger et élégant, dans lequel il descendait le fleuve avec la rapidité de la flèche. Pourtant sa femme était parfois sombre et rêveuse.

— Qu'as-tu donc ? Dorothée, disait le jeune batelier en l'entendant soupirer !

— J'ai du chagrin !

— Qu'est-ce qui te manque ? n'as-tu pas la santé, l'estime publique, l'aisance qui rend la vie facile !

— C'est vrai.

— De quoi donc te plains-tu ?

Alors Dorothée baissait tristement les yeux, jouait avec les grains de son rosaire et répondait :

— Il me manque mon âme !

— Que tu es folle, répondait son mari, le noir marchand dans cette nuit d'orage où le marché s'est conclu, ne t'a-t-il pas dit que tu pouvais la ravoir, si ton mari savait combattre le malin esprit ?

— Je ne dis pas non.

— De son côté, le curé n'a-t-il pas assuré à ton père qu'avec l'abandon de son prix, la vente était nulle.

— Cela peut-être, mais ce ne sont que des conjectures et non des réalités, et c'est bien triste, va, Frantz, mon ami, de ne pas savoir au juste si on a une âme ou si on n'en a pas !

— Eh bien ! veux-tu que nous cherchions à nous renseigner ?

— De grand cœur ; comment verras-tu si j'ai une âme tout entière ?... il peut m'en manquer une partie.

— C'est ce que nous pouvons très-bien savoir, je n'ai pas navigué sur le Rhin avec les grands vicaires de la cathédrale de Cologne pendant six ans, sans avoir appris quelque chose du dogme. Connais-tu ce que c'est que les vertus théologales?

— Non, dit Dorothée, je ne sais pas lire... ma sœur m'a dit autrefois leurs noms, que j'ai oubliés.

— Tu les possèdes sans les connaître. As-tu la Foi? crois-tu?

— Oh! dit Dorothée, à Dieu d'abord, à toi ensuite.

— As-tu l'espérance?

— Pourquoi n'espèrerais-je pas! le présent est heureux, j'ai confiance dans l'avenir.

— Faut-il te demander si tu as la charité, toi si bonne pour le prochain, si indulgente pour ceux moins parfaits que toi.

— Je fais tout le bien que je peux.

— Eh bien! ton âme est au complet.

— Tu crois?

— Il n'y manque rien à cette gentille chaloupe qui vogue dans les eaux du salut, ni les mâts, ni les vergues, ni les voiles, et ton Ange Gardien est bon pilote.

— Sais-tu, répondit Dorothée, ce qui me fait douter de l'intégralité de mon âme?

— Quoi donc! ne te sens-tu plus aussi pieuse?

— Si! je vais à la messe et au salut avec le même plaisir que par le passé.

— Je ne devine pas!

— Je trouve, répondit tendrement Dorothée, en pensant à ton empressement à m'épouser, quand j'étais pauvre, délaissée, maudite peut-être, que je ne t'aime pas assez.

Frantz à ces mots embrassa sa femme.

— Dorothée, s'écria-t-il, ton âme est bien tout entière, va! il n'en manque pas une parcelle... tu possèdes même l'humilité.

Le mystère de ce miracle devait un jour être éclairci.

Quand arriva la kermesse ou fête de la patronne du hameau, que l'on célébrait chaque année au milieu des houras et des refrains, par des jeux, des chants et des danses, on aperçut dix cavaliers qui arrivèrent à toutes brides.

L'un d'eux était un grand et bel homme vêtu de somptueux habits, le seigneur de la contrée.

C'était un véritable gentilhomme d'autrefois, fier avec les grands, familier avec les humbles; il avait, depuis dix ans, succédé au vieux baron allemand, son père, et était presque un étranger pour les habitants de la localité, car il avait passé une grande partie de ses jeunes années à parcourir toute la terre et à s'instruire en voyageant, sur les hommes et les choses de son siècle. — Les neuf cavaliers qui l'escortaient, portaient le costume d'hommes d'armes à ses couleurs; à la selle de son cheval pendait, à la grande stupéfaction des curieux, un objet inusité dans les coutumes et les habitudes équestres ou seigneuriales.

C'était une outre vide !

— Eh bien ! charpentier, dit-il à Mayer confus, vendeur défiant, ne veux-tu plus trinquer avec moi et remplir mon outre à ton broc ?

Mayer ne répondit pas.

— As-tu oublié notre entrevue pendant l'orage, avec le tonnerre et les éclairs pour accompagnement ? — C'était beau ! c'était gai ; l'eau tombait par torrent au-dehors, le vin tombait par flots au-dedans.

— Chut ! disait Mayer, en tournant la tête, ne me rappelez-pas ce funeste souvenir, que je voudrais à jamais effacer de ma mémoire.

— Comment, Mayer, tu renies ton ancienne pratique, tu méprises ton client qui t'a acheté ta marchandise et t'a payé comptant !

— Grâce, répétait Mayer, en se cachant dans la foule des villageois, ce crime, je le déplore et j'ai cherché à le racheter ; monsieur le curé, exorcisez ce démon, délivrez-moi de ses embûches.

Le seigneur se mit à rire de ce rire strident qu'il avait employé dans la nuit de son entrevue avec le charpentier, et étendant la main il saisit Mayer confondu par le bras.

— C'est mal ! dit-il plaisamment, de renier sa pratique, surtout quand on sait comme toi les vieilles chansons à boire où le démon est célébré comme un vigneron heureux. Ne t'en souviens-tu plus de ce couplet que tu me disais entre deux rasades?

Et il se mit à chanter :

> Le diable est vraiment bon sire,
> Sur ma foi,
> Il a plus de force et d'empire
> Que le roi ;
> Puisqu'il sait chanter, rire et boire,
> Ce luron.
> Vive à jamais dans ma mémoire,
> Le démon.

— Qu'on me présente, fit-il ensuite, Dorothée et son époux.

— Seigneur ! exclama la jeune fille en le reconnaissant, c'est le diable, le diable qui avait acheté ma pauvre âme....

— Mon dieu! murmurait Mayer en laissant tomber le verre d'eau avec lequel il trinquait en choquant les brocs de vin de ses voisins, c'est mon acheteur de l'an dernier.

— Monsieur le curé, dit le seigneur en tendant la main au vénérable prêtre, assurez donc ces bonnes gens que je ne suis pas un esprit infernal, mais leur ami à tous ; Mayer, tu es un charpentier habile, plus qu'un ouvrier, un artiste. J'ai entendu l'an dernier tes fureurs, tes vœux d'ivrogne, j'ai voulu t'en corriger... C'est moi qui me suis muni d'une outre de Johanisberg pour te prouver jusqu'où peut aller l'ivresse, c'est moi qui t'ai payé le montant du marché fatal qui effraya tant cette méritoire enfant; faire le diable n'est pas difficile, avec une perruque rousse et des poulaines on le reproduit assez convenablement par une nuit d'éclairs et de tonnerre, quand on est grand de taille et qu'on a neuf hommes d'armes couverts de noirs manteaux à sa suite.

— Comment ! seigneur, risqua Dorothée, c'est vous que j'ai fait boire trois fois et qui m'avez donné la cruche miraculeuse qui, la première, amena de l'or.

— Moi même ! mon cadeau ne vous a pas porté malheur, car la cruche était bénite, le curé était dans ma confidence.

— Et cette citerne, demanda Frantz, pourquoi recèle-t-elle de l'or?

— Le repentir du coupable a servi les innocents, répliqua le bon prêtre, Mayer m'avait chargé d'anéantir le prix de sa trahison, je l'ai jeté dans la citerne afin de satisfaire son généreux scrupule et d'éprouver vos cœurs. Vous vous êtes montrés tous deux de dignes chrétiens, vous avez appelé vos amis à partager cette opulence qui vous arrivait sous l'enveloppe de l'eau, le Seigneur vous aime et vous récompensera, vous avez déjà l'estime de tous, l'affection de chacun; votre postérité sera bénie.

Le seigneur voulut avoir Dorothée et Frantz pour jardiniers, il les combla de faveurs; Mayer, devenu vieux, eut besoin de toutes les exhortations du curé pour se résoudre à boire de l'eau rougie, et, grâce à sa tempérance, il vécut près d'un siècle.

Aujourd'hui encore, bien que plus de deux cents ans se soient écoulés depuis les événements que nous venons de raconter, la fontaine merveilleuse est l'objet d'un pèlerinage continuel; on prétend que ses eaux empruntent à l'or qu'elle a recélé une vertu hygiénique, et on chante encore aux fêtes de la kermesse ce refrain de tempérance de maître Frantz :

> Foin du vin! breuvage perfide
> Dans lequel périt la raison.
> Raisins meurtris, traître liquide,
> Pour l'homme tu n'es qu'un poison!
> Eau divine! où rit la lumière,
> Mère des perles, du corail
> O! viens réfléter dans mon verre,
> Tes mondes d'azur et d'émail.

AGNESIA

ou

LE RUISSEAU DES PRIMEVÈRES.

LE LIVRE DE BEAUTÉ
Keepsake pour 1854.

Sœur Agnèsa, ou le Ruisseau des Primevères.

Les Beautés de l'âme.

(Le Repentir.)

AGNESIA

ou

LE RUISSEAU DES PRIMEVÈRES.

Le château et la ferme sont plongés dans un sommeil profond... la lune est obscurcie par d'épais nuages; une seule lumière luit dans une rue du hameau : c'est celle d'Agnesia.

Agnesia pleure.

Pourquoi, me direz-vous, a-t-elle de la lumière pour pleurer?... Que sais-je?... pour voir couler ses larmes goutte à goutte... pour n'être pas seule dans l'obscurité. La douleur, comme la joie, a besoin de clarté; il n'y a pas de tableau, quelque triste qu'il soit, où ne se glisse un rayon.

Pourquoi pleure-t-elle, Agnesia la blonde, Agnesia aux yeux noirs, blanche comme une colombe au bec rosé? N'a-t-elle pas ce printemps de l'âge où tout est or? n'a-t-elle pas l'avenir, ce grand livre sans cesse ouvert devant nous sans que nous y puissions rien comprendre?

Hélas! Agnesia est inquiète; il lui manque un beau jeune homme dont la fenêtre est vis-à-vis de la sienne, un paysan des environs qui, de temps à autre, fait de longues absences.

— Petite, lui dit sa mère, vieille femme créole, tu as tort de songer à ce jeune fou qui te regarde à travers les rameaux de la forêt..... il est mystérieux et discret, on ne sait même pas son nom.

— Ah! te voilà encore avec tes histoires, dit Agnesia.

— Ma fille, reprend la mère Marthe gravement, Dieu est grand ; je voudrais avoir la confiance et espérer de l'avenir quelque chose d'heureux.

— J'ai rêvé, dit Agnesia.

— Folie!

— Non pas; j'ai rêvé de malade cette nuit. J'étais à garder à ta place une jeune fille abandonnée de tous. Pauvre ange!.....

— Qu'as-tu vu, ma fille?

— Une tombe toute prête, un cercueil noir... que j'ai ouvert... j'ai mis la main dedans.

— Et puis, fit la vieille mère.

— J'y ai trouvé...

— Quoi donc?

— Une rose! une belle rose à cent feuilles, à peine épanouie, et qui répandait autour de moi un délicieux parfum. J'ai voulu savoir comment elle était faite... on est si bizarre quand on rêve : je l'ai effeuillée. Alors une voix douce comme les frémissements de la corde des lyres m'a dit : Ton malheur est fini. J'ai aussitôt étendu les bras avec ivresse, mais ma main a posé sur quelque chose de froid..... C'était mon chapelet de perles..... Je venais de me réveiller...

— Et tu en augures bonne nouvelle?

— Oui, dit la jeune fille, bonheur viendra.

En cet instant la mère Marthe leva la tête, qu'elle dégagea de sa coiffe, et l'on vit son visage prendre une expression sublime... et douloureuse à la fois. Mère Marthe était créole.

Son teint, quoique cuivré, n'excluait pas une admirable beauté, qui avait résisté à l'âge et aux douleurs. Enfant des colonies, elle en avait le type admirable : c'était la fille d'Orient à dix-neuf ans; c'était la sorcière des Antilles à cinquante.

Dans tout son village on l'appelait la mère des malades; elle s'était fait de la charité un état.

On lui donnait pour sa nuit quelques sous, du café et de l'eau; elle emportait son livre de prières, et lisait au chevet des laboureurs souffrants.

On ne lui connaissait pas de famille.

Marthe était venue il y a vingt ans, convalescente, avec son enfant, s'installer dans le modeste logement qu'elle occupait encore. Pendant le choléra, elle avait fait preuve, auprès des malades, d'un courage héroïque; sa bravoure lui a valu quelque argent et beaucoup de considération.

Plus tard une sœur vint la rejoindre; c'était la seule personne qui fût admise dans son intimité.

Peu d'instants après le colloque dont nous avons rendu compte, mère Marthe s'enveloppa dans sa mante pour sortir.

— Mère, dit alors Agnesia, jamais je ne pourrai m'empêcher de songer à ce paysan qui nous veut tant de bien.

— Ma fille, répondit la vieille, sais-tu son nom de famille?

La jeune fille devint rouge comme une grenade.

— Je ne l'ai jamais demandé, dit-elle.

— Grand Dieu!

— Oh! mère, ne vous fâchez pas. Si vous saviez combien notre amitié est sainte. J'ignore si vous me devez blâmer, mais ce que j'éprouve pour Albert, c'est un irrésistible attachement, pur, chaste, doux comme l'amitié des anges. Le voir, voilà ce que je désire, dussé-je ne jamais être unie à lui, dussé-je ne jamais entendre le son de sa voix.

— Mais il t'a écrit, malheureuse enfant, sa lettre où est-elle?

— La voici, répliqua la jeune fille.

Et elle tira de son sein un petit papier rose très chiffonné, tant il avait été consulté de fois.

La mère lut :

« Ma belle voisine,

« Je ne vous aurais jamais écrit si je ne devais partir, vous quitter... Mon père est très malade; les médecins lui ordonnent l'air natal. Dieu sait quand je pourrai revenir.

« Oh! Agnesia, vous savez combien vous m'intéressez; mais ce n'est point un intérêt dont vous deviez rougir. Non; j'ai vu bien des dames dont la beauté était incontestable, bien des yeux bleus ou noirs ont brillé devant moi; mais, vous le dirai-je, ce n'est pas ainsi que vous m'impressionnez... Il me semble qu'il suffirait à mon bonheur de vous voir toujours, de jeter des roses dans votre chambre le matin, de vous regarder sourire, de vous savoir heureuse!..... Vous êtes belle, Agnesia; eh bien! ce n'est pas votre beauté que j'aime, et sans le village qui vous admire, je ne m'en serais jamais aperçu.

« Quelle est donc cette douce émotion que j'éprouve à votre aspect? Les poètes de l'Occident prétendent que nous rencontrons une fois dans notre vie sur la terre, sous des traits humains, l'ange auquel Dieu nous confie, le séraphin chargé de notre garde : ne seriez-vous pas, Agnesia, ma belle, cet ange aimé de Dieu?

« Je ne vous verrai plus de longtemps au bord du clair ruisseau qui encadre la prairie, alors que vous revenez de la ville, votre panier de provisions sous le bras; je ne tiendrai plus votre main dans la mienne en écoutant vos confidences, vos espérances de bonheur; tandis que sur la porte de la maisonnette voisine, votre mère suit notre entretien d'un œil bienveillant; je ne cueillerai plus pour vous, autour de ce ruisseau, les primevères que nous y semions ensemble.

« Oh! plaignez-moi, car je pars; aimez-moi, car je souffre.

ALBERT.

Après avoir écouté cette lecture, Agnesia laissa tomber sa tête dans ses mains et rêva.

La douleur se peignit sur ses traits ; elle, fille d'un monde inconnu, elle, sans famille, d'innombrables obstacles lui dévoilaient l'impossibilité d'un heureux avenir.

— Seigneur ! dit-elle, d'où vient que parmi tous les gens de ce hameau, le seul qui ait été bon pour moi, qui m'ait enseigné à lire, qui m'ait raconté les beaux traits de l'histoire et la vie des hommes célèbres illustrant leurs siècles, soit précisément celui qui s'absente si mystérieusement et me laisse sans conseils. Il est certain que quelque motif secret le fait agir, il a des manières au-dessus du rang qu'il semble occuper, sous ce chapeau de montagnard brillent des yeux intelligents, son front est haut, sa bouche petite, son sourire fier, sa taille élégante. Il est riche, peut-être, et veut cacher son opulence....

Mère Marthe sortit et tout en devisant ainsi avec elle-même, Agnesia se rendit machinalement au lieu des rendez-vous journaliers, au ruisseau des primevères. Asseyons-nous avec elle sur ce tertre odorant qui sert de divan au jeune couple dans ses conciliabules innocents, et bien que nous ne possédions pas le pinceau de Coral ou de Rousseau, esquissons le paysage qui nous environne.

Le ruisseau était une douce source, blanche et pure, qui coulait langoureusement sur un gravier de cailloux roses sans cesse polis par ses paisibles ondes. A sa droite on distinguait, au pied d'une colline, la maisonnette de la mère Marthe avec sa blanche enveloppe et ses cheminées grises sur un toit rouge de briques. Au loin s'étendait comme le manteau du printemps une prairie dont les herbes jaunissantes étaient émaillées de marguerites et de coquelicots. Le ruisseau était orné à sa droite par de nombreuses touffes de primevères, fleurs favorites de la jeune paysanne, et que le paysan avait multipliées le long des rives avec une sorte de religion. Au-dessus de cette source murmurante un chêne noueux courbait doucement sa taille de géant, comme pour garantir par son ombrage les jeunes gens des feux du jour.

A cette place la jeune fille se rappela ses entretiens passés.

— Agnesia ! disait Albert, ne me demandez pas encore qui je suis, vous le saurez plus tard ; aujourd'hui je suis un pâtre, un paysan de ces coteaux, un chasseur de ces montagnes, mais, confiez-vous à moi, dites-moi tous vos chagrins, je veux les chasser et vous rendre à jamais heureuse.

— Tant de bonté, répliquait Agnesia, mais je n'en conçois pas le motif, vous ne me connaissez nullement, ma mère, pauvre garde malade, n'a aucune fortune, vous ne pouvez songer à m'épouser.

— Je ne veux pas vous épouser, répondait Albert.

— En vérité !

— Non !

— Je suis donc bien laide ?

— Vous êtes charmante, mais je souhaite pour vous un bonheur dans lequel je n'ai point à revendiquer une part ; je suis votre ami et non un prétendant à votre main.

— Vous ne voulez pas de moi, et vous avez raison, je suis pauvre et sans nom.

— Eussiez-vous en votre possession, chère Agnesia, tous les trésors du roi de France, je refuserais de même. Cela n'empêchera pas que je sois votre ami constant et infatigable.

Tel avait été le sujet des causeries au bord du ruisseau des primevères ; ces fleurs embaumées, admises comme confidentes sous le vieux chêne complaisant. Quand Albert partit rejoindre son père malade, Agnesia en avait cueilli un bouquet et l'avait offert à son ami.

— Je ne suis qu'une pauvre fille, avait-elle balbutié, les larmes aux yeux, je ne sais comment vous remercier avec éloquence de vos leçons, de vos conseils, de vos bontés incessantes, emportez avec vous le bouquet que j'ai cueilli et qui est formé des fleurs que nous plantâmes ensemble ; puisse-t-il vous rappeler, pendant votre absence, celle qui vous a voué un éternel souvenir.

Et tandis que d'un bras tremblant elle tendait les primevères à Albert, une de ses larmes tomba sur leurs feuilles mignonnes comme une goutte de rosée.

Cependant le jeune homme ne revenait pas, les semaines s'écoulaient, les mois se passaient, la saison d'été s'avançait, les primevères étaient presque toutes mortes et les ondes fraîches du gentil ruisseau emportaient leurs calices égrenés.

— C'est fini, se dit Agnesia, il m'a oubliée.

— Qu'espérais-tu, fille inconsidérée, lui dit la mère, de ses discours bizarres, cet homme cachait peut-être sous le masque d'une subite amitié, que rien ne venait motiver, des projets coupables et clandestins. Méfies-toi de plus puissant que toi-même, mon enfant, il te briserait en te touchant.

Tout à coup se levant elle continua avec exaspération :

— Agnesia, l'amitié des inconnus brûle et tue, mon enfant!

— Comment?

— Ecoute, ma fille, reprit solennellement la vieille femme : as-tu jamais remarqué au front de ta mère une marque?

— Oui, répondit la jeune fille ; une large cicatrice, n'est-ce pas?

— Sans doute. As-tu jamais demandé à ma sœur d'où elle provenait?

— Oui, bonne mère ; elle m'a dit que c'était une chute, quand tu étais enfant.

— Elle t'a trompée. Prête-moi attention, Agnesia ; tu as dix-sept ans, tu es grande fille, et tu peux tout savoir.

Il y a vingt ans, j'étais dans ma patrie, sous un ciel de feu, libre, vivant dans mon indépendance, au milieu de tous les trésors de la nature la plus riche, dans un lieu où les fruits sont embaumés et les fleurs semées par millions sur la surface de la terre. Un jour, d'infâmes spoliateurs, spéculant sur les créatures de Dieu, se mêlèrent parmi mes frères, tuèrent les plus vaillants et chargèrent de fers les femmes et les faibles. Ta mère fut de ce nombre.

On la mena dans une plantation et on la vendit à un blanc. Ce blanc fut séduit par ma piété et ma douleur ; il n'épargna rien pour que cette esclave lui fût adjugée... Il réussit.

Je devins sa femme.

Hélas! pauvre enfant de la nature, je ne connaissais pas les lois européennes; je ne savais pas que l'attachement doit être sanctifié par un contrat. J'avais un maître beau, jeune, bon; il prit un jour mes mains à genoux devant un prêtre, qui sortait en cet instant de la chapelle de nos plantations, et je me crus pure et blanche comme la robe de lin des premiers nés de nos montagnes.

Mon époux m'aima avec passion; mon cou était sans cesse orné des perles les plus rares du corail taillé; les plumes les plus riches étaient attachées à mes cheveux par des liens d'or; je n'avais d'autre travail que de lui plaire.

Un enfant naquit de cette union : ce fut toi.

— Moi! s'écria Agnesia.

— Oui. Ta venue en ce monde fut saluée par d'unanimes éclats de joie; toutes les esclaves aimaient ta mère : elle était si bonne, elle les défendait si bien contre le fouet du commandeur.

Un jour, les richesses du maître furent dispersées par la volonté de Dieu; les orages, la foudre, les maladies et la guerre le ruinèrent.

Il songea alors à épouser une européenne.

Car il ne se considérait pas comme marié, lui, le lâche! Parce que ta mère était une fille de couleur, naïve et sainte, il se croyait en droit de la briser comme un hochet. Le prêtre nous avait bien béni mais un maire n'avait pas rédigé et fait signer un contrat. Il partit et ramena d'Europe, quelque temps après, une dame de son pays, une petite blanche, pâle et fière.

Si ta mère avait été une femme intéressée, une âme vile et sordide, ce mariage eût été pour elle un bonheur, car un chef de la plantation, la veille des noces, lui apporta deux mille pièces d'or, et lui dit :

— Marthe, tu es libre, pars, le maître t'assure par cette somme, à toi et à ta fille, une heureuse aisance; que demain le soleil ne vous revoie pas ici.

Je pris la bourse et gardai un morne silence.

Seulement, quand les époux le lendemain rentrèrent chez eux, ils trouvèrent une femme debout sur le seuil, les cheveux épars, et qui criait :

— Fille d'Europe, n'entre pas chez moi, car je suis devant Dieu l'épouse de cet homme.

Et je jetai aux pieds du maître la bourse qu'il m'avait envoyée la veille.

Il y eut alors un horrible conflit, la nuit, sans autres témoins que les noirs de l'habitation qu'on avait enchaînés; on entendit des cris... des plaintes, puis rien... tout était devenu silencieux.

Le lendemain, les femmes esclaves trouvèrent ta mère étendue, pâle et sanglante à la porte de ce logis, dont elle avait été si longtemps la souveraine..... Désolée, moitié morte, elle s'était heurtée la tête contre un mur qui lui avait fendu le front.

Elle respirait encore.

Ta tante, esclave comme moi, aida à me transporter dans un canot. Je revins à la vie, et grâce à ses soins je passai en France.

Quant au maître, on lui dit que Marthe avait été trouvée morte et que son enfant était parti.

Il rendit à ta tante la liberté.

Sa figure lui rappelait mes traits, à moi qu'il avait aimée..... qu'il avait chassée. Il avait des remords.

Quand ma sœur quitta l'île il avait perdu sa femme. — L'Européenne avait succombé en donnant le jour à un fils. — L'ingrat était devenu plus triste que jamais.

Ici la créole ajouta :

— Dis-moi maintenant si la fille de Marthe l'esclave, si l'enfant abandonné peut songer à se marier?

Agnesia cacha son front dans le sein de la bonne créole et pleura amèrement.

Un soir, le village fut en émoi par l'arrivée d'une chaise de poste hermétiquement close et qui dérobait le voyageur à tous les regards. Le postillon, interrogé, ne répondit à aucune des questions, il était étranger au pays. Il s'arrêta devant l'unique auberge dans laquelle un domestique, parti deux jours à l'avance, avait fait préparer un logement. Il avait annoncé à l'aubergiste qu'il s'agissait de recevoir un malade auquel l'eau de ces montagnes était ordonné, et qui paierait généreusement une confortable et discrète hospitalité.

Malgré le soin que prirent les maîtres de l'auberge pour dérober à leurs voisins la vue de leur hôte, on vit descendre de la chaise de poste un vieillard, soutenu par un jeune homme, vêtu comme les messieurs de la ville, avec une grande recherche; le vieillard paraissait souffrant, car il fallut le lever à bras d'hommes pour lui faire monter l'escalier qui conduisait à l'appartement destiné à le recevoir.

Ce soir là, quand onze heures sonnaient... la nuit était déjà noire....

On frappa tout à coup chez la mère Marthe.

— Qui vient à cette heure?

— Un homme se meurt : il faut une garde.

— Me voici, dit la créole. Je croyais bien coucher dans mon lit, mais il faut obéir.

Elle partit... Agnesia ouvrit la fenêtre, la suivit des yeux. Oh surprise! elle entrait chez l'étranger malade dont on avait annoncé l'arrivée.

— Voilà la personne qu'il faut veiller, dit le valet, l'introduisant.

Un homme était couché dans le lit... les lis du trépas avaient blanchi son front; il se débattait contre l'agonie.

— Cela suffit, reprit Marthe, je ne dormirai pas. N'y a-t-il rien à lui faire prendre?

— Rien, dit un médecin qui l'accompagnait; car nous n'avons plus d'espoir.

Un jeune homme pleurait tout bas : c'était Albert!

Marthe jeta les yeux sur le moribond.

— Juste Sauveur! dit-elle, c'est lui!

Le mourant étendit ses bras vers elle.

— Oh! ne me maudissez pas! grand Dieu! Est-ce un rêve? elle vivante! Marthe! On ne m'a pas trompée.

Marthe se jeta à genoux au pied du lit.—Albert fondait en larmes.

— O maître! dit-elle, reviens à toi. Tu m'as délaissée, tu m'as repoussée comme on repousse l'esclave insoumise ; mais je te pardonne... Je t'aime ; reviens, et je te porterai dans mes bras à notre soleil de feu qui ranime la vie, et je serai ta servante dévouée.

Le mourant se leva sur le séant par un effort suprême.

— Marthe, dit-il, je le sens... c'est vers Dieu que je vais... mais je meurs plus tranquille, puisque tu vis et que tu me pardonnes. Mon fils, guidé par mes remords, chargé de préparer ma paix avec Dieu, avait suivi tes traces, il avait appris que notre fille était un ange et que dans la misère même elle faisait aimer son caractère charmant..... Je me suis traîné jusqu'ici.....

Puis, faisant un effort, il ajouta :

— Oh !... notre enfant, Agnesia ! m'aime-t-elle un peu....

— Agnesia ! s'écria Marthe ! n'êtes-vous pas son père !

— Elle existe, dit Albert, elle vous aime et vous bénit.

— Oh ! qu'elle vienne !... je veux ma fille !... O mes enfants ! entourez-moi.

Le malade retomba sur l'oreiller.

Il sentit bientôt une jeune enfant se pencher sur son lit et embrasser ses froides mains... La douce et pure vierge, qui apprenait à connaître l'auteur de ses jours pour ne plus le revoir, laissa tomber un de ses pleurs sur son front.

Cette larme, diamant précieux de la piété filiale, un ange dut la recueillir ; et quand le vieillard parut devant le trône de Dieu, cette larme, trésor ineffable d'amour et de bonté, racheta pour toujours les fautes de celui qu'allait juger le Seigneur.

Le vieillard ne vit bientôt plus ; les ombres de la mort l'entouraient ; seulement on l'entendait répéter :

— Marthe ! ô pardon ! Marthe ! Agnesia ! mon fils !

Sa main glacée tenait quelque chose qu'elle serrait entre les doigts ; c'était une relique, un souvenir précieux, un talisman du cœur...

C'était le bouquet de primevères du ruisseau que lui avait apporté son fils...

Dieu reçut dans son sein paternel son repentant enfant.

Marthe, désolée, ne voulut que personne se chargeât des dures fonctions qu'elle professait. Ce fut le dernier mort qu'elle ensevelit.

Quelques jours après ce triste événement, l'excellent Albert se présenta chez elle.

— Madame, dit-il, voici une clause testamentaire à laquelle je souscris de grand cœur, clause qui fait que votre fille partage avec moi la fortune de celui que nous pleurons.

— Oh! Monsieur, fit Agnesia, c'est moi qui vous dépouille.

— Mais je suis trop heureux, dit Albert en embrassant les jolies mains blanches de son amie. Ne vous rappelez-vous pas nos sympathies, l'élan de nos deux pauvres cœurs, notre attachement si grand dans sa noblesse et dans sa pureté, nos confidences au bord du clair ruisseau, nos leçons avec l'herbe des champs pour table, les primevères pour compagnes et le vieux chêne pour abri?

— Votre attachement ne m'étonne plus, répondit Agnesia en embrassant au front le jeune homme.

— Pourquoi?

— Méchant... ne suis-je pas votre sœur?

LES AVENTURES DE DEUX GANTS BLANCS.

Les Beautés de l'esprit.

(Le secret des bonnes actions.)

LES AVENTURES DE DEUX GANTS BLANCS.

Il y a déjà quelques mois, quelques années, peut-être... je demeurais sur le quai aux Fleurs, quartier fort gai, fort varié; ma fenêtre m'offrait mille charmes... J'y découvrais toutes les paysannes des environs de Paris, plus fraîches que leurs roses, mais moins timides que le lis penché qui frémit au contact de l'air... J'y voyais aussi d'autres choses agréables, les rives parallèles de la Seine, ma capricieuse voisine, les bateaux de pêcheurs qui la côtoyaient, et MM. les condamnés que l'on menait au poteau d'exposition de la place du Palais-de-Justice ; — c'était fort amusant.

Ce qu'il y avait surtout d'agréable au superlatif, c'était un petit bijou en bonnet de tulle et en robe d'indienne... fraîche comme le printemps, gaie et pétillante comme un bouchon de champagne, bonne et sensible comme... toutes les jeunes filles, j'entends celles du quai aux Fleurs. — Elle avait un joli nom aussi, elle se nommait Rosée...

Un jour j'entrai chez Rosée, empressé, bouleversé, haletant.

— Ma bonne voisine, lui dis-je, vous me voyez perdu, déshonoré ; je n'ai plus d'espoir qu'en vous.

— Ciel ! qu'y a-t-il ? que voulez-vous ? parlez, qui vous manque ?

— Ma gentille brunette, vous me voyez en habit noir, en gilet de piqué blanc ; je suis invité à un bal où je dois être présenté à un grand auteur que je ne connais pas, mais qui me protégera, et je n'y puis aller.

— Pourquoi ?

— Regardez... pas de gants, pas de gants blancs !

— Et pas d'argent ?

— Pas même un centime du royaume de Monaco ; et je venais voir si vous pouviez...

— Moi, dit Rosée, j'ai dépensé mon dernier franc à aller voir avec une demoiselle du magasin le *Sonneur de Saint-Paul* de M. Bouchardy.

— Alors, que faire ? sans gants je n'irai pas dans le monde ; et pourtant mon avenir, peut-être, dépendait de...

Ici Rosée poussa un cri de joie.

— J'ai votre affaire, me dit-elle ; je connais au marché du Temple une fripière qui achète, des femmes de chambre de grandes maisons, les robes et les atours de leurs maîtresses.

— Eh bien !

— Eh bien ! elle a des gants.

— Blancs ?

— Blancs ! Avez-vous la main bien grande ? — Non. — Alors c'est à merveille. Je ne fais qu'un saut d'ici à ma revendeuse, et vous irez à votre bal, mon noir désespéré.

Et riant elle s'échappa, prenant à peine le temps d'envelopper sa taille fine et délicate d'un tartan noir et rouge... Mais qu'elle était jolie ainsi !... la jeunesse n'a pas besoin de cachemire.

Le soir, j'entrais chez M. de Bro... où j'étais invité ; et, bonheur inouï !... j'avais des gants blancs !...

Deux jolis petits gants sentant l'ambre et le patchouli... et dans lesquels ma main n'aurait jamais pu se loger sans d'immenses efforts...; deux bijoux de peau de chevreau que la main des danseuses n'avait point souillés, car ils étaient sans aucune tache. Ne pouvant introduire mes cinq doigts dans ces prisons parfumées, je les tenais à la main, ce qui satisfaisait suffisamment les exigences de l'étiquette.

Tout à coup madame de Bro... vint à moi et me dit :
— Comment, monsieur, vous ne dansez pas?
— Non, madame.
— Oh! c'est un crime de lèse-galanterie; quand on a vingt ans on danse toujours; c'est le paiement d'une contribution forcée.
— Je n'ose inviter une de ces dames, balbutiai-je. Tenez, Monsieur, dit Madame de Bro... saisissant ma main nue; en voici une qui vous permettra de danser avec elle; elle vient d'arriver et n'a point d'engagement, c'est une charmante polkeuse....

La dame devant laquelle Madame de Bro.... me conduisit était extrêmement jolie.... une peau de satin blanc, des yeux de feu, noirs et étincelants comme des rubis à la lueur des lustres.... une bouche adorable, un sourire moqueur à rendre fou, telle était la marquise Jane de Rezeillie.

— Venez, mon bel ange, dit Madame de Bro.... Monsieur me demandait la faveur de danser avec moi.... Hélas! je suis trop raisonnable.... je ne suis bonne que pour le *menuet*; mais j'ai un crédit ouvert sur le grand livre de votre affection; je tire à vue sur votre amitié; vous acquitterez mes dettes.

La belle Jane se leva et salua en signe d'aquiescement. — J'étais pris, j'allais danser, il fallait mettre mes gants.

Je me livrai alors à tous les efforts possibles pour ganter mes mains; je suais de honte et d'impatience.

— Vous paraissez avoir des gants un peu justes, me dit la marquise en riant; vous ne les mettrez jamais.
— Madame, balbutiai-je, je suis confus....
— Laissez-les, me dit-elle avec une grâce charmante.
— Mais je ne puis vous offrir à danser sans cela.

— Qu'importe! puisqu'on ne peut mieux faire.

Et elle me livra sa main.... main de fée, main de **poupée**, mignonne, petite, effilée, avec des doigts d'ivoire et des ongles de rose.

Quand j'eus fini la contredanse, je m'échappai à la hâte, car il me tardait d'être seul.... Pourquoi? parce qu'en faisant tous mes efforts pour me ganter j'avais senti que l'un de mes gants contenait un billet!...

Je me cachai dans un coin de la salle d'attente, et là je tirai le mystérieux papier... vélin soyeux, chiffre à armoiries, écriture de femme, je vis cela du premier coup-d'œil.... J'allais lire, quand derrière moi je vis un homme grand, froid, sec, qui regardait sur mon épaule.

— Monsieur, me dit l'inconnu, voici ma carte.

— Pourquoi faire?

— Demain, porte Maillot, à six heures du matin, à l'épée ou au pistolet, à votre choix.

— Mais.... Monsieur.... puis-je vous demander?

— Chut!... pas de bruit, je vous prie. A demain, s'il vous plait?

Et, me saluant avec une froide politesse, il disparut dans la foule des danseurs.

Je regardai la carte, *Jean de Rezeillie!*... Pourquoi ce cartel? je m'y perdais! je ne connaissais personne de ce nom, je n'avais offensé personne....

Je pensai bien que ce devait être la suite d'une erreur... Mon billet me revint à l'esprit; mais la contredanse recommençait, et ma belle marquise Jane *m'avait retenu* par bonté d'âme. A peine eus-je achevé que je me mis à ouvrir de nouveau le billet.

— Monsieur, me dit-elle d'une voix douce et tendre, je vous en conjure, soyez magnanime.

Je regardai ma danseuse avec des yeux qui devaient lui peindre l'étonnement le plus vif et le plus sincère.

— Que voulez-vous dire, madame?

Elle s'avança tremblante vers moi.

— Vous savez tout?... me dit-elle, et j'espère que vous n'irez pas colporter la nouvelle dans ce salon; mais par quel hasard êtes vous maître de mon secret?

— Je ne comprends pas, dis-je, mais je vous prie de me permettre....

— Oh! monsieur! pas ici.

— Quoi? demandai-je.

— Au nom de celle que vous compromettez, reprit-elle plus sérieusement, soyez généreux, cachez ce papier; je vous le demande instamment.

Pour le coup, j'étais stupéfait...Je resserrai machinalement le billet dans mon gant... Il me semblait évident que j'étais sous le poids d'un capricieux hasard.... d'une inexplicable situation.... N'y pouvant rien concevoir, je m'abandonnai à ma destinée.

Je dansai comme un perdu et sans gants toute la nuit... nouveau genre de suicide que je recommande à ceux qui ont le spleen.

Le bal dura jusqu'à sept heures du matin. Je le quittai à six heures. Comme je descendais, un monsieur couvert d'un manteau galonné, portant sous ce vêtement une livrée écarlate, m'arrêta.

— Etes-vous le danseur qui lisiez à minuit un billet dans la salle d'attente?

— Je le suis.

— Alors, souffrez que je vous conduise.

Et il m'ouvrit la porte d'un splendide équipage et me força presque d'y entrer.

Je me trouvai nez à nez avec le monsieur au cartel. Il me salua; il y avait deux personnes avec lui, toutes deux décorées, toutes deux appartenant, si j'en jugeais par leur maintien, à l'aristocratie.

Nous arrivâmes au bois; on choisit une place. M. de Rezeillie, rompant alors pour la première fois le silence, me dit:

— L'épée ou le pistolet?

Je m'élançai vers les témoins.

— Permettez, leur dis-je, je demande à savoir...

Les témoins me répondirent avec le plus grand sang froid:

— Oh ! Monsieur, c'est inutile, il n'y en a que trop de dit comme cela.

— Mais, m'écriai-je, veuillez me permettre ; je veux savoir pourquoi nous nous battons.

Alors M. de Rezeillie avec un air chevaleresque :

— Monsieur, nous nous battrons jusqu'à la mort ; mais nous manquerions, vous et moi, aux convenances s'il nous échappait une seule parole d'explication qui compromettrait un tiers.

— Monsieur, lui répliquai-je exaspéré, il me semble que si quelqu'un est compromis ici, c'est moi, que l'on force à se battre, sans raison, sans motif.

— Sans motif, dit mon adversaire, et cette lettre ?

— Quelle lettre ?

— Chut ! pas un mot et en garde.

Et M. de Rezeillie allait se préparer quand un bruit se fit entendre... derrière un buisson.

C'était la gendarmerie.

— Monsieur, dit M. de Rezeillie, me regardant avec fureur, vous êtes un lâche : c'est vous qui avez appelé ici la force armée.

Au mot de lâche je m'élançai sur l'insolent, mais les gendarmes m'arrêtèrent et me retinrent jusqu'à ce que les trois messieurs eurent disparu.

Je rentrai chez moi furieux.

En me déshabillant, il tomba quelque chose d'un de mes deux gants... c'était le billet.

Je l'ouvris et je lus :

« Mon bien cher ami,

« Soyez discret, je vous prie, sur ce que je vous dis ici... Faites prendre demain, pour votre pauvre femme dont vous m'avez parlé, cent cinquante francs que mon notaire paiera sur le vu de ce griffonnage. Je vous en veux de ne pas m'avoir fait participer plus tôt daus cette œuvre pieuse... Ne suis-je pas toujours celle qui vous aime de cœur, et pour toujours,

« JANE. »

« A M. le curé de***. »

Je restai immobile après la lecture de cette lettre; la vérité se faisait jour... Ces gants que Rosée m'avait procurés, ils avaient appartenu à la marquise, à la belle marquise, et sa femme de chambre les avait vendus sans se douter que le précieux billet était caché dans l'un d'eux.

Ces gants, jetés par ma belle polkeuse pour quelque vice originel, avant même d'avoir revêtu ses jolies mains, elle les avait rendus les confidents de ses bonnes actions cachées, et elle avait été trahie en oubliant de retirer de leur intérieur le billet philanthropique destiné au curé de sa paroisse. — Après cela allez donc vous confier à des inconnus, fussent-ils en chevreau et nés chez Jouvin?

— Parbleu! me dit Rosée, madame de Rezeillie? je travaille pour elle, et cela ne m'étonne pas d'apprendre ce qui vous est arrivé; vous ne savez pas que son époux passe pour un jaloux farouche, un brutal, un ancien général qui ne souffre pas qu'on s'occupe de sa femme, même pour la faire danser deux fois de suite. Il a vu votre billet, et, sans vouloir entrer dans aucun détail, il s'est cru le droit de vous brûler la cervelle pour le seul fait de sa possession.

— Mais, madame de Rezeillie est une sainte, répondis-je; ce billet même est une preuve de la pureté de sa vie, de la charité de son âme.

— Mon cher, dit Rosée, si vous aviez étudié Othello, vous sauriez qu'un jaloux est jaloux de tout, même des pauvres que le bon Dieu nous ordonne d'aimer. — Allez reporter votre trouvaille et finissez ce singulier quiproquo.

Je me rendis chez mon antagoniste; je trouvai M. de Rezeillie, fort surpris de me revoir. J'étais fort, j'avais des gants, des gants à moi!... sans compter ceux de sa femme.

— Monsieur, lui dis-je, je vous rapporte un billet.
— Un billet? répliqua-t-il.
— Le voici, ajoutai-je.

Le gentilhomme le prit et le parcourut d'un œil rapide. La surprise, la joie, la honte se peignirent tour à tour sur son visage... Il le relut à plusieurs reprises, n'osant lever le regard sur moi; à la fin, une larme brilla dans ses yeux et il me tendit la main.

— J'étais absurde, fit-il avec une généreuse confiance.

Puis sonnant :

— Annoncez à madame que je sollicite l'honneur de la voir.

Nous vîmes bientôt la comtesse Jane entrer le sourire sur les lèvres. Elle me fit une profonde révérence.

— Madame, dit son époux en lui rendant son billet, voici ce que vous avez perdu.

— Monsieur, murmura la comtesse, en s'adressant à moi, c'est mal à vous de m'avoir trahie.

— Si vous saviez, m'écriai-je, ce qui m'est arrivé !

Le mari m'interrompit.

— Tous les torts m'appartiennent, objecta-t-il, et monsieur est innocent de l'indiscrétion commise.

— Mais comment, dit l'aimable Jane, ce billet, ces gants, sont-ils en votre pouvoir ?

Je rougis à mon tour, ne sachant que répondre.

— Je les ai trouvés, répondis-je après une assez longue hésitation, et j'allais vous les rendre, madame, quand votre modestie m'imposa silence. Je n'aurais jamais eu la fatuité d'entrer mes mains dans ces prisons étroites que vos doigts seuls peuvent ganter.

— Monsieur, dit le comte, vous êtes maintenant de nos amis, nous vous verrons souvent, j'espère; un confident c'est précieux à ménager... vous savez maintenant les secrets de ma femme.

. . . .

. . . .

Depuis ce jour je suis reçu chez les deux époux et leur amitié a aplani pour moi bien des difficultés sociales. Rosée m'a souvent dit que les gants blancs de la revendeuse m'avaient évidemment porté bonheur.

C'est égal, depuis, de peur de provocations et de duels, je n'en achète plus d'occasion ; fussent-ils originaires du boudoir de Ninon ou de Brummel, l'élégant; plutôt que de faire un second appel à la revendeuse à la toilette, j'aimerais mieux adopter des gants à 29 sous, vert poireau, avec des coutures à la mécanique.

L'EXCÈS EN TOUT EST UN DÉFAUT.

Les Beautés physiques.

(L'élégance.)

L'EXCÈS EN TOUT EST UN DÉFAUT.

PROVERBE.

PERSONNAGES.

MADAME LA COMTESSE D'ENNEVAL, cinquante ans, veuve spirituelle, robe de poult de soie feuille morte, chapeau de velours à plumes, chaîne d'or à lorgnon.
ERNESTINE, jeune mariée, 19 ans, robe de mousseline blanche sans volants, mitaines soie et or, coiffure à l'anglaise.

LUCIEN DE BLIGNY, sous-secrétaire-d'état, quarante ans, habit noir élégant, rosette de la Légion-d'Honneur, bottes vernies, gilet de piqué blanc.
LOUISETTE, femme de chambre, robe mousseline à fleurs, tablier de soie noire, bonnet à rubans voyants.

(La scène se passe à Paris, dans un salon du faubourg Saint-Honoré.)

MADAME D'ENNEVAL, *entrant.*

Comment! ma chère, encore au travail, encore plongée dans vos méditations? — Oh! mais c'est phénoménal, mon ange; vous êtes la statue de la Sagesse.

ERNESTINE.

Que voulez-vous, mon amie? un grand train oblige à de grandes préoccupations. La femme d'un secrétaire-général doit, sous peine d'être taxée d'insouciance et de prodigalité, régler elle-même l'économie de sa maison. — Au moment où vous êtes entrée, j'organisais notre dîner de vendredi prochain. — Les ministres, le corps diplomatique, l'Institut y seront....

MADAME D'ENNEVAL, *riant*.

Et quel est le corps le plus gourmand : la politique, la diplomatie ou la littérature?

ERNESTINE, *riant aussi*.

Mon économie n'a point encore été jusqu'à cette comparaison... Il n'en est pas moins vrai qu'il faut tout régler, tout coordonner. Les valets ne sont que des automates; la dame de maison est l'intelligence qui les fait mouvoir.

MADAME D'ENNEVAL.

C'est à merveille, bon ange; mais ton mari, que fait-il pendant ce temps?

ERNESTINE, *avec une gaîté forcée*.

Ne voudrais-tu pas qu'un secrétaire-général s'occupât de cuisine?

MADAME D'ENNEVAL.

Pourquoi donc? M. de Talleyrand goûtait bien les sauces. Mais enfin, sans faire le menu, ton seigneur et maître pourrait prendre dans les travaux d'ensemble une part de collaboration.

ERNESTINE, *soupirant*.

Non, il est toujours dehors.... (Se reprenant.) Oh! il est si occupé..... Les élections municipales lui ont donné beaucoup de travail.

MADAME D'ENNEVAL, *lui prenant la main*.

Écoute, Ernestine ; tu caches en vain à ta meilleure amie les peines de ton cœur ; tu es malheureuse en ménage?

ERNESTINE, *avec embarras*.

Moi... non... je t'assure.

MADAME D'ENNEVAL.

Tu es malheureuse, et pourtant ton mari est excellent. Lucien n'a rien à te refuser....

L'EXCÈS EN TOUT EST UN DÉFAUT.

ERNESTINE.

C'est vrai.

MADAME D'ENNEVAL.

Eh bien ! veux-tu savoir pourquoi l'indifférence, ce démon invisible qui enchaîne l'amour, vient se glisser parmi vous ? pourquoi cette flamme si belle, si tendre, s'est presque éteinte ? C'est que tu es trop humble.

ERNESTINE.

Comment, ma bonne amie, peut-on jamais l'être trop ? — L'humilité n'est-elle pas l'apanage des femmes ?

MADAME D'ENNEVAL.

Sans doute, mais il faut éviter les extrêmes.... Quand ton mari reçoit le monde, que fais-tu ?

ERNESTINE.

Je prépare les services, les vins, les plats sucrés pour lui plaire.

MADAME D'ENNEVAL.

Prosaïquement, sans songer à ce qu'il trouve de trivial, de servile, de blâmable dans cette humilité même ? — Sûr qu'il est de te voir partager tous ses goûts, tous ses plans, toutes ses idées, il a fini par ne plus te consulter en rien.

ERNESTINE.

Ne lui dois-je pas obéissance ?

MADAME D'ENNEVAL.

Au lieu de suivre le ton des femmes de ton rang, tu es mise avec une simplicité extrême.

ERNESTINE.

C'est l'économie que ma mère m'a apprise. Une femme est plutôt parée par ses qualités que par ses robes.

MADAME D'ENNEVAL.

Assurément ; mais les qualités de l'âme sont comme les violettes, humbles et cachées au vulgaire ; et, pour qu'un époux nous aime, il faut que tout le monde nous admire ; il faut composer la part de sa vanité.

ERNESTINE.

Serait-il possible?

MADAME D'ENNEVAL.

Fais-en l'essai ; d'ici à la semaine prochaine, suis mes conseils ; rends-toi belle comme tu peux l'être quand la toilette vient te donner de nouveaux charmes.—Au lieu d'être toujours de l'avis de chacun, fais-toi une opinion, une individualité.—Dieu a dit que nous serions la moitié de l'homme, mais non pas qu'il serait *notre tout*. — S'il le fallait même, sois un peu frivole en apparence.

ERNESTINE.

Oh ! ma bonne amie !

MADAME D'ENNEVAL.

Coquette comme je l'entends. Cherche à plaire à tous pour que ton époux soit plus fier d'être préféré par toi. L'amitié est comme la rente, il faut en soutenir le cours.... Sois adroite, sois spirituelle comme tu l'es quand tu n'étouffes pas ton esprit par une trop grande abnégation, et, sois-en sûre, ton époux reviendra à tes pieds plus soumis, plus zélé, plus attentionné que jamais.

ERNESTINE.

Comment ! il me faudra me contraindre, quitter mes habitudes paisibles, mes travaux de ménage, mes soins de surveillance, pour les succès d'un monde que je n'aime pas et qui m'ignore?

MADAME D'ENNEVAL.

Oui, ma chère ; tu as été dans ta vie de jeune fille une pianiste distinguée, une valseuse charmante, une érudite du pensionnat ; tu jouais Shubert à première vue, et tu traduisais *Milton* sans dictionnaire.

ERNESTINE.

C'est vrai, pourtant !

MADAME D'ENNEVAL.

Tu avais également une voix délicieuse, un soprano ravissant, et tu chantais tout le rôle de Rosine, dans le *Barbier* de ce paresseux de Rossini, avec une perfection sans égale.

ERNESTINE.

Oh! tu me flattes.

MADAME D'ENNEVAL.

Personne n'avait plus de goût pour sa toilette; tu étais citée comme un modèle. Une simplicité élégante, une rare entente des choses harmonieuses, une juste haine du clinquant et du faux élégant..... Que tu es changée!

ERNESTINE.

Est-ce ma faute! Ma tante, en me mariant, m'a dit que, pour être heureuse en ménage, on devait savoir par cœur la *Cuisinière Bourgeoise*, l'*Art de faire les robes* et la *Maison Rustique*.

MADAME D'ENNEVAL.

Et tu passes ta vie, l'hiver à conserver le raisin, l'été à faire des confitures; on te voit sans cesse en costume de sous-maîtresse, les bras dans des manches noires, présidant aux soins de l'office; crois-moi, cela peut être utile à l'hygiène, mais il faut un juste milieu; une épouse est une compagne et non une servante, nous ne vivons plus au temps de Sarah et de son patriarche, nous avons dépassé depuis longtemps les mœurs bibliques...

ERNESTINE.

Ainsi, tu me conseilles de négliger mon ménage?

MADAME D'ENNEVAL.

Pas le moins du monde. Je veux que tu surveilles au lieu d'exécuter; je veux qu'au lieu de passer tes loisirs à faire des beignets au chocolat et des tartres à la crème, tu donnes tes instructions à ta cuisinière, et que le bal du ministère ne soit pas veuf de ta présence. Allons! montre-toi, rentre dans le monde, et ton époux t'en admirera davantage.

ERNESTINE.

Est-ce possible?

MADAME D'ENNEVAL.

Crois-en mon expérience. Une veuve comme moi, vois-tu, c'est l'attachement conjugal personnifié dans un historien bien renseigné. Je suis la postérité, ma chère, en matière de sentiment, ni plus ni moins.

ERNESTINE.

Mais dans cette conduite nouvelle que ton amitié me conseille, qui me guidera?

MADAME D'ENNEVAL.

Je te tracerai un itinéraire, court, facile, clair, une véritable charte de ménage que tu feras promulguer par ton tyran quand cela te plaira. Adieu! je compte sur ta soumission à son contenu. Je te le répète, ta félicité en dépend.

UNE HEURE APRÈS.

LOUISETTE.

Madame n'a-t-elle pas manifesté de faire elle-même le gâteau de riz?

ERNESTINE.

J'ai changé d'avis.

LOUISETTE.

Ah! on n'en fera pas?

ERNESTINE.

Si, mais ce sera Marguerite qui le composera, elle en sait comme moi la recette. A propos, Louisette, vous irez chez madame Camille, et vous lui direz qu'il me faut pour demain la robe de tulle que j'ai commandée, et que j'ai fait retarder à plusieurs reprises.

LOUISETTE.

Oui, Madame, Madame va donc en soirée?

ERNESTINE.

Peut-être; vous verrez aussi les demoiselles Bühler sœurs, tous mes chapeaux sont du trimestre dernier, c'est-à-dire, hors de mode; n'oubliez pas non plus Violard pour mes dentelles.

LOUISETTE.

Oui, Madame.

ERNESTINE.

Et Mainnier, pour mes coiffures; allez et n'omettez rien.

LOUISETTE, *sortant*.

Quel changement, quelle métamorphose! Madame qui revient au monde, comme on dit; à la bonne heure au moins; nous disions bien qu'on ne pouvait à vingt ans s'enterrer ainsi toute vive dans un office.

(Entre Lucien.)

LUCIEN.

Vous m'avez fait demander, Ernestine?

ERNESTINE.

Oui, mon ami.

LUCIEN.

Pour quel motif?

ERNESTINE.

Je m'ennuie.

LUCIEN.

Il faut vous distraire; que n'allez-vous chez le comte d'Appony?

ERNESTINE.

Y suis-je invitée, seulement?

LUCIEN.

Mon bras vous appartient.

ERNESTINE.

Bien vrai?

LUCIEN.

En doutez-vous? je serai votre cavalier; ne suis-je pas votre servant naturel?

ERNESTINE.

Eh bien! j'accepte.

LUCIEN, *surpris*.

En vérité?

ERNESTINE.

Avec la même grâce que vous offrez.

LUCIEN.

Mais vous manquez de toilettes?

ERNESTINE.

Au contraire, tout sera prêt.

LUCIEN.

Vos diamants sont rococo?

ERNESTINE.

Lecointe vient de me les remonter.

LUCIEN, *confondu*.

En ce cas, je n'ai rien à dire... à ce soir!

ERNESTINE, *riant*.

A ce soir!

UN MOIS APRÈS.

LUCIEN, *seul*.

C'est étrange! je ne puis pas finir ce projet de loi que le ministre m'a donné à élaborer... Cent préoccupations viennent distraire mon esprit... Elle, cette créature si douce, si soumise, si dévouée, cette fleur modeste qui ne fleurissait que pour moi, la voilà devenue l'idole du monde; c'est à qui l'aura, c'est à qui la louera. Les hommes sont pleins d'admiration pour elle; les femmes sont gonflées de jalousie. — Je suis peut-être un peu femme sur ce point-là. — Au fait, Ernestine est charmante dans le monde. — En ses habits simples comme ceux d'une quakeresse, sa beauté avait une monotonie, une teinte uniforme qui n'attirait pas mes regards; mais ces parures nouvelles dont elle se couvre la rendent mille fois plus séduisante que par le passé. — Sur mon âme, ce changement me fera perdre la tête.

(*Il se lève et marche à grands pas dans l'appartement.*)

Si j'avais pour femme toute autre qu'elle, je me dirais : Quel peut être le mobile de cet enchaînement subit vers les plaisirs?.... Mais elle... elle, la digne mère, elle si franche, si sincère, si pure ; d'où lui vient ce revirement de conduite...

(*Arrêté devant la cheminée, il trouve un papier.*)

— Un écrit ? — L'écriture de Mme d'Enneval ! Lisons.

Conseils à mon amie.

« 1° Soignez votre mise, mettez-vous à la dernière mode, afin que chacun vous remarque et vous admire.

« 2° Laissez un peu reposer votre fabrication de cornichons et la préparation de votre vetiver contre les mites.

« 3° Au bal, ne demandez jamais à danser avec votre mari; cela ne se fait pas; cela sent sa bourgeoisie du Marais, sa nouvelle mariée. — S'il vous demande cet honneur, dites-lui que toutes vos contredanses sont retenues.

« 4° Dans la conversation ne soyez pas toujours de son avis; servez-vous de votre verve. Soyez modeste avec les dames ; soyez spirituelle avec les messieurs. »

Voyez! le serpent femelle ! c'est ainsi qu'elle perd Ernestine. Oh! je suffoque de rage ! je n'y puis tenir... C'est elle ; oh! je la vais bien recevoir !

MADAME D'ENNEVAL.

Eh ! mon cher ami, quelle fureur ! Vous parliez de votre femme?

LUCIEN.

Elle jadis si douce, si uniforme de caractère, elle fait de la controverse comme un avocat stagiaire... Dans ce dîner que nous avons donné à leurs excellences, elle rétorquait tous mes arguments avec une logique, une malice que j'étais loin de lui soupçonner. — Sans être rebelle à ma volonté, elle la commente. Elle est devenue d'une pétulance...

MADAME D'ENNEVAL.

Qui l'enlaidit, peut-être?

LUCIEN.

Au contraire, et c'est ce dont j'enrage. Elle me semble vingt fois plus séduisante depuis qu'elle est moins parfaite.

MADAME D'ENNEVAL, *riant*.

Oh! que vous avez mauvais goût!.... Que craignez-vous donc?

LUCIEN.

Elle était si simple de goût il y a un mois, toujours chez elle, en robe de mousseline de laine.

MADAME D'ENNEVAL.

Comme Cendrillon dans son ménage, n'est-ce pas?

LUCIEN.

Elle cuisinait comme Carême, et pâtissait comme Félix.

MADAME D'ENNEVAL.

Et ses mains charmantes étaient rouges et gercées par l'eau et la farine. Le grand dommage que la chenille se fasse papillon, que la ménagère devienne femme du monde pour vous plaire; que craignez-vous, vous dis-je?

LUCIEN.

Je crains... je crains qu'elle ne prenne cette habitude de polémique et qu'elle ne dégénère en domination.

MADAME D'ENNEVAL.

Et quand ce serait... Voyez donc le grand malheur d'être dominé par une créature charmante, remplie de grâces et de vertus.... N'y a-t-il pas là de quoi s'insurger et crier aux armes?

ERNESTINE, *entrant vivement.*

Oh! mon ami! ne crains pas que jamais je fasse quelque chose de contraire à tes souhaits!

LUCIEN, *transporté.*

Ernestine! mon ange! quoi! tu étais là!

MADAME D'ENNEVAL.

Oui! voici mon étourdie qui vient tout gâter.

ERNESTINE.

Tu m'aimes toujours?

LUCIEN.

Plus que ma vie!

ERNESTINE.

Eh bien! sois tranquille, je reviendrai simple ménagère, la providence du foyer, l'agent actif du comfort intérieur, dévouée à tes moindres désirs.

MADAME D'ENNEVAL.

Du tout! du tout! L'humilité poussée à l'excès précède l'indifférence. Un mari aime parfois qu'on le contredise, ne fût-ce que dans l'espoir d'avoir raison à la fin de la discussion. Quelques altercations, quelques actes de dignité de la part d'une femme jettent de l'animation dans la vie conjugale. — Sois donc un peu boudeuse, un peu loquace, un peu coquette, car on admire dans la femme aimée les petits défauts comme les grandes qualités; et tout cela fait quantité. Sois moins humble de cœur et d'habits, car il faut à toute image son contraste, à tout tableau son ombre.

BARBE LA BRUNE

ou

LA MENDIANTE DE LA VOIE SACRÉE

LE LIVRE DE BEAUTÉ
Keepsake pour 1854.

Barbe la Brune, ou la mendiante de la Voie Sacrée.

Les Beautés du cœur.

(La Pitié.)

BARBE LA BRUNE

OU

LA MENDIANTE DE LA VOIE SACRÉE.

L'Italie est le pays de la beauté, on dirait que son ciel de feu est placé dans ce monde des constellations pour faire germer et mûrir le produit charmant des miracles de Dieu. C'est en Italie que les peintres les plus célèbres sont nés et ont à jamais fixé sur la toile tous les specimens de la beauté physique, profane ou sacrée, réelle ou imaginaire, gothique ou renaissance. C'est à l'Italie que le Tintoret, Raphaël, Le Titien ont dû leurs immortelles créations.

Il n'est pas rare de trouver encore de nos jours, dans l'Italie moderne des restes de cette beauté noble, élevée, majestueuse, qui rayonnait aux fronts des déesses et des impératrices. — Le vieux sang romain s'est perpétué, et parfois une vachère de Naples, une bergère de Milan, une batelière de Venise ont, ou les yeux de Cornélie, mère des gracques, ou la bouche fière et pincée de l'ambitieuse Cléopâtre.

Barbe la Brune était, elle, née aux environs de Rome, de parents pauvres, morts dans une épidémie. Elle était restée seule sur la terre ayant à nourrir et à élever Jacopo, son frère jumeau, sur lequel, en sa qualité de fille plus vitement raisonnable qu'un garçon, elle exerçait une autorité toute maternelle. Jacopo passait sa journée à surveiller un troupeau, tandis que Barbe, vêtue des habits simples et pittoresques des environs de Rome, tendait la main aux voyageurs et leur donnait de petits chapelets de verroterie bénits par quelque cardinal du Sacré Collége.

Barbe avait choisi, pour attendre et aborder les touristes, le chemin si connu des pèlerins que l'on nomme la Voie Sacrée, tout bordé de tombeaux des familles illustres. Là, à côté de son frère en habit de berger, elle attendait la venue des malles-poste pour recueillir sa moisson de liards et de sous habituelle.

Barbe avait bien cette beauté sévère qu'on retrouve dans les tableaux italiens : la figure rêveuse et méditative, le front haut et lisse, encadré de cheveux d'un noir bleuâtre, la bouche fermée, les lèvres minces, relevées à chaque coin comme pour attendre et aider le sourire attristé. Sa jupe, de laine brochée, faisait mal valoir sa taille élégante, et ses bras, presque toujours nus, étaient brunis, comme les vierges de Byzance, par les ardeurs de juin.

Un jour, une chaise de poste passa ; elle contenait une dame vêtue de noir, jeune et d'une physionomie triste et sévère.

— Ma bonne dame, lui dit Barbe, en suivant haletante à la portière le pas des chevaux, voici des chapelets consacrés : les uns sont bleus comme le colibri, les autres sont en perles blanches comme des gouttes d'eau cristalisées, les autres sont en ébène, noirs comme des mûres, tous ont reçu la bénédiction du prêtre et portent bonheur ; ne me laissez pas sans en acheter, ne fût-ce que le moins cher, le plus petit.

La dame regarda cette enfant avec attention.

— Es-tu de ce pays ? lui dit-elle.

— Oui, madame.

— As-tu un père ?

— Non, madame.

— Une mère ?

— Non, madame.

— Tu possèdes bien quelques parents ?

— Aucun, madame, à l'exception de Jacopo, mon frère.

— Ah ! tu as un frère... C'est fâcheux.

— Comment, madame ? mais je ne le trouve pas fâcheux du tout... Moi, je l'aime et lui sers de mère. Tenez, madame, si la poussière n'était pas si grande en ce moment, vous pourriez l'apercevoir avec son troupeau.

La berline de la dame s'était arrêtée sur son ordre, et la mendiante causait avec elle par la portière.

— Comme cela, sauf ton frère, tu ne tiens à rien dans ce pays ?

— Non, madame.

— Et tu vends des chapelets ?

— A votre service, ma bonne dame, reprit la jeune fille, qui ne perdait pas de vue ses intérêts de marchande ; voici des rosaires de la Société de Jésus, des Agnus Déi, des médailles du Saint Père, venant en droite ligne du Vatican.....

— Eh bien ! dit-elle, monte dans ma voiture, jeune fille, et à mon arrivée dans mon hôtel, je te prendrai plus de rosaires que tu n'en vendras d'un an sur le chemin de la Voie Sacrée.

— Et où est votre hôtel ? demanda la jeune fille.

— A un quart de lieue d'ici. Viens, l'heure presse !

Et, l'enlevant d'une main leste, elle fit signe au cocher qui partit au galop en tournant bride.

Jacopo arriva quelques instants après, et ne retrouva plus sa sœur. Un vieux paralytique, qui implorait la charité sur la route, lui dit qu'elle était montée avec une belle dame dans un riche carrosse, et qu'après quelques instants d'indécision, elle s'était dirigée, suivant sa compagne, vers les portes de Rome. L'enfant l'attendit. Hélas ! la nuit vint, et Barbe ne vint pas. Les minutes, les heures, les journées se passèrent, la jeune mendiante ne reparut plus, et le pauvre pâtre, demeuré seul sur cette terre natale, arrosait l'herbe fleurie des pâturages de ses larmes amères.

A cette époque vivait à Rome la famille de M. le marquis Florentino, un des seigneurs les plus riches, les plus populaires, les plus considérés du pays. — Il fut un temps où la famille du marquis recevait la cour et la ville et dépensait ses revenus en fêtes qui enrichissaient le commerce et fondaient, dans un accord et une amitié parfaits, les classes élevées de la société. Mais depuis quelques mois le marquis Florentino avait abdiqué les honneurs qu'on lui décernait comme maître de maison ; il avait fermé les portes de son hôtel ; il avait dit adieu aux fêtes, aux joies du monde, aux oisifs titrés qui lui composaient une cour. L'hôtel Florentino était devenu sombre comme un tombeau. Nous allons dire pourquoi.

Son fils, le jeune Angelo, officier aux gardes romaines, n'a que vingt ans et déjà, vous le voyez, il est courbé, sur sa chaise longue, pâle et haletant ; ses yeux sont hagards, sa respiration est courte, son corps est affaissé, ses membres sont tremblants et secoués par la fièvre. Il a quitté son brillant uniforme ; il est vêtu de vêtements de deuil, et il frémit au fur et à mesure que vient le soleil.

— Oh! dit-il, voilà le moment! voilà l'heure! l'heure où mon ombre m'apparaît, mobile et indécise dans un rayon lumineux; elle est seule! encore seule! toujours seule!...

A côté de l'officier est une femme, jeune encore, belle, attendrie; elle cherche à repousser les sentiments de douleur dont elle est assaillie.

— Angelo! dit-elle, du calme, du courage !

— Oh! comment peux-tu me consoler? ma sœur; ne vois-tu pas qu'il n'y a pour moi ni pardon, ni espoir? ne vois-tu pas que je suis maudit, damné, perdu?

— Mon cher frère, le repentir est agréable à Dieu, et l'église qui le représente sur la terre en donne acte au pécheur. J'ai été faire en ton nom le pélerinage de la Voie Sacrée, où dorment nos aïeux, j'ai prié, j'ai imploré le ciel ; d'ailleurs tu exagères ta faute, tu es pur d'intention, pur de tout homicide volontaire.

Angelo se redressa alors avec un geste de sauvage désespoir.

— Pur d'intention! s'écria-t-il, moi qui ai été le provocateur, moi qui ai frappé le coup fatal, moi qui ai fait tomber ma victime sanglante et livide à mes pieds! pur d'intention! moi qui ai mis toute une famille en deuil, dont les mains sont teintes de sang humain, moi qui ai tué mon ami... Oh! si, ma sœur, je serai coupable, tant que lui, le défunt, le martyr, l'esprit céleste ne m'aura pas pardonné, tant que dans ce rayon son ombre ne viendra pas fraterniser avec la mienne.

Nous devons ici au lecteur un mot d'éclaircissement. Le jeune et brillant officier, pour une cause futile, pour une assertion sans conséquence, pour une folie, avait eu avec son frère d'armes, son ami d'enfance, son condisciple de collège, une querelle qu'envenima l'opinion. Une rencontre fut convenue; elle eut lieu sur les bords du Tibre, par une matinée d'été, l'arme choisie était l'épée, les fils des premières familles de Naples étaient les témoins.

Angelo croisa le fer avec celui qui avait été si longtemps son intime, le compagnon de ses plaisirs.

— Ami, lui dit l'adversaire au moment où les épées se cherchaient et s'enlaçaient comme deux serpents lumineux, veux-tu retirer les expressions de colère qui te sont échappées? Je serai heureux de mettre fin à cette affaire; mon cœur saigne à l'idée que je me bats contre toi.

— Non, répondit Angelo égaré par le faux amour-propre, par le point d'honneur; ce que j'ai dit je ne le rétracte pas devant une pointe levée sur ma poitrine. En garde, et finissons-en.

Les fers se choquèrent, les coups furent portés de part et d'autre avec une même entente de ce fatal art de l'escrime, qui a fait tant de veuves et d'orphelins; tout à coup, après dix minutes d'un jeu serré, irréprochable, un jour se fit, une épée s'y plongea tout entière, un cri terrible, plein de douleur et de désespoir, fit retentir les airs : l'ami d'Angelo était tombé, frappé de mort, sanglant à ses pieds.

A cette vue, à ce moment suprême, le fils du comte Florentino se jeta à genoux à côté de celui dont sa main venait d'abréger l'existence. La teinte livide de la mort se peignait déjà sur le front du blessé.

— Hector! mon cher Hector, s'écriait Angelo, parle! dis-moi que cela n'est pas possible, que ce médecin nous trompe ou qu'il se trompe lui-même. Non, tu ne mourras pas, tu ne peux pas quitter la terre, toi si jeune, si beau, si riche, si bien doté de toutes les faveurs de la fortune... Reviens à toi! nous te soignerons, nous te guérirons, et cette blessure se fermera bien vite.

— Monsieur, dit froidement le docteur, ne fatiguez pas inutilement le blessé, dans cinq minutes il sera mort.

— Mort! s'écria Angelo en s'arrachant les cheveux, en proie à un violent désespoir; mort!... O! je suis maudit! je suis damné!...

A ces cris du plus sincère repentir, le moribond ouvrit ses yeux éteints, et desserra, par un effort immense de volonté, ses lèvres glacées.

— Si je meurs!... pour te rassurer... dit-il, Angelo, mon ombre viendra t'accorder ton pardon.

A cet instant si solennel, si émouvant, dans ce malheur terrible, la raison du jeune officier s'égara; il y eut un voile jeté sur cette intelligence, naguère si vive, si pétillante, son esprit ne se rappela que ces mots pris dans leur sens matériel :

Mon ombre viendra, si je meurs, t'accorder ton pardon.

Depuis ce jour, à l'heure où le soleil projette ses rayons, le jeune aliéné cherche à côté de sa propre ombre celle de celui qui lui avait fait espérer son pardon. Hélas! il cherche en vain! sa propre silhouette danse seule au milieu de l'immense nappe de lumière.

Hoffmann, l'immortel narrateur, dans ses récits fantastiques écrits sous la double ivresse du tabac et de la bière, nous a révélé l'homme qui avait vendu son ombre, et qui était devenu la proie des quolibets et le jouet des enfants de sa localité. Contrairement au héros du conteur allemand, le pauvre fils du marquis Florentino cherchait sans cesse une ombre de plus dont il appelait la venue, dont il déplorait l'absence.....

Les médecins les plus célèbres avaient été consultés sur cette fatale maladie et avaient suivi les progrès de cette infirmité terrible. Tous avaient reculé devant cet obstacle opposé au raisonnement par l'intelligence affaiblie, que l'on nomme l'*idée fixe*.

On eut beau tenter des démarches auprès de la famille du défunt, obtenir de ses membres oubli et réconciliation, leur faire entourer de preuves de sympathie l'infortuné vainqueur du duel fatal où était tombée une généreuse victime, rien n'y fit, et Angelo n'en continua pas moins à attendre la deuxième ombre qui devait être son salut et sa providence.

L'un des médecins, après avoir suivi avec une grande conscience les phases de cette maladie, imagina une ordonnance aussi bizarre que le désordre qu'elle était appelée à guérir, ou tout au moins à soulager. Pour calmer ses accès de mélancolie, il songea à traiter le malade par les conversations innocentes, les intimités naïves.

— Odette, disait-il, la rustique et simple Odette seule calmait le roi Charles IX quand il faisait retentir son palais de ses cris de terreur; il faut tenter d'introduire auprès de votre frère une jeune fille, très-simple, très-peu instruite, très-dévouée : du choc de cet esprit primitif et de cet esprit troublé naîtront peut-être des soulagements inattendus.

— Mais où rencontrer l'enfant qu'il nous faut?

— Il y a, dit le médecin, sur la route de la Voie Sacrée une jeune fille, une mendiante qui demande l'aumône en échange du don de ses chapelets et de ses rosaires bénits. J'ai pris des informations sur elle ; c'est la fille de deux braves gens morts il y a quelques années. Le père avait servi dans les guerres de France; l'origine est honorable, le caractère est sans reproche.

Et voilà comment il se fit que la sœur du malade arrêta un jour sa voiture sur le chemin de la *Voie Sacrée*, et qu'après l'avoir longtemps cherchée du regard, elle se lia de conversation avec Barbe la Brune.

Pourquoi, nous direz-vous, cet enlèvement, ce silence gardé sur le singulier emploi que l'on entendait faire de ses soins et de son intelligence? — Il y avait à cette façon d'agir une raison légitime, — Le médecin voulait que la surprise, la frayeur, la naïveté de la jeune fille captive fissent diversion dans l'esprit de l'aliéné; il ne suffisait pas d'une figure nouvelle pour préoccuper cette imagination en délire; il ne fallait pas seulement une récréation, un changement de compagnie, une femme inconnue, mais une douleur à côté de sa douleur, une volonté à côté de sa volonté, un chagrin distinct faisant contraste avec son chagrin personnel.

Il arriva ce que l'on devait attendre de ce rapt d'un nouveau genre, accompli du reste dans les formes légales, car le magistrat de Rome avait été averti de l'emploi auquel on destinait la jeune Romaine. Tandis que Jacopo se désolait, Barbe entrait toute éblouie dans ce beau palais de marbre qu'elle allait désormais habiter.

— Madame, disait-elle, choisissez vite vos chapelets et que je m'en retourne au plus tôt, car mon frère sera inquiet s'il ne me voit pas à la nuit tombante.

— Dans un instant, ma chère petite.

— C'est que le soleil se couche et que je serai en retard, répétait la pauvrette.

— Patience et courage! répéta à son tour la dame.

Et on introduisit Barbe auprès du jeune malade.

— Qui êtes-vous? lui demanda Angelo.

— Je suis Barbe, la mendiante.

— Et que venez-vous faire ici?

— Je viens vendre des chapelets; mais mon frère m'attend couché au soleil, là-bas, près de la Voie Sacrée; je voudrais m'en retourner.

— Au soleil! répétait Angelo, ton frère est au soleil! Il ne cherche pas, comme moi, la deuxième ombre?...

— La deuxième ombre! je ne sais ce que vous voulez dire. Je voudrais qu'on me laissât partir; j'ai du chagrin d'être ainsi retenue.

Et Barbe la Brune cacha ses yeux baignés de larmes dans le coin de son tablier.

Angelo sembla la considérer avec surprise.

— Elle pleure! dit-il. Pourquoi m'a-t-on amené voir cette femme qui pleure?

Et il lui prit affectueusement la main.

— J'ai du chagrin! répétait-elle, bien du chagrin!

— Et moi aussi.

— J'ai perdu mon frère!

— J'ai tué mon ami!

Et ils pleurèrent ensemble.

— Madame, dit le médecin, caché derrière un rideau, à la sœur du jeune officier, voici l'intimité nouée. Rien n'unit comme la douleur commune.

Cependant Jacopo isolé, rentré seul dans sa cabane, était tombé sur ses genoux.

— Seigneur! disait-il, qu'est devenue Barbe? pourquoi n'est-elle plus avec moi? pourquoi m'a-t-elle quitté? pourquoi l'a-t-on enlevée à ma tendresse?

Et chaque soir il s'était mis à prier les mains jointes devant l'image coloriée de Marie, qui était collée contre le mur.

Sa modeste lampe projetait sur cette muraille, blanchie à la chaux, ses douteux et blonds reflets, inondant l'estampe pieuse de ses rayons vaporeux.

— Seigneur! répétait l'orphelin, vous qui nourrissez les oiseaux de l'air et les insectes de la plaine, vous dont la bonté est infinie, prenez pitié d'un malheureux! que deviendrai-je, sans ma sœur! sans ma compagne chérie!

En ce moment de plainte, de doute, d'effroi, il se passa un fait surnaturel que le jeune pâtre vit avec terreur. A l'instant où il se désolait du vide laissé par l'absence de sa sœur bien-aimée, il vit que son ombre qui se projetait sur le mur blanc, n'était plus seule!... Elle était accompagnée d'une autre ombre noire, dans ce bloc d'albâtre, qui s'avançait vers elle!...

Un moment, le pâtre demeura pétrifié de terreur, au point de ne plus oser faire un seul mouvement; ses cheveux se dressèrent sur sa tête, ses bras tombèrent, ses mains, jointes par la prière, se portèrent à son front.

L'ombre se glissa derrière la sienne, leva l'un de ses bras et toucha un meuble ; elle était grande et drapée, silhouette animée, fantôme d'ébène, elle resta une seconde, puis disparut.

Jacopo tomba la face contre terre !!!...

Quand il eut le courage de se relever, il ne vit rien autour de lui, seulement la porte de la rue était ouverte et sur la petite table, qui avoisinait son lit se trouvait une somme d'argent.

Jacopo la toucha pour voir si ce n'était pas l'ombre des écus au lieu et place des écus mêmes. C'était bien de la belle et bonne monnaie, en espèces parfaitement sonnantes, et à côté de la somme si mystérieusement apportée il y avait un papier à l'adresse *al signor Jacopo*.

Voici ce que contenait le billet :

« Ta sœur est en lieu calme et a ce qu'il lui faut, jeune ami, sois
« donc sans inquiétude sur son sort. Quant au tien il est dès à
« présent assuré. Tu ne manqueras de rien mais à la condition que
« tu seras discret et que tu n'interrogeras même pas le messager
« qui t'apportera ta pension hebdomadaire, adieu. Bientôt ta sœur
« te sera rendue. »

Il n'y avait à ce billet aucune signature.

— Merci ! mon Dieu ! s'écria Jacopo, merci pour avoir mis Barbe hors de tout danger. Puisse-t-elle n'être pas trop longtemps absente, car, certes, je n'interrogerai pas cette ombre.

Et le temps s'écoula, et avec la même régularité chaque samedi soir une ombre étrangère venait se montrer dans la fantasmagorie de la lumière. Elle était grande, élancée, des vêtements amples se dessinaient sur sa taille tremblante aux oscillations de la lampe... ses bras étaient immensément longs en raison de l'effet de reverbération qui fait paraître notre propre ombre démesurément gigantesque quand elle se dessine sur les grands chemins ou les pins et les chênes ne font pas ombrage. L'ombre apparaissait donc, puis un bruit se faisait entendre à la porte, puis tout était de nouveau silencieux dans la cabane, et Jacopo, quand il osait retourner la tête, trouvait la somme nécessaire à ses besoins, accompagnée d'un billet encourageant.

Cependant la maladie d'Angelo ne subissait aucun changement, il était sans cesse pâle, mélancolique, en proie au profond chagrin.
— Il attendait sans cesse l'ombre chérie qui devait lui apporter une entière absolution.

Barbe la Brune, après s'être longtemps affligée de son interminable réclusion dans la prison dorée, ayant bien acquis la certitude que son frère ne manquait de rien, avait pris auprès du jeune homme les fonctions de garde-malade et les remplissait avec une conscience extrême. — Ses soins, étaient de tous les instants, ceux d'une servante et d'une sœur tout à la fois; pendant le jour elle cherchait à égayer son esprit par le récit de quelque belle histoire du pays pieux qu'elle habitait; le soir, en le quittant, elle l'exhortait au courage et à la raison; elle était ainsi, à force de patience et de courage, parvenue à mettre un peu de calme dans son esprit, mais l'idée fixe était encore tout entière dans sa force et dans son impériosité, sa pitié devait porter bonheur à la jeune fille.

— Il ne me pardonne pas, s'écriait encore Angelo, car son ombre n'est pas venue, et tant que je ne la verrai pas, tout sera pour moi deuil et douleur.

Au bout de deux mois, Barbe obtint de pouvoir recevoir son frère, auquel on avait, avec régularité, servi sa petite pension.

— Ma bonne sœur! s'écria le jeune homme, est-ce bien toi que je revois?

— Oui, mon ami.

— Ah! que tu es belle dans ces riches habits de la ville.

— Hélas! j'eusse préféré garder les miens et la liberté qu'ils procurent, mais on n'est pas libre de sa destinée.

— Qui te force à rester ici?

— D'abord ce fut la pitié, aujourd'hui c'est la reconnaissance, la comtesse Luidga a depuis deux mois été pour moi si bonne, si vraiment maternelle, si obligeante, si désireuse de me rendre agréable mon séjour dans cette famille, que je serais une ingrate si je l'oubliais.

— Ainsi, sœur, tu restes encore?

— Il le faut bien, le malade est tant à plaindre.

— Et qui vendra désormais des chapelets et des médailles sur la Voie Sacrée?

— Plus tard, je reprendrai mon état.

— Mais alors il ne sera plus temps. Déjà une fille des environs s'y est établie et t'enlève ta clientèle.

— Ne craignez rien, fit la comtesse Luidga en intervenant.

— Cependant, reprit l'enfant en saluant, quand le public se sera habitué à elle, ma sœur ne trouvera plus de pratiques.

— J'en réponds, objecta la grande dame; elle distribuera, le jour de son retour, plus de chapelets qu'on n'en a vendus depuis un an dans la campagne de Rome.

— Mais, continua Jacopo, qui te retient donc ici?

— La compassion pour cette indisposition cruelle.

— Et quelle est sa maladie?

— Une maladie fatale.

— Tant pis. Ne peut-on la guérir?

— Jusqu'à présent cela n'a point été possible.

— La vue de cet enfant l'amusera peut-être, pensa la comtesse.

Et, prenant Jacopo par la main, elle l'introduisit dans les appartements de son frère.

Angelo était en ce moment au milieu de ses plus sombres préoccupations, ses cheveux étaient épars, son esprit était absent, sa pensée douloureuse se révoltait.

— Oh! l'ombre! disait-il, l'ombre tant désirée, l'ombre du pardon et de l'expiation quand viendra-t-elle?

— Que dit-il? demanda Jacopo.

— Il appelle l'ombre, c'est là sa folie.

— Et pourquoi appelle-t-il l'ombre?

— Parce qu'il a tué un ami en duel et qu'interprétant dans un sens mystique ses dernières paroles, il croit que l'absolution de ce crime involontaire ne lui sera donnée que lorsque l'ombre de son ami lui apparaîtra côte à côte avec la sienne.

— Et il est évident, ajouta Barbe, que jamais il ne sera satisfait.

— Pourquoi? demanda Jacopo.

— Parce que tout homme n'a qu'une ombre pour son corps.

— Qu'en sais-tu? dit Jacopo, j'en ai bien deux.

— Deux ombres!

— Sans doute.

— Toujours?

— Non, mais par moments, et comme la seconde ombre m'intimide à un certain degré, je ne serais pas fâché de la céder.

— Quelle folie! dit la comtesse Luidga, qui devenait sérieuse.

— Rien n'est folie dans un jeune esprit, répondit gravement le médecin qui venait d'entrer. Cet enfant a peut-être quelque moyen à lui.

— D'avoir une ombre supplémentaire? répondit la comtesse Luidga avec un triste sourire.

— Peut-être.

— Certes, dit Jacopo, j'ai eu deux ombres à la fois.

— Quand? mon jeune ami, demanda le médecin.

— Quand on m'apportait ma pension.

— Mais, interrompit la comtesse, c'était vous, docteur, qui vous étiez chargé du message?

— Silence! dit l'homme de l'art, ce jeune pâtre a peut-être, sans le savoir, trouvé un moyen héroïque de guérison... suivez-moi, et puisse le ciel nous venir en aide!

Le soir, le pauvre égaré était seul dans sa chambre; la lampe jetait sur les murs, garnis de riches tentures blanc et or, sa gaze lumineuse, au milieu de laquelle se reflétaient les silhouettes mouvantes des papillons de nuit. Angelo, les mains jointes devant son prie-Dieu, disait:

— Seigneur! voilà deux ans que je souffre et que je pleure, demandant de votre miséricorde le repos du cœur et la paix de la conscience! Seigneur! j'ai prié et j'ai pleuré pendant de longues nuits, j'ai imploré votre indulgence, j'ai fait appel à toutes les puissances du ciel pour qu'elles puissent intercéder en faveur du pécheur malheureux! Seigneur! ne parviendrai-je pas à vous toucher, n'entendrez-vous point ma voix?

Tout était silence dans la chambre, et pourtant une porte s'ouvrit et la forme d'une femme apparut.....

C'était Barbe la Brune qui marchait sur la pointe des pieds en retenant son haleine.

— Mon Dieu! continuait le malade en s'animant, vous le savez, le mourant l'a dit, et les paroles d'un mourant sont sacrées comme des prophéties! Si jamais je dois avoir le pardon de l'ombre courroucée, elle viendra, esprit éthéré, m'avertir par sa présence instantanée, ne fût-elle que d'une minute, ne fût-elle que d'une seconde! Oh! Seigneur! excusez le rêve de mon esprit malade, prenez pitié de moi!

En ce moment, au milieu de la lumière de la lampe, Angelo vit s'approcher une ombre étrangère dessinée en teintes bistres le long du lambris, s'allongeant sur la muraille; elle resta un instant indécise, puis s'avança vers sa propre réverbération...

Le malade, à cette vue, poussa un cri et tomba à la renverse, privé de toute connaissance.

— Mon dieu! mon dieu! s'écria Barbe, en me forçant de produire l'ombre qu'il attendait, vous l'avez tué, docteur!

— Ne craignez rien, répondit le médecin, je suis heureux de cette crise : c'est par les moyens violents que l'on guérit les maladies occasionnées par des causes violentes. Aidez-moi à le transporter sur son lit.

On comprend que de même que le médecin produisant l'ombre dont Jacopo avait été effrayé quand il allait déposer dans la cabane la pension envoyée par la signora Luidga, de même, profitant de cet exemple, le bon docteur avait fait naître l'ombre attendue par Angelo, en se servant de la gracieuse Barbe la Brune pour la produire.

Le médecin avait raison. La secousse, bien qu'elle fût grande, ne causa qu'une maladie de quelques jours; puis Angelo redevint gai, spirituel, enjoué, plein de lucidité et de raison. La folie était vaincue, l'art était triomphant.

Il y a plus, il parlait de ce duel fatal qui l'avait mis à la porte du tombeau avec un calme et une réserve remarquables, mais sans agitation, sans remords, sans douleur exagérée. Était-ce l'ombre qui avait rendu le calme à cette riche et généreuse imagination? Personne ne put répondre à cette question.

Barbe la Brune retourna vers sa chère campagne accompagnée de Jacopo. On leur recommanda le plus profond mystère, le plus religieux silence sur la scène dont ils avaient été les acteurs. En effet, ils étaient la cause qu'un subterfuge, d'autant plus difficile à trouver qu'il était plus simple d'exécution, avait rendu à la vie et à la santé l'héritier de la puissante famille des Florentino. Aussi, après avoir fait la fortune de deux charmants enfants, la comtesse Luidga prit-elle note du jour où son frère avait été guéri, et à chaque anniversaire, Barbe la Brune, devenue riche et qui ne mendiait plus depuis longtemps, distribuait gratis en son nom, sur la Voie Sacrée, des milliers de chapelets consacrés qu'elle jetait aux paysans rassemblés. Sur chacune des médailles, ornées de l'image de la Vierge, on lisait au verso:

BARBE LA BRUNE, LA MENDIANTE DE LA VOIE SACRÉE.

VOYAGE AUTOUR D'UN DOIGT DE MARQUISE.

Les Beautés de l'âme.

(Le Scrupule.)

VOYAGE AUTOUR D'UN DOIGT DE MARQUISE.

La marquise de Luxale était couchée dans son grand fauteuil, ayant autour d'elle un nombreux cercle de jeunes femmes, d'aimables cavaliers. — La marquise avait soixante ans et aimait à causer, mais elle causait si bien, que sa loquacité était désirée de tous. — On cessait de danser pour l'entendre raconter les mille anecdotes du temps de la Régence et la description des costumes d'apparat des femmes de la cour.

Le docteur Premarey venait d'entrer dans le salon... Un grand calme y régnait.

— Je cherche que vous dire, répétait la marquise, je ne sais plus rien.

— Rien, dit le docteur, consultez vos souvenirs.

— J'ai beau fouiller, je suis au bout de mon rouleau.

— Si je vous aidais, observa le docteur.

— Que ne contez-vous, vous-même?

— M'en fournirez-vous les documents?

— Volontiers.

Le docteur prit alors la main droite de la marquise, et s'empara de l'index.

Alors nous remarquâmes trois bagues à ce doigt, trois bagues bien différentes de façon et de modèle.

— Me laisserez-vous faire un voyage autour de ce doigt?

— Docteur, fit la marquise, vous êtes d'une indiscrétion...

— Ah! ne me grondez pas d'avance..... je ne parlerai qu'avec votre permission, ma vieille amie.

— Allons, dit la marquise, je le permets, puisque vous avez excité la curiosité de toutes ces dames.

— Il y a une trentaine d'années, dit le docteur, j'étais médecin en chef d'une maison de santé fashionable où on traitait toutes les maladies à la mode, le spleen, les vapeurs, et enfin la portion la plus distinguée, la plus *collet monté* du bagage d'Hippocrate... la partie parfumée de la boîte de Pandore. Madame la marquise, éloignée de ses parents, s'y était réfugiée; belle, fraîche comme une rose, aimable et enjouée, elle eût pu servir de prospectus à la maison.

— Flatteur! interrompit la marquise.

— Aussi, continua le docteur, elle se fit beaucoup d'amis. Parmi les dames qui recherchaient sa société, on remarquait lady Henriette Bell, une blonde veuve, une Anglaise charmante, digne du pinceau de Lawrence. C'était une nature sentimentale, une imagination brûlante, et que la lecture des romans avait encore égarée... Au reste, cœur excellent, organisation riche, éducation soignée, tout ce qui peut rendre une femme intéressante, et lui attirer d'encourageants suffrages.

Un jour, je m'en souviens comme si cela était aujourd'hui, on m'apporta un jeune homme qui était vivement recommandé à mes soins. Il avait été transporté à la maison de santé dans une voiture et presque sans connaissance. Aussitôt que j'appris son arrivée, je me rendis auprès de lui.

Une vieille dame pleurait à son chevet.

— Monsieur, me dit-elle, je me suis munie d'une lettre du préfet de***, qui vous recommande cet enfant... Seulement je désire que l'on observe à son égard une prescription indispensable : qu'on ne cherche jamais à savoir son nom.

— Madame, lui répondis-je, la recommandation de mon bien intime ami, le préfet de***, me suffit; voyons le malade.

Je l'examinai... il était en proie à une sorte d'aliénation mentale momentanée; le pouls était très-fréquent, la peau brûlante...

— Si je lui faisais une petite saignée?

— Oh! grand Dieu, dit la vieille dame ! du sang ! gardez-vous-en bien... il mourrait dans vos mains.

— Mais il est fort et robuste encore, une saignée ne peut que produire de bons résultats.

— Oh ! Monsieur, dit sa mère, pas de sang! pas d'opération!

— Madame, lui répondis-je, je dois seul rester juge de ce qui convient au malade. Si je ne puis agir en toute volonté, il vous sera loisible de le confier à d'autres mains.

La pauvre femme voyant qu'elle m'avait blessé me dit :

— Eh bien! Monsieur, agissez comme il vous plaira, mais qu'il ne voie pas ce que vous ferez, je vous en prie.

— Retirez-vous, Madame, personne ne doit approcher le malade maintenant... Je veux seul l'étudier et chercher à réagir sur son moral.

La bonne femme repartit en me faisant mille recommandations et en réclamant ma discrétion.

Le malade avait toujours la fureur dans les yeux et l'écume à la bouche. Il n'entendait ni ce qui se faisait, ni ce qui se disait autour de lui.

Je le saignai.

Quand l'opération fut finie, il revint au sentiment de la raison... Il me dit :

— Où m'a-t-on transporté? Suis-je à l'Hôtel-de-Ville? Suis-je sur l'échafaud?... L'instrument de mort est-il prêt?

— Il n'y a ici rien de tout cela, lui dis-je, il n'y a ici que des gens qui auront bien soin de vous, qui vous guériront.

— Qui êtes-vous donc, vous?

— Je suis votre médecin.

— Ah! eh bien!... je ferai ce que vous me direz; mais pas d'échafaud, n'est-ce pas?

— Quelle folie!... Chassez de semblables aberrations de votre esprit... A votre âge, il n'y a que des fleurs.

— Des fleurs, dit-il d'un ton d'enfant joyeux.

— Oui, un beau jardin rempli de plantes rares, des allées où on peut se promener au soleil un livre à la main, quand on est guéri... des dames aimables, des hommes instruits...

— Oh! docteur, s'écria-t-il, je guérirai, je serai bien sage.

Bientôt toute la maison s'intéressa à ce malade mystérieux. Nous l'aimions comme notre frère; il se faisait appeler Eugène. C'était un beau garçon, pâle et brun comme Chatterton, l'air moitié militaire, moitié ecclésiastique, des mains de femme, des pieds d'enfant, un charmant cavalier. Notre bonne amie la marquise soutint à sa convalescence ses premiers pas. Le pauvre jeune homme, en signe de reconnaissance, lui donna une bague; la voilà :

Et le docteur nous montra un petit camée monté en or et en émail, selon la mode du temps : c'était l'une des bagues de la marquise.

Le bel Eugène, quoique guéri de ses absences de raison, était toujours rêveur, continua-t-il. Les uns disaient que cela provenait de quelque inclination contrariée; d'autres prétendaient que, comme tous les génies malheureux, il était fils d'un grand seigneur.

De toutes les dames de la maison de santé, lady Henriette Bell fut celle qui garda sur le bel inconnu le plus discret silence. A la voir si réservée sur ce sujet éternel de la conversation, on eût pu la croire indifférente. Il n'en était rien... lady Henriette s'intéressait à Eugène en raison de sa tristesse même.

Bientôt cet intérêt, devenu une habitude du cœur, ne fut plus un mystère pour personne; Henriette eût voulu être utile à ce jeune mélancolique qui était doué de tous les talents. Mais Eugène restait silencieux... il était devenu plus sombre que jamais.

Je n'avais jamais voulu le gêner par mes questions; je ne lui avais jamais demandé d'où il venait lorsqu'on le porta à la maison de santé. Pourtant une occasion vint d'en parler. Il demanda un jour au domestique l'habit dont il était revêtu alors.

— Monsieur, répliqua le valet, il n'est pas *mettable*.

— Pourquoi cela, Bastien?

— Monsieur, il est tout couvert de taches de sang...

Eugène n'en demanda pas plus... il devint livide... Quelques instants après il sortit.

Je demandai en secret à Bastien cet habit pour le faire rendre à la mère d'Eugène, mais en réalité pour examiner ces taches... Nos connaissances en médecine légale nous permettent souvent de deviner la vérité par des vestiges incompréhensibles pour le commun des mortels. Ces taches provenaient d'une blessure... et Eugène n'avait pas été blessé... la plaie avait dû être grande... plus grande qu'un coup d'épée...

Eugène était-il un meurtrier? se cachait-il? cherchait-il à échapper à la rigueur des lois? avait il arraché par surprise à mon ami le préfet sa lettre de recommandation?

Pendant cet intervalle, lady Henriette avait reçu d'Eugène un cadeau comme marque de gratitude; elle nous le montra : c'était une seconde bague, talisman de la plus simple et plus touchante amitié, d'un sentiment de sympathie digne de cœurs d'élites, faits admirablement l'un pour l'autre.

— La bague d'Eugène, dit le docteur en tirant un second anneau du doigt de la marquise, la voici, c'est comme un anneau de mariage...

L'inconnu avait dit à lady Henriette :

— Un mystère affreux, un obstacle terrible m'empêchent d'espérer jamais d'être votre époux, mais que du moins cette bague me rappelle à votre souvenir quand je ne serai plus près de vous. En la voyant, vous vous direz que mon cœur vous était dévoué et qu'il n'a cessé de vous appartenir.

La contrée que nous habitions était loin de Paris, mais nous recevions les gazettes publiques.

Un jour on lut dans le salon que la justice s'était emparée d'un meurtrier et qu'il avait confessé son crime.

Eugène devint d'une pâleur extrême.

— Encore un, dis-je, qui expiera sa faute sur l'échafaud.

— L'échafaud! s'écria-t-il, oh! quelle horrible torture!

— Mais n'est-il pas équitable que celui qui tue soit tué, dis-je en le regardant fixement.

— Non, répliqua Eugène, cela est trop sévère, l'homme ne doit pas judiciairement tuer son semblable; punir la mort par la mort c'est peut-être outrepasser les droits de l'humanité, usurper la puissance divine... Enfermez l'assassin, ne le tuez pas.

Et il sortit du salon en proie à une vive agitation.

Huit jours après nous reçûmes la visite du procureur du roi de la ville voisine, qui demanda à s'entretenir avec Eugène.

Ce qu'il lui dit, nul ne l'a su... Ce que l'on entendit... ce furent les supplications du malheureux enfant, ses pleurs, ses cris...

Le lendemain il partit pour ne plus revenir.

Lady Henriette l'attendit une année... Il ne vint pas... il n'écrivit pas... La pauvre femme dépérit insensiblement, sa beauté s'altéra, une maladie de langueur se déclara. Je lui conseillai en désespoir de cause l'air de son pays natal, — elle y partit.

Deux mois après, la marquise, alors dans son hôtel de Paris, reçut une lettre des parents de l'aimable Anglaise; elle contenait, selon l'usage britannique, une bague... une bague mortuaire; c'est la dernière de ce doigt, voyez, l'anneau d'Eugène y était joint.

Cette dernière bague était en émail noir travaillé sur or massif, autour duquel on lisait :

Lady Bell, morte à vingt-cinq ans, le 17 août 18...

La docteur venait de s'arrêter.

— Et Eugène? dirent toutes les dames du salon, Eugène, qu'est-il devenu?

— Ah! Eugène, reprit le docteur, en narrateur qui connaît ses effets, eh bien! je l'ai rencontré dix ans après à Tours, gros et vermeil; il passa près de moi sans me reconnaître.

— Connaissez-vous ce Monsieur? demandai-je à un passant.

— Celui-là, tout en noir, qui ne voulait pas de l'état de son père?

— Oui.

— Qui s'est caché souvent pour ne pas l'exercer?

— C'est cela même!

— Parbleu! qui est-ce qui ne le connaît pas? Il a failli mourir le jour où il a débuté.

— Quel est-il donc?

— C'est l'ancien exécuteur des hautes œuvres. Depuis la suppression de l'hérédité forcée de ces fonctions, il a donné sa démission, et mari d'une jeune fermière, père de famille, électeur, il vend des grains en gros, et fait à son gré la hausse ou la baisse des céréales.

En ce moment la contredanse recommençait. Le docteur remit les trois bagues au doigt de la marquise.

— Docteur, dit-elle en essuyant ses yeux, vous m'avez horriblement agacé tous les nerfs.

LES ENFANTS DE THECLA LA HONGROISE.

LE LIVRE DE BEAUTÉ
Keepsake pour 1854.

Les Beautés physiques.

(La véritable activité.)

LES ENFANTS DE THECLA LA HONGROISE.

Je ne sais si je dois parler de la pipe dans ce livre destiné aux mains des dames. C'est une grave licence assurément et dont on ne me donnera peut-être pas l'absolution. Les hommes du siècle dernier qui prisaient dans des tabatières d'or du rapé à la fève de Tonka ne me pardonneront pas cette audace. Les femmes elles-mêmes, dont la bonté mène à l'indulgence, se récrieront et demanderont leurs flacons d'eau de mousseline.

— La pipe, fi! donc! s'écrieront-elles, encore si c'était une cigarette de maryland dans son corset de papier ambré ou bien un cigare du levant, zébré comme un léopard par les piqûres de l'insecte gourmand.

Mais non! il s'agit de pipes, de vraies pipes hongroises, à becs recourbés, à têtes grandes comme celle d'un bourgmestre, vomissant aux lèvres de celui qui la possède des flots de fumée comme ferait une locomotive de chemin de fer.

La pipe, cette paria des salons de Paris n'est, au reste, pas bannie de toutes les cours; en Orient, elle règne et gouverne, elle sert d'instrument de civilisation, de moyen diplomatique. Si le prince Mentschikoff avait fumé dans le calumet du sultan, la question d'Orient eût été tranchée.

Les pipes dont j'ai à parler avaient été fabriquées dans la Forêt-Noire, elles étaient toutes ciselées et leurs dessins extérieurs représentaient des chefs-d'œuvre de patience. C'étaient les têtes de deux des sept sages de la Grèce qui servaient de foyer au tabac allumé et leurs costumes qui retombaient sur le tuyau, rappelaient admirablement l'harmonie des vêtements antiques.

Or, voici comment nous sommes amenés à faire la description de ces pipes et du rôle qu'elles devaient jouer.

En Hongrie, à Pesth et dans ses environs, vivait Thecla la Hongroise, veuve de Thecla, soldat mort dans les guerres. Le mari de dame Thecla, en expirant, avait recommandé à sa femme de ne jamais perdre de vue l'éducation de ses deux fils, Ulric et Oberthal, et de veiller sans cesse à ce qu'ils fussent de hardis gaillards, de vigoureux travailleurs, de zélés patriotes. La mère de famille avait sans cesse présent à son esprit cette pensée et cherchait à accomplir de la façon la plus heureuse les volontés de son époux.

Malheureusement dans le voisinage des deux frères vivait une sorte de faux savant, de philosophe, de Lazare, cynique comme Diogène, plus paresseux que lui, puisqu'il ne cherchait pas même avec sa lanterne l'homme parfait qu'il rêvait. Maître Bloch le magister égarait l'esprit de l'un des deux enfants.

— A quoi bon travailler, vous faire du chagrin, vous brûler le sang en indécisions et en tourments ? s'écriait-il.

— Mais, disait Oberthal, pour faire fortune il faut bien travailler.

— Travailler ?

— Sans doute, reprenait Ulrich.

— A quoi bon, vous ne connaissez pas la fortune, à ce que je vois.

— Non, dit Ulrich.

— Et vous ? demanda Oberthal.

— Moi, fit le philosophe, je l'ai méprisée dix fois dans ma vie.

— Si elle m'arrivait, reprit Ulrich, je ne la mépriserais pas.
— Ni moi, ajouta son frère.
— Eh bien ! s'écria Bloch en se jetant sur son coussin, savez-vous le moyen de la faire arriver ?
— Non, dirent les deux frères.
— Un moyen infaillible.
— Vous le connaissez ?
— Certes, et suis prêt à vous le dire.
— Quel est-il ?
— De ne pas courir après elle ! cela la tracasse et l'ennuie.
— Ah ! oui !
— Il faut l'attendre.
— L'attendre ?
— En flanant ! en vivant avec apathie, avec confiance dans le hasard.
— Dans l'oisiveté ? dit Ulrich.
— Parbleu ! l'homme qui ne fait rien a déjà un premier avantage. Il ne contrarie pas sa destinée, il la laisse agir.
— C'est juste, ajouta Oberthal, le plus jeune des deux frères.
— Allez chez vous, ne faites rien, vivez bêtement, nonchalants, sans pensées et sans idées, la fortune, vexée de votre indifférence, s'offrira à vous d'elle-même.

Les deux enfants de Thecla se retirèrent très-émus de cette confidence ; leur caractère était bien différent, quoiqu'ils s'aimassent avec tendresse. L'aîné, le brun Ulrich, était apathique, indécis, temporisateur. Le blond Oberthal, son cadet, était résolu, téméraire, hardi, inventif, insatiable ; c'est sur le premier que l'avis de maître Bloch avait le plus prévalu.

— Frère, dit-il à Oberthal, j'ai envie, au lieu de courir les champs et les montagnes, d'herboriser, de cultiver les terres et de chasser le chamois, de me reposer et d'attendre la fortune.
— Sans rien faire ?
— Pourquoi pas !
— Et qui te nourrira ?

— Bah! nous sommes en été, et j'aime les fruits de la plaine qui appartiennent à tout le monde.

— Qui t'hébergera?

— Bah! nous sommes en été, et les nuits sont douces et chaudes; les arbres de la plaine, qui sont à tout le monde, me couvriront contre la rosée du matin.

— Qui t'aimera? dit sa mère.

— Bah! je serai entouré des oiseaux et des insectes bourdonnants, de tout ce blond cortége des chantres de l'été qui me feront dormir au bruit de leurs chœurs invisibles.

— Et tu penses que la fortune te viendra? dit sa mère.

— En dormant! répondit Ulrich, ou du moins je veux essayer.

— Eh bien! essaie, répondit Thecla en embrassant son fils aîné, et bonne chance à ta paresse.

Ulrich, en homme de précaution, établit sa demeure sous un pommier, il y étendit son manteau et s'endormit en attendant l'arrivée d'un bonheur dont son apathie devait accélérer la venue.

Il fut réveillé bientôt par quelque chose qui lui tomba sur le nez d'une façon assez brutale : c'était une pomme fort belle et que sa maturité avait détachée de l'arbre.

— Voilà, se dit Ulrich, une preuve en miniature que la nature nourrit tous ses adorateurs; la maturité de ce fruit répond à ma faim, et arrive à l'heure comme un soldat à la parade. Ne mettons point en doute l'efficacité de mon procédé ; et il continua son somme.

Quand il se réveilla une seconde fois, il vit un valet fort richement vêtu et qui déposait dans son réduit rustique une magnifique collation.

— Je suis, dit le domestique, un envoyé de la Fortune.

— En vérité !

— Oui, elle m'envoie vous offrir cet ambigu.

— Fort bien ; et quand viendra-t-elle?

— La Fortune, dit l'homme galonné, est une divinité qui se manifeste mais qui ne se montre pas...

— Ah ! bah!

— Mais elle vous apparaîtra sous les symboles les plus brillants et les plus séduisants.

— En vérité?

— N'en doutez pas.

Et le valet allait s'éloigner.

— Faudra-t-il que je soupe sans société?

— C'est votre affaire, dit le valet en disparaissant.

— Quel ennui de manger seul, soupira Ulrich, la Fortune devrait bien m'envoyer un compagnon.

En ce moment un bâillement énergique se fit entendre, et Ulrich vit maître Bloch qui se déraidissait les bras.

— Maître Bloch, lui demanda-t-il, voulez-vous souper?

— S'il ne faut pas le gagner, dit le philosophe.

— Assurément, il est tout venu.

— En ce cas à l'œuvre et mangeons tout, demain nous verrons clair ; chaque jour suffit à sa peine.

Et il mit la nappe sur l'herbe et versa à boire à son amphytrion qui ne faisait qu'à moitié honneur à ce magnifique repas.

— Allons donc ! dit maître Bloch, et cet appétit?

— Il manque.

— Et pourquoi?

— Je l'ignore. Les pommes, peut-être, sont trop nourrissantes.

Ulrich se trompait, ce qui manquait pour faire naître l'appétit, c'était le travail qui fortifie le corps et donne la gaieté.

Quand le souper fut achevé, il faisait nuit ; le rossignol des bois donnait le sol aux linotes et aux fauvettes du voisinage chargées de la symphonie finale. Maître Bloch se retira.

Demeuré seul, Ulrich réfléchit qu'il serait bien commode pour lui de dormir dans un bon lit et de ne pas craindre l'atteinte des louves errantes.

— Mon Dieu! se dit-il, la fortune qui choie les apathiques, les hommes contents de peu, et qui aiment à écouter battre leurs cœurs, devrait bien me donner de quoi l'attendre plus commodément.

Au même instant le domestique galonné qui avait déjà paru,

arriva avec un immense sac d'écus qu'il vida dans le manteau d'Ulrich étonné.

— Voilà, dit-il, de quoi dormir deux ans sans rien faire, et pouvoir trouver à son réveil bonne table et bon lit.

Ulrich se leva, serra le sac sous son manteau et se hâta d'aller trouver sa mère et son frère aîné.

— Mère! frère! dit-il, ne travaillez plus, ne vous donnez plus de peines inutiles. Je suis riche, la fortune m'est venue en dormant. J'ai de l'argent pour trois.

— Fi de l'argent qu'on n'a pas gagné! exclama son frère.

— Fi du fruit de l'oisiveté! répéta sa mère.

Et tous deux refusèrent ses bonnes grâces.

Ce qui fit qu'Ulrich se rendit seul dans la riche hôtellerie, où il avait cru devoir choisir sa résidence.

Et là, il se rendormit attendant de nouveaux bonheurs.

Pendant ce temps, Oberthal, le pauvre cadet, enfant malingre et délicat, s'était lié avec Daniel, un des ouvriers houillers du pays : c'était une nature outrée, l'antipode de maître Bloch.

— Travaillez! disait-il; le travail est le sort de l'homme; ne reculez pas devant la fatigue, dépêchez, car le temps vole.

— Mais, objectait Oberthal, il est au travail des limites.

— Non! le travail doit être incessant comme les besoins.

— Mais ma mère prétend qu'il faut des heures de repos.

— Scrupules de femme!

— Est-il possible !

— Les mères sont folles et égarées par leur tendresse, le temps perdu ne se retrouve pas, la fortune demande qu'on la tracasse, qu'on la talonne, qu'on la sollicite par un zèle de tous les instants, une poursuite de toutes les minutes. Travaillez! sans cesse! sans relâche! sans repos! tant que vous êtes jeune; l'avenir n'est pas à nous, le jour ne suffit pas à sa peine.

Et voilà comment Oberthal, malgré sa mère, se mêla, lui si faible, aux travaux des hommes et dépérissait de fatigue chaque jour.

Dame Thecla, à la vue de la conduite si opposée que tenaient ses deux enfants, éprouva un chagrin profond. Elle demeurait isolée et privée de ces soutiens naturels de sa vieillesse. Deux passions contraires, l'oisiveté et le travail forcé, la privaient de leurs tendres soins.

Elle pleurait et sa vieille servante Rebah voyait seule couler ses larmes.

— Consolez-vous, maîtresse, disait celle-ci ; si c'étaient deux jeunes filles, il y aurait à se désoler, mais des garçons, des enfants de ces monts, ils rapporteront toujours bien leurs têtes.

— Mais ils se perdront.

— Il faut les instruire.

— Les mauvais conseils les ont égarés.

— Il faut les redresser par l'exemple.

— Et comment faire ?

— Tenez ! dit Rebah ! voyez au-dessus de la cheminée, votre époux a laissé quelque chose pour donner à vos enfants quand ils seraient des hommes.

— Oui, ses deux pipes.

— Prenez-les, et j'irai les porter à ces jeunes indépendants.

— Pour quoi faire ?

— Pour les guérir, l'un de sa paresse, l'autre de sa vanité.

— Es-tu folle, de la morale avec une pipe ?

— Pourquoi pas ? ce sont les symboles les plus simples qui sont les plus concluants.

— Et tu veux que je donne à chacun de ces enfants exagérés, une pipe pour leur indiquer leurs devoirs ?

— Rien de plus, et croyez-moi, elle fournira son enseignement. Seulement, bonne maîtresse, laissez-moi distribuer tout cela à ma guise.

— Va, dit dame Thecla, en décrochant les pipes, et puisses-tu être bien inspirée.

Rebah prit les deux reliques du fumeur défunt ; pipes de bois à têtes sculptées, comme nous l'avons déjà décrit. Elle les essaya pour mieux savoir à quelles lèvres chacune d'elles devait être destinée, puis, après avoir terminé cet examen, la bonne servante se mit en route.

La lectrice demandera sans doute quelle peut être la différence qui existe entre deux pipes du même calibre et de la même forme. Il y en a une immense. Les pipes sont souvent de vingt caractères différents ; l'une perd l'air, l'autre se bouche, une troisième divorce avec son tuyau, une quatrième est mal percée et exige de continuels efforts d'aspiration. Vous voyez déjà que ce ne sont pas des ustensiles d'une irréprochable uniformité.

Je suis honteux de vous parler si longuement de ce petit instrument prosaïque et je crains que les lignes de ma description ne sentent le tabac. Pour un rien je tremperais ma plume dans l'eau de Cologne afin de chasser le miasme mental qui pourrait vous incommoder, mais enfin vous comprendrez que nous sommes, vous et moi, transportés en pleine Hongrie, dans le pays de la fumée et de la neige, et que lorsque vous reviendrez à votre domicile réel, il y aura trop de chemin de Pesth à Paris ou à Lyon pour que le parfum de la nicotine puisse vous incommoder sérieusement.

Rebah alla trouver d'abord l'indolent Ulrich. Elle le vit dans son hôtel, couché sur un moelleux sopha.

— Tiens ! dit-il, Rebah !

— Oui, c'est moi.

— Ah ! tant mieux, je m'ennuie.

— Te manque-t-il quelque chose, mon cher nourrisson ?

— Au contraire, chaque jour ce sont de nouveaux dons de la Fortune ; j'ai à peine le temps de désirer, bonne table, bon lit, bon vin, tiens, hier, je souhaitai d'avoir de beaux habits, regarde comme je suis mis.

Et le paresseux étala devant la fidèle servante un vêtement complet du plus beau drap et de la meilleure façon.

— Eh bien ! tu dois être heureux.

— Non.

— Pourquoi cela ?

— Je m'ennuie.

— Ah! les faveurs de la Fortune ne te suffisent pas.

— C'est monotone de n'avoir qu'à désirer.

— Tu te plains de ton bonheur.

— Peut-être ! et puis mes parents me fuient, ma mère, mon frère me désertent, ne le sais-tu pas ?

— Écoute donc ! dit Rebah, on n'aime pas frayer avec un homme qui ne gagne pas son bien, on ne sait pas comment il te vient.

— Par un valet silencieux.

— C'est fort commode, mais l'origine de cet or, de ces repas, dont on ne sait qui sale le menu; de ces vêtements dont le tailleur et le marchand de drap sont invisibles, n'est pas aussi respectable que s'ils avaient été acquis par ton labeur de chaque jour, par la sueur de ton jeune front, par la force de tes jeunes bras.

— Toi aussi, tu me grondes, Rebah, soupira Ulrich.

— Non, et la preuve c'est que je t'apporte un présent.

— Lequel ?

— Une pipe.

— Une pipe! dit Ulrich, à moi ?

— Oui, celle de ton père.

— La pipe de mon père, répéta Ulrich avec émotion.

— Il la fuma dans les grandes guerres dont il fut l'un des héros; il la fuma aux grands anniversaires des réjouissances patriotiques; il la fuma dans les jours de misère et d'affliction qui l'assaillirent parfois.

— Pauvre père! murmura Ulrich.

— Aie soin de ce souvenir, continua Rebah, ne le perds pas, c'est précieux comme une relique.

Et elle se lança dans la direction du second enfant.

Celui-là n'était point paresseux et confiant dans le hasard comme Ulrich. Oberthal, ambitieux, vaniteux, plein d'une généreuse mais nuisible présomption, avait partagé les rudes travaux des hommes faits et leur vie active et irrégulière. Il était couché à l'arrivée de Rebah, brisé de lassitude, ayant la fièvre et la courbature.

— Tiens! s'écria-t-il, d'où vient que te voici? Rebah. M'apportes-tu des nouvelles de ma mère chérie?

— Elle est forte et bien portante; mais ce n'est pas cela qui m'amène.

— Quoi donc?

— Elle t'envoie, à toi ingrat, qui l'as quittée, un cadeau.

— Un cadeau?

— Oui, la pipe de ton père.

— La pipe de mon père, à moi! oh! je le vois bien, je suis un homme, je n'ai pas besoin du lent secours de l'âge pour venir en aide à ma virilité naissante : merci, Rebah, merci.

— Aies-en grand soin.

— La pipe de mon père! j'en connais le prix, je ne m'en séparerai jamais.

Rebah, ayant ainsi accompli sa double intention, retourna auprès de sa maîtresse et lui dit à nouveau :

— Les pipes de défunt notre maître, disposées comme elles le sont, seront cent fois plus éloquentes que tous les maîtres d'école possibles; dormez en paix, grâce à leurs deux tuyaux, vos enfants étourdis vous reviendront corrigés.

Or voici ce qu'il advint.

Quand Ulrich, abattu par l'ennui, l'indolence, la constante et facile satisfaction de ses moindres désirs, voulut se recréer, il pensa à sa pipe.

— C'est là, dit-il, la ressource des oisifs, ayons-y recours, jamais peut-être un parfait fumeur ne fut en meilleure condition.

Et la bourrant avec soin d'excellent tabac qu'il n'avait eu qu'à demander, il essaya de faire sortir du tuyau recourbé le long ruban de fumée qui l'amusait tant quand il était tout petit, et qu'il portait le charbon enflammé à son père souriant.

Il croyait n'avoir qu'à se coucher nonchalamment, à la façon des turcs, pour s'entourer d'un nuage comme une divinité payenne, mais Rebah savait ce qu'elle faisait, la pipe était dure et demandait de la force.

Ulrich tira mollement, aussi rien ne vint; à peine si un mouvement dans les cendres embrasées du foyer, dénotait qu'il y avait communication entre la tête et l'embouchure. — C'était une fatigue à surmonter pour enlever les obstacles qui bouchaient le tube et rétablir la circulation de l'air.

L'enfant indolent jeta le calumet à terre. Il se brisa.

De son côté, Oberthal, après s'être reposé un temps insuffisant pour réparer ses membres endoloris, retrouva à son réveil le cadeau que lui avait envoyé sa mère; une main soigneuse y avait ajouté une charmante bourse de perles dorées qui contenait le tabac le plus noir et le plus odorant.

— Voyons, dit-il, les hommes fument! faisons comme eux.

Et il huma avec avidité les torrents de vapeur que contenait la pipe facile et bien percée qui lui était dévolue; un goût âcre et corrosif se fit sentir, il lutta contre le dégoût qu'il lui inspirait, il continua à aspirer les colonnes de fumée qui obéissaient aux injonctions de ses poumons; bientôt il lui sembla que le lit, la fenêtre, les chaises, toute la chambre tournaient sans s'arrêter, les meubles et les murs paraissaient s'entendre pour s'imprimer mutuellement un mouvement de rotation irrésistible, puis il sembla tourner lui-même, il chancela, voulut lutter contre le vertige, mais il fut le moins fort et la pipe s'échappant de ses doigts crispés, il tomba ivre et livide sur son lit.

Le lendemain les deux enfants de Thecla la hongroise rapportèrent les débris des pipes que Rebah leur avaient confiées.

— Comment, s'écria leur mère, des débris!

— Et quoi, ajouta la servante, des morceaux épars!

— Hélas! je n'ai pas pu la fumer, dit Ulrich.

— Hélas! je ne l'ai fumée que trop! dit Oberthal.

— Elle était impossible à faire aller, dit le premier.

— Elle était enivrante et dangereuse, dit le second.

— Je l'ai brisée de dépit, dit le plus fort.

— Je l'ai laissée involontairement cheoir, dit le plus faible.

— Mes enfants, répondit Thecla, ces deux pipes vous prouven

une vérité que ni les fantaisies de maître Bloch, ni les utopies de Daniel ne pourront détruire. Il est également dangereux d'être oisif et de se fier à la providence ou d'être plein d'ostentation et de vouloir être homme avant son temps.

— Pourtant, mère, fit observer Ulrich, la fortune, qui aime les esprits calmes, les nourrit et les caresse.

— En vérité, répliqua Thecla.

— Elle m'a donné un gîte.

— Vraiment!

— Des friandises dont les gourmands sont si jaloux et qu'ils paient si cher.

— Quel miracle!

— Des vêtements magnifiques dont je suis revêtu.

— Ce n'est pas possible.

— Et, de plus, ce sac d'argent que vous avez refusé, ô ma mère!

— Avec raison, répliqua la servante Rebah.

— Et pourquoi ce refus? continua Ulrich.

— Parce qu'on n'accepte pas le don de son propre bien, de ce qui nous appartient et vient de nous, car cet argent, comme ces vêtements et ces friandises, étaient envoyés par votre mère elle-même...

— Comment! ce laquais...

— Etait un complice de sa ruse innocente; elle voulait vous faire sentir que lors même que la fortune viendrait en aide à l'indolent, l'ennui d'un bien-être que le travail n'a pas provoqué et qui n'est pas la récompense d'un labeur victorieusement accompli, suffirait à en paralyser les heureux résultats. La pipe de votre père a servi à prouver ensuite qu'on n'a rien sans efforts, car un peu de patience eût suffi pour en rendre l'usage agréable et facile.

— Et moi, dit Oberthal, pourquoi m'avoir donné la pipe large et vaste qu'un souffle d'enfant ferait étinceler?

— Pour vous montrer qu'il est aussi dangereux d'être homme avant l'âge que d'avoir l'indolence de l'enfance dans la virilité; vous vous êtes cru un citoyen complet, une constitution forte et développée, et cette pipe, que vous fumerez dans quatre ans avec plaisir comme la fumait votre père, comme votre frère la fume déjà, vous a rendu malade et insensé !

— Mes enfants, ajouta Thecla, la digne Hongroise, voilà un apologue qui en vaut bien un autre. Soyez de votre âge, ne forcez pas votre naturel, n'écoutez aucune utopie, fût-elle progressive, fût-elle rétrograde ; il n'est pas plus raisonnable de forcer ses facultés que de les laisser se perdre et se dénaturer dans l'oisiveté et l'indolence.

Les enfants de Thecla ont retenu cette leçon, et ni maître Bloch, l'épicurien, ni l'ouvrier des mines, infatigable comme Vulcain en personne, en raison peut-être de son avarice et de ses désirs d'acquérir et de thésauriser, ne prévalurent sur elle ; ils restèrent chacun dans la limite de leur force et de leurs aptitudes, longtemps on les vit dans les plaines, soit en chasse, soit en pèlerinage, ayant sans cesse les deux pipes, que la bonne Rebah avait fait réparer, à leurs lèvres vermeilles. A Pesth, plus tard, on retrouva les deux frères qui exploitaient les rives du Danube et traversaient le fort de Bude avec d'importantes cargaisons. — Bientôt ils firent une exploitation immense de grains, de sangsues dont le pays est si riche qu'il en fournit au monde entier, de laines et de peaux de bêtes, et aujourd'hui si vous demandez dans le commerce et la haute industrie, à Bude, à Comorn, à Neusatz, à Presbourg, à Tokay dont les vignes font le vin le plus suave du monde entier, quelle est la signature la mieux en honneur, *la maison la plus riche*, on vous dira c'est la maison des *deux pipes*, la raison sociale THECLA FRÈRES ET COMPAGNIE.

LE MIROIR D'IRIS.

Les Beautés de l'esprit.

(La Modestie.)

LE MIROIR D'IRIS.

Oh! Vierge sainte du paradis! qu'Iris est belle, Iris, la jeune fille du comte Adalbert! Quel doux regard! quels yeux charmants! deux diamants enchassés dans l'émail... et les beaux cheveux d'ange que ces cheveux blonds brillants comme du sable d'or!...

Mais que fait Iris? Répondez, jeune camériste au corset rouge, au sourire malin... Cette main de poupée où brillent des ongles rosés, que fait-elle? Trace-t-elle sur le vélin des dessins copiés des grands maîtres? Ces pieds si délicats s'exercent-ils à la danse, l'exercice le plus salutaire aux santés de jeunes filles? Iris lit-elle quelque beau missel pendant les longues soirées d'hiver? Court-elle interroger, dans le calice des fleurs, les merveilles de la nature quand vient le soleil d'été?... Répondez, que fait-elle?

— Elle se mire, la coquette.

— Quoi! toujours?

— Toujours, son ami le plus fidèle, son idole chérie, c'est son miroir, flatteur détestable, qui excite son orgueil en lui disant à chaque instant du jour à quel point elle est belle.

— Et rien ne peut donc l'arracher à ce cristal perfide?

— Rien! elle quittera le concert aux sons joyeux, le bal aux riants quadrilles, le salon aux douces causeries, pour aller, devant cette glace de Venise, arranger les plis que sa robe de soie forme autour de sa taille, et pour placer plus coquettement cette grenade, moins vermeille que ses lèvres, qui fleurit dans ses cheveux blonds.

— Iris, lui dit sa grand'mère, tu as tort de te regarder ainsi dans un miroir.

— Pourquoi, mère grande, me grondes-tu pour cela? Les miroirs ne sont-ils pas faits pour se voir?

— Oui, pour s'habiller, pour se vêtir avec goût, mais non pour s'admirer tout le jour... Il y a là un grand danger.

— Un danger, mère grande! et lequel?

— Je n'oserais te le dire de peur que l'on ne nous écoute, et les avis d'une mère à sa fille doivent être secrets pour tous... Mais tiens, Iris, voilà un parchemin que je possède depuis trente ans.

Et la vieille dame donna à Iris un parchemin fermé par un cachet noir. La jeune fille le prit en tremblant.

— Que ferai-je de cet écrit?

— Ce soir, à l'heure de ton coucher, tu l'ouvriras et tu liras ce qu'il contient. Médite, ma fille, les conseils que tu y trouveras; la sagesse consiste à écouter.

Toute la soirée elle fut pensive, Iris la jeune fille.

Pourtant, quand elle fut pour se coucher, l'air du soir était si doux, si chargé du parfum des roses, la lune brillait avec tant d'éclat dans son royaume d'azur, qu'elle oublia ses craintes, et, après avoir ôté sa robe, elle interrogea son miroir.

— Suis-je jolie ce soir, miroir, petit ami?

— Tu es belle à rendre toutes les femmes jalouses! répondit le miroir adulateur; vois comme tes mains sont blanches! comme tes bras sont ronds et potelés! comme ta bouche est fraîche! Va, tu n'as nul besoin d'être savante, aimable et soigneuse; ta beauté en ce monde sera ton talisman.

L'enfant soupira de bonheur et ce soupir ternit la glace comme si c'eût été un remords ternissant son âme.

Iris se regarda encore.

— Tu as raison, petit flatteur, dit-elle en passant sur le perfide miroir son mouchoir de batiste brodée.

Le miroir brilla d'une nouvelle clarté.

— Oui, je suis bien ce soir, fit la jeune fille : peau blanche, œil noir, cheveux dorés; que faut-il de plus? Je suis belle, je suis heureuse.

Tout-à-coup, en ôtant sa robe, quelque chose en tomba; c'était le parchemin noir. Elle brisa le cachet en riant et lut ce qui suit :

« *Quand une jeune fille regarde trop longtemps dans un « miroir, elle finit par y voir le diable!* »

— Ah! ah! ah! s'écria Iris; quelle folie! comme si le diable venait encore sur la terre.

Et, chantant un boléro espagnol, elle continua à se déshabiller devant la glace. A mesure que ses yeux s'y fixaient elle rêva, sa tête devenait brûlante... elle voyait dans le miroir son ombre, que la lumière de sa lampe reflétait sur le mur... Cette ombre marchait, remuait les bras comme elle... La peur se glissa dans son âme... son imagination s'égara... il lui sembla que le miroir lançait des feux rougeâtres... elle poussa un cri et se jeta au lit.

— Sainte Vierge, mère du Seigneur, faites que le démon quitte ces lieux, et je promets de ne jamais l'attirer dans mon miroir à l'avenir, dit-elle.

La Vierge, assise sur son trône de saphir, au très haut des cieux, sentit sans doute venir à elle cet encens de l'âme humaine qu'on nomme la prière, car le silence régna dans la nuit, et Iris s'endormit.

Il y a en effet quelque chose de bizarre à voir se reproduire dans un miroir toutes nos actions. — Cette vie en partie double, cette parodie de nos actions, de nos coquetteries, de nos artifices d'attitude et de toilette est tellement ridicule pour l'observateur chrétien, que les personnes pieuses ont rarement recours, même pour les soins de leur maintien, au secours du miroir.

Fidèle à sa promesse, Iris la jeune fille ne se mira plus. Elle jetait bien un coup-d'œil rapide dans le miroir satanique quand il fallait poser une fleur ou attacher un ruban, mais elle n'avait garde de s'y contempler assez longtemps pour donner au diable le temps de venir.

. . . .

Quand le temps eut mûri cette jeune intelligence, Iris devenue une femme vraiment méritoire, ne songea plus aux futilités de la toilette, aux séductions flatteuses de la psyché; pourtant, un soir, le souvenir de sa frayeur d'enfant lui revint, et elle dit à sa grand'mère, qui vivait encore.

— Mère grande, quel est donc le démon dont vous m'avez tant fait peur, et qui se cache dans les miroirs des jeunes filles?

— Ma toute belle, dit la vieille femme, ce démon, c'est la *Vanité*.

LE CINQUIÈME TÉMOIN.

Les Beautés du coeur.

(Le Désintéressement.)

LE CINQUIÈME TÉMOIN.

Paris, en dehors des professions patentées, contient un nombre d'industries considérable que l'observateur ne peut voir qu'à la loupe. Il y a *le marchand de bouquets de violettes* des bals publics, *le ramasseur de bouts de cigares* du boulevard Italien, *le casseur d'œufs*, qui fait des omelettes, au marché au beurre, avec une maladresse préméditée; *le chasseur de chats*, qui fournit les gibelottes à tous les Vatel de la barrière; *l'artiste en silhouettes*, qui découpe pour dix sous votre portrait de profil dans les guinguettes; *le vendeur de contremarques*, qui appartient à une société de confrères ayant une caisse de quatre cent mille francs; *le fabricant de glaces populaires*, qui donne pour deux liards à la population de Paris des sorbets à la vanille et au citron; *les claqueurs isolés*, qui excitent le public des premières représentations au plus vif enthousiasme, et tant d'autres métiers qui nourrissent ceux qui les exercent plus ou moins bien.

Il est un métier qui manque à cette nomenclature, et que nous nommerons le garde national du samedi.

Être garde national, et monter la garde le samedi à la mairie, c'est tendre un hameçon à la destinée; vous allez voir comment.

Je remarquais souvent à la mairie du deuxième arrondissement, un jeune homme de bonnes manières qui se promenait, de midi à deux heures, en uniforme de chasseur de la deuxième légion, dans la cour de ce centre municipal de mon arrondissement.

— Vous êtes donc de service? lui dis-je un jour.

— Oui, monsieur.

— Tous les samedis?

— Régulièrement.

— Je croyais qu'à Paris, on ne montait la garde que tous les deux mois?

— Vous avez raison.

— On vous fait donc un passe-droit?

— Non, je demande à monter la garde pour les autres.

— Chaque samedi?

— Régulièrement; seulement, faites-moi une grâce, laissez-moi me promener, seul, sans m'accompagner, sans me parler; vous ne venez pas pour me nuire?

— Non! assurément.

— Vous n'avez pas l'amère pensée de me faire concurrence?

— A Dieu ne plaise!

— Eh bien! retirez-vous! je vous expliquerai plus tard tout ce qu'il vous plaira.

J'obéis; mais ma curiosité était excitée vivement. Je voulais savoir pourquoi ce garde national, dont l'amour du service méritait évidemment une mention honorable, avait choisi le samedi pour se dévouer à la patrie, et pourquoi il demandait à arpenter librement de midi à deux heures la cour de la mairie.

A cet effet, je m'adressai au sergent.

— Quel est, demandai-je, ce camarade qui se promène?

— C'est un garçon bien connu, dit-il, une réputation, un type.

— Que fait-il?

— Il est clerc de notaire.

— Ce n'est pas pour rédiger un acte qu'il se promène ainsi?
— Peut-être?
— En vérité.
— Regardez ce qui peut lui arriver. Il aime la joie, la bonne chère, la jeunesse, la musique, la danse.
— Et c'est pour cela qu'il monte la garde?
— Précisément.
— Je ne vous comprends pas.
— Examinez, dit le sergent, et vous comprendrez peut-être. Moi je vais envoyer chercher le mot d'ordre.

Je me blottis à côté d'une des fenêtres du poste; et de là je vis arriver des enfants vêtus du beau manteau blanc qu'on porte à son baptême, et que des nourrices attentives et des pères radieux dirigeaient vers les bureaux de l'état-civil; puis des mariages joyeux avec leur cortége de demoiselles et de garçons d'honneur, de grands parents et de mères attendries, de fiacres à chevaux blancs et de guirlandes de fleurs d'orangers.

Tout-à-coup, un monsieur en gants blancs, en cravate de mousseline, les cheveux frisés en coup de feu, l'habit noir reluisant, la mine inquiète, descendit du bureau de la mairie, l'air effaré.

Il chercha de toutes parts et se frappa le front.

Le garde national promeneur le vit, mais sembla ne point l'apercevoir; il se promena tout autour de lui en sifflant un air d'opéra qui parvenait, à l'état d'écho, jusqu'à ma cachette.

Le monsieur en gants blancs s'arrêta devant lui. Ils étaient tous deux à ma portée. J'écoutai de toutes mes oreilles.

— Monsieur! soupira l'habit noir, je suis bien malheureux.
— Qu'avez-vous? dit le garde national.
— Il me tombe une tuile sur la tête.
— Laquelle?
— Je me marie.
— Vous appelez cela une tuile?
— Non, pas cela; mais il me manque un témoin.
— Diable! dit le garde national en se frottant les mains.

— Et le mariage est impossible sans les quatre témoins de rigueur?

— La loi le veut; un article du code Napoléon, Monsieur, a prévu ce cas.

— Seriez-vous assez aimable pour me remplacer mon satané absent, un témoin qui ne vient pas?

— Monsieur, c'est avec plaisir, répondit le garde national.

Et il suivit le marié dans la salle où sur une estrade bleue de ciel, couleur de la fidélité, l'attendait M. le maire.

Quand il sortit de la cérémonie il était radieux.

— Le voilà à son affaire, me dit le sergent; il est de la noce.

— Déjà!

— Oui, on ne peut renvoyer comme un étranger l'homme qui a signé un contrat. Le signataire d'un contrat royal était jadis pair de France de droit; c'est bien le moins que le signataire d'un contrat bourgeois soit convive chez le somptueux restaurateur DEFFIEUX.

— Et il fait ce métier tous les samedis?

— Oui, dans l'espérance que quelque demoiselle d'honneur deviendra sa femme; car il est beau garçon, de belles manières, instruit, mais il a un défaut capital.

— Lequel?

— Il n'a pas le sou!

Nous venions de terminer, le sergent et moi, nos confidences, quand le garde national convive dit à son supérieur:

— Pourrai-je m'absenter ce soir?

— Comme de coutume, dit le sergent en riant.

— Que voulez-vous! c'est un moyen de faire des connaissances; être *cinquième témoin*, c'est presque une profession.

— J'ai le pressentiment, fis-je à mon tour, pour me lier avec cette providence des fiancés et des pères, que votre noce d'aujourd'hui vous portera bonheur.

— Vous voulez rire, me répondit-il.

— Pas le moins du monde! c'est aujourd'hui la Saint-Nicolas, patron des célibataires ; il intercédera pour vous au ciel, et au bal de ce soir vous trouverez un riche parti.

— Dieu vous entende! répéta le garde ; j'ai trente ans, et il est temps que je me presse.

— Eh bien ! camarade, ajoutai-je, toujours en plaisantant, en reconnaissance de la concurrence que j'aurais pu vous faire aujourd'hui si je m'étais promené dans la cour de la mairie tout à l'heure à vos côtés, faites-moi une gracieuseté.

— Une gracieuseté ? dit-il surpris.

— Que vous me devez bien en raison de mon abnégation.

— Parlez ! si cela se peut, c'est fait.

— Eh bien ! si vous vous mariez par suite du bal de ce soir, faites-moi l'honneur de me prendre pour témoin, car vous ne pouvez cumuler, être époux et témoin à votre propre noce.

— C'est une idée, s'écria le sergent en éclatant d'un vif accès d'hilarité, la charge est bonne.

— Qu'il soit fait comme vous le désirez, répondit le garde ; si je suis heureux par suite du bonheur d'aujourd'hui, vous serez mon garçon d'honneur.

Nous échangeâmes joyeusement nos cartes, et notre homme se retira pour échanger son habit d'uniforme contre le costume sévère d'invité.

Il y avait deux mois que j'avais oublié cette aventure, et que je m'étais contenté d'inscrire le métier de *cinquième témoin* à la suite des industries inconnues, quand je reçus un jour deux lettres par la poste, et congruement affranchies.

La première était gravée et contenait ces mots :

M. Anatole Desberois, clerc de notaire, docteur en droit, a l'honneur de vous faire part de son mariage avec Madame veuve Cléonine d'Arboville, et vous prie d'assister à la bénédiction nuptiale qui sera donnée aux époux dans l'église Notre-Dame-de-Lorette, le 17 mars prochain, à midi.

Le tout était surmonté d'une vignette, que l'imprimeur galant avait mis en tête, comme ornement typographique, et qui représentait un amour perçant des cœurs enflammés.

La seconde lettre était du futur et contenait ce qui suit :

« *Mon cher co-garde national,*

« *Je vous ai promis que vous seriez mon témoin si je trouvais femme au bal de noce où je m'étais fait inviter. — Vos prédictions se sont heureusement accomplies. — Le maire du 2ᵉ arrondissement va légaliser mon bonheur dans un délai de huitaine, comme on dit à l'étude. Je compte sur vous. — N'allez pas me faire chercher, par votre oubli, un garde national à mon tour. — Je n'ai pas fait d'élèves... je pourrais en manquer.*

« *Bien à vous,*

« ANATOLE. »

Deux jours avant la noce j'allai voir le fortuné mortel dans l'espoir qu'il me ferait l'historique de sa félicité.

— Oh! dit-il! j'ai touché juste ce soir là.

— Une veuve, dis-je.

— Oh! mais une femme charmante.

— A-t-elle des enfants?

— Pas un.

— Et de la fortune?

— Hélas! trop pour mon amour-propre, elle m'enrichit en m'épousant et c'est ce dont j'enrage.

— Mais, répliquai-je, c'est pourtant bien là ce que vous cherchiez.

— Oui, quand je n'aimais pas, mais je suis fou de madame d'Arboville, et je l'eusse épousé sans un sou.

— Voilà, lui répondis-je qui vous absout de votre préméditation, de vos services intéressés à l'endroit du dieu d'hymen, services qu'il vous payait en bals, soupers, raouts et parties de campagne. Racontez-moi donc bien vite l'histoire de votre femme.

Anatole me tendit un cigare, atteignit avec la pincette un fragment de bois enflammé pour me convier à l'allumer, puis commença en ces termes :

« Madame d'Arboville, madame veuve Cléonine d'Arboville, s'il vous plaît, avait eu pour mari le Bartholo le plus jaloux qui se puisse trouver. Tout était incriminé sous son règne : œillades accidentelles, lettres d'amies de pension, toilettes gracieuses et avenantes. Le tyran avait mis la beauté de sa femme en état de siége.

M. le comte d'Arboville avait depuis vingt ans un catarrhe à l'époque à laquelle elle le connut. C'était une toux opiniâtre, fantastique, horrible à entendre. On eût dit qu'une seconde voix répondait dans la poitrine du moribond à ses gémissements.

Pendant les derniers mois de sa vie, M. le comte sembla se relâcher un peu de ses soins vigilants ; l'état de siége semblait levé ; la jalousie avait cédé le pas à une émotion, à une passion différente. Il s'intéressait à l'avenir de la jeune femme qu'il allait peut-être bientôt quitter. Il s'enfermait au fond de son cabinet, se barricadait avec soin et laissait son valet de chambre pénétrer seul auprès de lui.

Le comte mourut un matin, comme on meurt, au lever de l'aurore. C'était après tout une pauvre âme emprisonnée dans un vieux corps, et honteuse de son enveloppe. Cléonine lui pardonna beaucoup en considération de son amour égoïste, mais sincère. Elle le pleura sincèrement, non pas qu'elle en fût folle, mais il était pour elle une habitude de faire le bien.

Une grande coquette du dix-septième siècle disait à la mort de son propre mari : Qui *ferai-je enrager ?* — Qui *consolerai-je ?* demandait l'aimable Cléonine.

N'attendez pas de moi que je compte goutte à goutte ces larmes tombées de ces regards d'azur. S'il est établi au ciel une comptabilité en partie double de nos bonnes comme de nos mauvaises inspirations, nul doute que l'ange teneur de livres aura passé ces pleurs au crédit de la belle ennuyée. Je demande donc la permission d'arracher une année du livre de sa vie pour ne la retrouver qu'à l'époque de la clôture de son deuil.

Avez-vous jamais remarqué, mon ami, une femme quittant le deuil ? C'est un gracieux spectacle. Pendant une année entière, cette ravissante image est encadrée d'ébène comme les vierges de Holbein qui rient en pleurant.

Tout à coup le crêpe disparaît, et les couleurs du lys et de la rose enveloppent de leurs nuages de gaze la ravissante désolée, qui croit les revêtir pour la première fois.

Quand Cléonine passa du noir au blanc, une âme enthousiaste n'avait pas attendu ce changement de costume pour l'adorer. J'étais amoureux à partir du demi-deuil.

C'est à ce bal de noce d'il y a deux mois que je la vis pour la première fois : elle ne dansait pas, elle était vêtue d'une toilette blanche et violette ravissante, elle était d'une mélancolie divine !... Que vous dirai-je ? Je ne pensai plus qu'à elle.

— Monsieur, dis-je au mari, je suis fâché d'avoir été assez fortuné pour vous rendre service.

— Comment, répliqua la mariée, jolie petite blonde de vingt ans, vous regrettez le service rendu ! c'est affreux ! vous porterez malheur à ma noce.

— Et pourquoi ce repentir? s'informa le mari.

— Je suis épris à mon tour.

— De qui, de qui? s'écria gaiement la dame.

Je désignai la belle veuve, qui tournait les pages d'un quadrille sur le pupitre du piano.

— Cléonine ! vous n'avez pas mauvais goût; eh bien ! vous l'épouserez.

— Mais je suis pauvre.

— Elle est riche.

— Mais je n'ai rien.

— Elle est désintéressée.

— Mais je ne la connais pas.

— N'êtes-vous pas notre témoin, presque de la famille? Nous vous la ferons connaître, continua la gaie mariée.

Et voilà, mon cher ami, comment je lui fus présenté; et voilà comment, après deux mois d'hommages, elle a consenti à me confier le soin de sa destinée.

— Eh bien ! mon cher monsieur, dis-je à Anatole, recevez mon compliment.

— Dans deux jours, reprit-il, ne manquez pas.

— Dans deux jours, répliquai-je en prenant congé.

Fidèle à l'heure indiquée je me trouvai à la maison de la mariée et je pus me convaincre qu'Anatole n'avait rien exagéré. C'était une véritable personnification de la distinction, de la modestie et de la grâce... Grande sans être maigre, majestueuse sans être hautaine, gracieuse sans être affectée, elle portait dans toute sa personne cette tradition des belles manières un peu égarée de nos jours.

Elle me tendit la main la plus veloutée et la plus rosée que j'eusse vu de ma vie.

— Vous êtes un confident, me dit-elle, vous avez servi le hasard qui motive la fête de ce jour.

— C'est avec raison, répondis-je, que nos aïeux regardaient le hasard comme une divinité intelligente.

Et je saluai profondément en baisant le bout de ses doigts effilés.

Tout-à-coup, au moment de partir, un valet apporta une lettre, que venait de laisser le facteur. Elle coutait trois sous de port et cependant elle venait de loin. Elle était adressée à la mariée qui tomba en défaillance dès qu'elle l'eut parcourue.

Nous ramassâmes la fatale missive tombée à terre tandis que les dames faisaient revenir la belle veuve avec des sels et des esprits. Voici ce que nous lûmes avec stupéfaction :

« *Ma chère femme,*

« *Tu veux te remarier, je m'y oppose, je t'ai aimée avec trop d'égoïsme pendant ma vie pour souffrir que tu sois à un autre après ma mort. Par une clause secrète de mon testament la fortune que je t'ai léguée te sera retirée si tu te remaries jamais.*

« *Ton époux,*

« Achile-Hercule D'Arboville,

« *Chevalier de plusieurs ordres.* »

On juge de la surprise de la noce réunie ; les parents étaient confondus, le marié se désolait, les chevaux impatients piaffaient d'impatience, et le maire attendait en vain.

Quant à Cléonine, elle fut frappée de terreur : elle croyait voir l'ombre de son époux dans le miroir de son boudoir, dans l'eau du ruisseau de son jardin, dans le marc de sa tasse de café, tandis qu'Anatole, fort sur les moyens terrestres en sa qualité de clerc de notaire, alla faire sa déclaration au commissaire de police.

Le magistrat, qui était occupé à interroger un voleur, lui répondit qu'il avait suffisamment à faire pour réprimer les vivants sans s'occuper des morts; que c'était une besogne de la compétence des prêtres, les seuls ambassadeurs du royaume des élus sur la terre.

Après un jour de réflexion, madame d'Arboville songea sérieusement à la lettre du défunt dont elle ne pouvait récuser l'écriture; elle estima qu'il était injuste à un mort de s'opposer au bonheur des vivants après avoir été suffisamment regretté. Elle pensa à la douleur du pauvre Anatole, et elle m'écrivit que j'eusse à le lui amener.

J'obéis, et j'assistai malgré moi à une scène des plus émouvantes, et qui grandit singulièrement le *cinquième témoin* à mes yeux.

— Monsieur Anatole, lui dit Cléonine, je suis prête à vous épouser.

— Malgré la volonté posthume du défunt?

— Oui, monsieur; elle est injuste, et j'ai assez de raison pour ne m'y point arrêter.

— Alors, madame, c'est à moi de répondre.

— Et que répondez-vous?

— Ne le devinez-vous pas?

— Vous acceptez?

— Non, je refuse!

— Qu'entends-je! s'écria Cléonine; n'avez-vous plus pour moi le même attachement?

— Dieu m'est témoin, répondit avec un profond accent de conviction Anatole, que vous êtes ce qui m'est le plus cher en ce monde; mais j'ai des devoirs que cette amitié même m'impose, je saurai les remplir.

— Des devoirs, répéta Cléonine.

— Oui, je veux vous savoir heureuse, aisée, entourée d'une fortune à laquelle vous avez été accoutumée. Or, la volonté de votre époux méconnue, vous êtes deshéritée!... Je n'y consentirai jamais.

— Mais je serai pauvre avec bonheur, avec résignation.

— Non, madame, non, je préfère sacrifier ce qui faisait ma joie à vos chers intérêts; jamais je ne consentirai à être, par un sentiment égoïste, l'artisan de votre ruine.

— Et nos bancs qui sont publiés?

— Ce sera une formalité inutile.

— Et le scandale de cette rupture? ajoutait Cléonine qui cherchait un motif de faire revenir cet esprit généreux de sa détermination.

— Il n'y a pas de scandale, dit-il, où il y a l'accomplissement d'un devoir, le sentiment d'une conscience droite; on saura que celui auquel vous aviez fait l'honneur d'accorder votre main, bien qu'il fût pauvre et sans position dans le monde, a eu assez le soin de sa propre dignité pour ne pas vous ruiner par un mariage devenu une calamité pour vous.

Et après avoir dit avec émotion ces paroles, Anatole s'inclina et allait se retirer quand le concierge de l'hôtel monta.

— Une lettre, dit-il.

— De qui? demanda Cléonine avec distraction.

— De Paris.

La veuve en larmes jeta les yeux sur l'adresse et poussa un cri :

— C'est de mon mari.

— Du défunt? répondis-je.

— Oui.

Nous restâmes altérés à la vue de cette correspondance mystique qui se continuait et qui menaçait de n'avoir plus de fin.

Et elle ouvrit la lettre.

Je regardai cette missive avec une curiosité d'enfant; elle n'était pas trop chiffonnée, bien qu'elle dût venir du paradis. Après cela, on voyage si vite dans les nuages.

— Lisez! s'écria madame d'Arboville avec un élan de joie indescriptible.

Je lus à haute voix :

« *Ma chère Cléonine,*

« *Cette lettre te sera remise si ton futur s'est bien conduit. En mourant, j'ai voulu sauvegarder ton avenir et te mettre à l'abri des coureurs de dots et de douaires. J'ai résolu de ne rendre ton mariage possible qu'au moyen d'une perte totale de ta fortune, afin d'être sûr d'éloigner de toi les chevaliers d'industrie. On m'apprend aujourd'hui que tu as trouvé un cœur généreux; sois heureuse, et apprends par cette lettre posthume une bonne nouvelle : tu hérites à nouveau de deux cent mille francs, dont je fais cadeau à ton futur comme expiation de ma jalousie pendant ma vie.*

« *Ton mari,*
« Achille Hercule d'Arboville. »

— Oh! monsieur, dit la veuve à Anatole, combien je suis heureuse! votre délicatesse a sa récompense.

Tout était ainsi joyeusement bouleversé, quand le valet de chambre du défunt se présenta devant sa maîtresse.

— Qu'avez-vous, Labranche? dit la jeune femme.

— J'ai à vous faire une révélation.

— Parlez.

— C'est moi qui ai mis à la poste les lettres de mon maître mort.

— Vous, Labranche! Et comment les aviez-vous?

— Il les a écrites d'avance de son vivant, en me chargeant de les envoyer. Je devais surveiller les soupirants de madame et agir en conséquence afin de m'assurer si leur tendresse était réellement désintéressée.

— Et qui vous engage à trahir aujourd'hui sa confiance?

— Dame! dit Labranche en tournant sa casquette dans ses mains, madame a trouvé un cœur sincère, je suis tout à lui, j'ai fini avec les morts; j'aime mieux servir les vivants.

— Ainsi, dit Anatole, tu as tout vu, bon Labranche?

— Oui, monsieur.

— Tout suivi?

— Oui, monsieur.

— Et tu as cru devoir accomplir les intérêts de ton maître défunt?

— Oui, monsieur.

— Eh bien je t'en estime davantage et te prends à mon service, tu surveilleras sans cesse le bonheur de ta maîtresse, et si tu corresponds avec le paradis, tu en rendras témoignage.

Deux jours après la noce se fit sérieusement; je signai avec empressement ce contrat qui réunissait deux cœurs faits pour s'aimer.

Le soir, au bal, je dis à Anatole en souriant :

— Le métier de *cinquième témoin* est une bonne industrie?

— Oui, dit-il, quand il n'en arrive pas une sixième de l'autre monde.

POSTFACE.

POSTFACE.

LA FOI, L'ESPÉRANCE, LA CHARITÉ.

Ces trois vertus se trouvent au frontispice de ce livre, gravées par un habile artiste, et représentées par trois figures de femmes, jeunes et belles.

Cette allégorie, si usée qu'elle soit au point de vue de la nouveauté poétique, n'en est pas moins éternellement touchante. En effet, c'est chez les femmes que l'on retrouve, dans toute leur pureté, ces qualités éternelles que le Christ nous a léguées.

La Foi et l'Espérance ne sont point un pléonasme de philosophie chrétienne. On peut croire d'abord sans espérer, on peut croire par suite de cette soif de l'âme pour un lieu de repos et de béatitude; mais dès que la Foi s'est enracinée dans un cœur, on espère dans la bonté de Dieu qu'on a appris à connaître, et se sentant meilleur à mesure qu'on étudie ses divins préceptes, on aime mieux son prochain, par l'effet d'une charité naturelle et progressive.

Que toute âme souffrante appelle à son aide ces trois vertus et elle sera soulagée, quel que soit le malheur qui l'accable, quelles que puissent être les épreuves auxquelles le Seigneur aura voulu la soumettre. Croire en Dieu et espérer en lui, pardonner aux hommes leurs défauts en les aimant, c'est se créer une règle de conduite, nous dirons même une béatitude morale, hors de toute atteinte terrestre.

Humble moraliste laïque, nous n'avons pas voulu clore ce livre sans le résumer, et dire comment nous avons entendu développer par des exemples l'excellence, la céleste efficacité de ces trois dons théologaux. Bien que présentés sous une forme légère et mondaine, les contes du *Livre de Beauté,* ainsi que l'annonçait sa préface, sont destinés chacun à un enseignement particulier, à la démonstration d'une vérité morale nécessaire pour cultiver et posséder à tout jamais les trois vertus qui forment la base impérissable du Christianisme.

Flambeau régénérateur du chrétien, la FOI est enseignée dans le *Livre d'heures de Marguerite :* c'est elle qui donne à la jeune dame d'honneur de la reine ce calme, ce sangfroid qui déjouent toutes les embûches; c'est elle qui est représentée par ce missel mignon qui sert à détourner le coup fatal. C'est la Foi qui soutient *Dorothée,* dont l'âme est le but d'un odieux marché; c'est la Foi qui inspire *Thecla,* ramenant par un exemple naïf ses enfants dans le droit chemin; c'est la Foi, c'est-à-dire le sentiment du juste et de l'injuste, du bien et du mal, de la vertu et du vice, qui corrige *Fantasia* de ses caprices et *Ophelia* de ses idées romanesques, pour les ramener toutes deux à de douces et paisibles affections; c'est la Foi enfin qui inspire cette *fille aînée de Mignon,* purifiant par une mort sainte une vie d'orages et d'imprévoyants désordres.

L'ESPÉRANCE est prêchée également par maints exemples, tantôt sous la forme de l'humilité par la parabole de *l'ombrelle blanche,* tantôt dans la personne de *Chaste Colombe,* charmant son bourreau par d'émouvants récits et se fiant à la Providence pour retarder son trépas, tantôt dans la personne de ce beau-frère constant et respectueux qui met ses hommages sous l'invocation de *Sainte Rustique,* tantôt encore sous la forme persévérante et résignée de la vieille Marthe consolant sa fille *Alezia,* la rêveuse du ruisseau des primevères.

Quant à la CHARITÉ, c'est la vertu la plus facile à retracer pour la plume de l'écrivain, elle intéresse en ce qu'en dévoilant de douloureux exemples, elle y apporte le secours efficace que la foi procure et que l'espérance éternise. La Charité a sa personnification dans le *Voyage autour d'un doigt de marquise* à l'état de simple souvenir, la Charité ressort dans le conte de *la Dame des montagnes,* pauvre femme innocente défendue par la pitié ; la charité se montre encore dans le caractère de la *Mendiante de la Voie Sacrée*, qui oublie son existence humble, ses habitudes de liberté, ses désirs d'indépendance pour rester fidèle aux désirs d'un malade.

Les autres contes gravitent autour de ces trois idées, de ces trois thèmes généreux qui, formant le triangle unitaire du Catholicisme, ont été écrits pour compléter, tant bien que mal, le plan d'ensemble que nous avions rêvé.

Des écrivains plus habiles que nous reprendront, nous en avons l'assurance, ce beau sujet si aimable à traiter, si rempli de charme et d'élévation. Ils y apporteront, sans doute, plus de talent, de noblesse d'idées, d'élégance de dialecte et de pureté de style, mais ils n'y apporteront pas plus que nous le désir de pousser vers le bien, vers les méditations religieuses, les idées et les sympathies littéraires de ce temps.

Nous avons déjà fait, en commençant ce volume, l'acte de contrition de notre faiblesse. Nous n'y reviendrons pas ; nous dirons seulement, pour excuser la forme un peu légère de ces matières écrites dans un intérêt sérieux de moralité, que nous avions en vue des lecteurs de toutes les conditions et de tous les âges, *de grands et de petits enfants,* selon l'expression de Bouilly, et qu'il nous fallait encadrer dans un incident, dans un petit drame, dans une légende, des conseils qui eussent été trop arides à l'état de maximes. Pour recouvrir ces préceptes que nous ont enseignés nos pères et que nous enseignons à notre tour à la génération qui nous succède, le conte de fée, la nouvelle, le proverbe nous étaient tout naturellement indiqués. Perrault, Berquin, Bouilly, Madame la princesse de Beaumont n'ont point autrement procédé. Si ces humbles pages procurent quelques heures d'utile délassement, nous aurons atteint notre but, instruire en amusant, car comme l'a dit le poète :

> Une morale nue inspire de l'ennui,
> Le conte fait passer la morale avec lui

TABLE DES MATIÈRES.

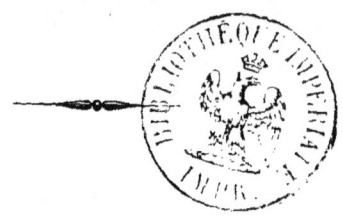

Souvenir...	1

Les Diables-Bleus.

Rêveries en guise de préface..	11

Les Beautés de l'âme.

La Sœur de Mignon..	33
La Dame des Montagnes ou le Voile aux sept plis..........................	93
Nizza.....................	195
Agnesia ou le Ruisseau des Primevères..	285
Voyage autour d'un doigt de marquise...	343

Les Beautés physiques.

Basiline et Basilette ou les Noyaux de cerises...................................	57
Demoiselle Jeanne ou les Mémoires d'une ombrelle blanche.............	143
L'Ombre et la Réalité...	205
L'Excès en tout est un défaut...	311
Les Enfants de Thecla la Hongroise..................	353

Les Beautés de l'Esprit.

Le Livre d'heures de Marguerite...........	73
Les Caprices de Fantasia.........	159

TABLE DES MATIÈRES.

Chaste Colombe...	225
Les Aventures de deux gants blancs.........................	299
Le Miroir d'Iris..	369

Les Beautés du Cœur.

Sainte Rustique ou les Enfants de la châtelaine.............	181
Dorothée ou la Cruche miraculeuse...........................	259
Barbe la Brune ou la Mendiante de la Voie Sacrée............	325
Le Cinquième témoin...	375
POSTFACE..	391

www.ingramcontent.com/pod-product-compliance
Lightning Source LLC
Chambersburg PA
CBHW060929230426
43665CB00015B/1886